光 启
———
新史学
———
译 丛

主 编

陈 恒 陈 新

编辑委员会

蔡　萌（上海师范大学）　　　　　梁民愫（上海师范大学）

陈　恒（上海师范大学）　　　　　刘文明（首都师范大学）

陈　新（上海师范大学）　　　　　刘耀春（四川大学）

董立河（北京师范大学）　　　　　刘永华（北京大学）

范丁梁（华东师范大学）　　　　　吕和应（四川大学）

顾晓伟（中山大学）　　　　　　　彭　刚（清华大学）

郭子林（中国社会科学院）　　　　宋立宏（清华大学）

洪庆明（上海师范大学）　　　　　王大庆（中国人民大学）

黄艳红（上海师范大学）　　　　　王献华（上海外国语大学）

赖国栋（厦门大学）　　　　　　　徐晓旭（中国人民大学）

李　根（东北师范大学）　　　　　俞金尧（中国社会科学院）

李　勇（淮北师范大学）　　　　　岳秀坤（首都师范大学）

李隆国（北京大学）　　　　　　　张　越（北京师范大学）

李尚君（上海师范大学）　　　　　张作成（东北师范大学）

李文硕（上海师范大学）　　　　　赵立行（复旦大学）

李　腾（上海师范大学）　　　　　周　兵（复旦大学）

光启
新史学
译　丛

从文化史
到社会史：战后
历史学家的
思想轨迹

A Crooked Line:
From Cultural History to the History of Society

Geoff Eley

[英] 杰弗·埃雷 著

刘超 刘星妙 王霞 译

上海三联书店

A Crooked Line: From Cultural History to the History of Society
By Geoff Eley
Copyright @ by the University of Michigan 2005
Simplified Chinese Version @ 2025 Shanghai Joint Publishing
Company Limited
All Rights Reserved

"光启新史学译丛"弁言

　　20世纪展开的宏伟历史画卷让史学发展深受其惠。在过去半个世纪里，历史研究领域延伸出许多令人瞩目的分支学科，诸如性别史、情感史、种族史、移民史、环境史、城市史、医疗社会史等，这些分支学科依然聚焦于人，但又深化了对人的理解。举凡人类活动的核心领域如经济关系、权力运作、宗教传播、思想嬗变、社会流动、人口迁徙、医疗进步等等都曾在史学的视野之内，而当代史家对这些领域的研究已大大突破了传统史学的范畴，并与普通人的日常生活息息相关。如今，一位普通读者也能够从自身生存状态出发，找到与历史作品的连接点，通过阅读历史，体悟人类过往智慧的种种精妙，进而在一定程度上主动去塑造自己的生活理念。通过阅读历史来定位我们的现在，通过历史研究为当下的种种决策提供依据，这已经是我们的现实中基于历史学的一种文化现象。不论是对物质生活或情感世界中细节的把握，还是期望对整个世界获得深邃的领会，当代历史学都提供了无尽的参照与启迪。这是一个史学的时代，也是一个人人都需要学习、参悟历史的时代。千百种貌似碎片化的历史专题研究、综合性的学术史研究、宏观化的全球史研究，都浸润着新时代的历史思维，为亿万读者提供了内涵丰富、层次多样、个性鲜明的历史读本。

　　微观史学或新文化史可视为一种新社会史学的重要方向，对此国内有不少译介，读者也较为熟悉。但新社会史学的研究远不止这两个方向，它在各方面的成就与进展，当然是我们这套译丛不会忽视的。除此之外，我们尤为关注代表着综合性史学思维的全球史，它是当代西方史学的重要分支，是新的世界史编纂方法和研究视角。

全球史的出现是一个非常重要的"历史性时刻"，它不仅是"从下往上看历史"新视角下所包括的普通民众，而且这标志着全球史已深入到前殖民，囊括第三世界的方方面面。为纠正传统西方中心论和以民族国家为叙事单位所带来的弊端，全球史自 20 世纪 60 年代诞生以来，越来越受到史学界的重视。全球史关注不同民族、地区、文化、国家之间的交往与互动，强调传播与接受，重视文化多元与平等，摈弃特定地区的历史经验，犹如斯塔夫里阿诺斯所说，要站在月球上观察地球，"因而与居住在伦敦或巴黎、北京和新德里的观察者的观点迥然不同。"

当代史学的创造力所在，可从全球史研究的丰富内涵中窥见一斑。全球史研究奠基在一种历史写作的全球语境之中，诉诸全球视野，构建起全球化叙事，突出历史上民族、国家、文化之间的交流、碰撞与互动。在当代史家笔下存在以下几种全球互动模式：一是阐述世界历史上存在的互动体系或网络，如伊曼纽尔·沃勒斯坦的《现代世界体系》（1974—1989 年）、德烈·冈德·弗兰克的《白银资本》（1998 年）、彭慕兰《大分流》（2000 年）；二是关注生态与环境、物种交流及其影响的，如艾尔弗雷德·罗斯比的《哥伦布大交换》（1972 年）、约翰·麦克尼尔《太阳底下的新鲜事：20 世纪人与环境的全球互动》（2001 年）；三是研究世界贸易、文化交流的，如卜正民的《维梅尔的帽子》（2008 年）、罗伯特·芬雷《青花瓷的故事：中国瓷的时代》（2010 年）、贝克特的《棉花帝国》（2014 年）；四是以全球眼光进行比较研究的，这包括劳工史、移民史等，如菲力普·方纳的《美国工人运动史》（1947—1994 年）、孔飞力的《他者中的华人：中国近现代移民史》（2009 年）；五是审视区域史、国别史之世界意义的，如迪佩什·查卡拉巴提的《地方化欧洲》（2000 年）、大卫·阿米蒂奇的《独立宣言：一种全球史》（2007

年)、妮娜·布雷的《海市蜃楼：拿破仑的科学家与埃及面纱的揭开》（2007 年）等；以致出现了所谓的跨国史研究。"跨国史"（transnational history）这一术语自 20 世纪 90 年代以来一直和美国历史研究的那些著作相关联。这一新的研究方法关注的是跨越边疆的人群、观念、技术和机构的变动。它和"全球史"（global history）相关，但又并不是一回事。"跨文化史"（transcultural history）或"不同文化关系"（intercultural relation）是与"跨国史"相匹配的术语，但研究者认为在阐明那些跨国联系时，这两个术语过于模糊。"跨国"这个标签能够使学者认识到国家的重要性，同时又具体化其发展过程。该方法的倡导者通常把这一研究方法区别于比较史学（comparative history）。尽管如此，他们认为比较方法和跨国方法彼此是互为补充的。（A. Iriye and P. Saunier, ed., *The Palgrave Dictionary of Transnational History*, Macmillan, 2009, p. 943）

全球史研究不断尝试以全球交互视角来融合新社会史学的微小题材，总体看来，这些新趋势和新热点在一定程度上纠正了全球史对整体性和一致性的偏好，为在全球视野中理解地方性知识乃至个体性经验做出了示范，同时凸显了人类历史中无处不在、无时不在的多样性与差异性。

本译丛是以当代历史学的新发展为重点，同时兼及以历史学为基础的跨学科研究成果，着眼于最新的变化和前沿问题的探讨。编者既期望及时了解国外史学的最新发展，特别是理论与方法上的新尝试和新变化，又要选择那些在研究主题上有新思路、新突破的作品，因而名之为"新史学译丛"。

近现代史学自 18 世纪职业化以来发展到今天，已经走完了一轮循环。时至今日，史学研究不再仅限对某一具体学科领域作历史的探讨，而是涉及哲学、文学、艺术、科学、宗教、人类学等多个领域，需要各个领域的专家协手共进。在一定意义上，史学是对人类文化的综合研究。这是一种现实，但更是一种理想，因为这意味着当代新史学正在努力把传统史学很难达到的最高要求当作了入门的最低标准。

　　历史演进总是在波澜不惊的日常生活里缓慢地进行着，无数个微小的变化汇聚累积，悄悄地改变着人类社会生活的整体面貌，因此，历史发展的进程，以长时段的目光，从社会根基处考察，是连续累进的。知识的创造同样如此，正如我们今天的全球史观，也是得益于人类漫长智识创造留给我们的智慧。历史研究虽然履行智识传播的使命，未来会结出什么样的智慧之果，我们很难知晓，也不敢预言，但愿它是未来某棵参天大树曾经吸纳过的一滴水，曾经进入过那伟大的脉络。无论如何，我们确信的是，通过阅读历史，研究历史，人们体验到的不仅仅是分析的妙处与思维的拓展，而且是在潜移默化中悄悄促进包容性社会的发展。

"光启新史学译丛"编委会

2017 年 9 月 1 日于光启编译馆

目 录

献给蒂姆

序 言

我年轻时恰逢一个激动人心而又充满动荡的时代，那时的我是一个有志于创新求变的年轻人，认为历史研究是极其重要的，因此想成为一名历史学家；毕竟，要实现变革，必须懂历史才行。我从来不认为历史与政治之间的关系是简单而直接的，不管是从宏大的还是细小的方面着眼，就以历史为镜指导自己个人行为的选择而言，历史研究从来都不简单。然而，我们却不断地在名人名言中看到各种有关历史的格言警句，这些言论所采用的工整的重复修辞，使得关于历史的论断看起来那么简单，那么貌似有理。比如，奥威尔（Orwell）曾说过，"谁掌握了过去就掌握了未来，谁掌握了现在就掌握了过去。"再比如，桑塔亚纳（Santayana）又说，"无法铭记过去的人，必定要重蹈覆辙。"①然而，从历史中学习远远要复杂得多：更缺少透明性，更不易控制，更不易简化成一套直截了当的规约，或者轻松就可从中找到救世的良方。

---

① 这两处引言分别引自 George Orwell，*Nineteen Eighty-Four*（London：Secker and Warburg，1949），以及 George Santayana，*The Life of Reason*（New York：Charles Scribner，1905）。我使用的版本出自 Anthony Jay，ed.，*The Oxford Dictionary of Political Quotations*，2nd ed.（Oxford：Oxford University Press，2001），276，314。

不管过去是如何被人铭记的（以及如何被人遗忘的），它如何变成引人注目的图像或者连贯一致的故事，如何被整理为可靠的解释，如何被强拉出来劝说人们采取行动，如何让人欢欣鼓舞，又如何被人否认、压制和想象，所有这些都将产生巨大的影响，决定着未来的走向。过去到底以怎样的方式写入历史，不管是有意的还是无意的，对于如何理解现在都至关重要。出于某些具体的政治诉求，历史不断地在发挥作用。而我依然相信，正是在这个意义上来讲，历史是重要的。职业史学家们要面对史学研究的承诺和可能，面对史学研究的危险和欺骗，解读历史在我们纷繁复杂的社会和政治生活中混乱无序的存在，所以他们是非常重要的角色。史学家们接受过历史学科的专业训练，熟悉历史学科的研究实践，同时还有史学领域的认识论作为武装，他们有能力行使自己作为史学家的职责。

虽然本书涉及不少我个人的经历，但是个人声音的使用是有限的，也是策略性的。读者们如果想从书中了解我的政治观或者是我参与政治的细节，那一定会大失所望。我在书中刻意避免过于以自我为参照，因为如果那样，过去四十年的史学书写将会沦为史学家个人经历的记录。本来要明确探讨的客观对象，由于用第一人称"我"加以书写、组织，对史学发展进程的探讨只会变成史学家个人敏感和困惑的副产物。本书绝非自传性质的写作，书中在讨论知识分子时，涉及他们所参与的大型历史辩论、政治变革和社会进程等背景信息，并没有将个人经历与史学研究趋向之间的关联作为预先给定的必然联系。事实上，我认为政治、历史和个人三者形成了我所讨论内容的三股潜流，他们之间的关系既有彼此对立的张力，也有交汇和融合。正是在这些极具张力的时刻，产生了社会和个人经历之间以及政治和学术之间的裂痕，并萌生出本书的核心问题：到底什么是历史？我们为什么研究历史？

我写作这本书有两个主要目的。第一个目的是记录史学研究的发展进程，第二个目的是探索历史和政治之间的关系。关于前者，我既不是要回顾当前史学研究的各种方法和门类，也不是为史学研究实践提供指南。本书也不是理论著作，我并不打算以另一种当代人所熟悉的文体写作——这种文体的倡导者们习惯采用一种"讲述过去"的新方法，欢庆着由实验和反叛所带来的快乐，挑战既成的所谓真理，催动着战车以"保卫历史"之名向权威发起进攻。[②]我应该加以澄清的是，我个人更倾向于记录历史而不是用理论话语向权威发起挑战。然而，在决定用何种方法呈现当代史学家们关于学科的争论时，我选择了一种完全不同的方法。我以我个人的生活经历为出发点，讨论的过程中又不断地涉及我个人的经历，以此呈现20世纪下半叶社会史和文化史学家们的各种分歧。同时，这也是我自己对一系列常见问题和主流观点所界定的知识政治的一次游历：关于经济基础和上层建筑，关于存在和意识，关于结构和能动性，关于物质生活和主体意识，还有关于"社会"和"文化"，等等。通过对这些问题的考察，我努力了解主流史学研究与一个又一个的政治危机语境之间持续不断的对话，发现史学家认知的谱系。

我在本书中选取我的个人经历，目的正是要强调这一切发生过　xi

---

② 第一处引自下列这本书书皮上的文字介绍：Alun Munslow and Robert A. Rosenstone, eds., *Experiments in Rethinking History* (New York: Routledge, 2004)；第二处引自下列这本书的标题：Richard J. Evans, *In Defence of History* (London: Granta, 1997)。

程中的集体主义特点而不是个人主义性质。在我看来，需要具备研究最棘手的课题、回答最困难的问题的能力，比如说，本书中探讨的社会史和文化史问题分别向我们提出了挑战，往往需要集体合作才能解决，而这种集体的努力却经常被人们所忽视。在沿着新的路途前行的过程中，在寻找新方向的过程中，在面对新理论、方法和概念的过程中，我们要获得最大的成功，只有通过对话，通过合作，通过超越我们当下的学术关注来寻找连接点——无论是与其他领域、其他学科，还是与更广阔的政治和公共领域之间。接下来，我会试图呈现我作为一个历史学家的个人经历和更广阔的时代背景间来回往复的各种关系。对我个人塑造作用最为显著的时代背景有两个，一个是 1968 年的英国社会，还有一个是 20 世纪 80 年代和 90 年代密歇根大学独特的校园环境。

讲述我个人的故事的时候，我十分清楚这其中包含风险。这种个人视角毫无疑问会具有偏向性和主观性。我一次又一次很努力地提醒自己，研究者的视角会有许多显而易见的独特性，比如说年代、国籍、地域、性别、性向、公民身份、政治立场，等等。这些与我所偏好的史学书写和理论完全不同。但是正是这些具体性和独特性，决定和影响了我在本书中论述的结构框架。我个人在公开亮相后会沉寂相当长一段时间，通常只有在转折关头，出于讨论关键问题的目的，我个人的声音才会再次出现。我的书中还夹杂着关于英美、英德学术交流的一些争论，对这些争论本身的研究甚至完全可以写成一本书。对于我每时每刻的言论立场，我至少努力做到自然流露、直言不讳。我当然也希望能为我们的当下写出无人能及的详尽的史学传述。在这个意义上，我个人的立场、视角失之偏颇就不那么重要了，重要的是史学书写所采用的形式。在追溯我自己年轻时（再到后来不那么年轻时）的史学研究经历时，我想说的是，在当代的政治和历史研究中提出可行的概念，是一个必经的、漫长且艰巨的过程。对于那些开始准备研究历史学的人，我想告诉他们这一研究过程贯穿史学家的一生。最重要的就是：我们需要通过与他人的对话得到收获。

我当然想通过这些思考，帮助人们理解史学家所从事的工作，并将其用于解释知识与政治之间的历史联系，及其是如何造就我们今天的史学的。本书的目的是寻求**开启**对话，而不是寄望于得到结论。从这个方面来说，过去四十年的史学研究最重要的特点就是从社会史到文化史的巨大结构性变化，这正是本书的主旨内容。作为一个史学家，我的史观既受到社会史的影响，也受到文化史的影响。而且，尽管我目睹了伴随着社会史走到末路时的各种不安和失望，我仍认为我在 20 世纪 80 年代经历的所谓的语言学转向和文化转向带来了各种充满活力的可能性。然而，与此同时，我也总是发现，要跨越当前的差异去建立对话和交流，困难重重。因此，本书的第一个目的就是从当前所谓的"新文化史"所构建的范式退后一步，并且考虑后者还有什么是不尽如人意的。我不是要否认批评分析过程和新文化理论建构的艰辛，也不是要否认这些理论指导下的各种文化阐释，我想要探讨的是通过何种方式、以何种形式，早先的社会史才能得到复兴。从当时作为一门显学的社会史转身离开，不再为社会史的宗旨而努力，史学家们得到了什么？又失去了什么？从前的社会史研究对于今天的史学批评和异议表达还有多少价值？

　　就像我前面说过的，我公开承认我对于这些问题的思考在很多方面都可能会失之偏颇，并受限于我个人独特的知识体系和专业特长。我研究的是欧洲近代史，我在英国接受学科训练，工作主要在德国，生活在美国；同时我有兴趣书写的历史种类也较有限。尽管如此，我尝试着尽可能撒下一张大网，自学史学学科其他领域所关注的对象，并且自觉地反思自己视角的偏颇之处。更重要的是，我试图对这些领域进行描绘，呈现过去的四十年里积极投身政治的史学家们的历史书写形式。我希望我的文字既能在我的同行中产生反响，还能触及其他领域的研究者的经历，与他们展开对话。

　　我的第二个动机有关政治。接下来，我关注的不是史学家们怎样以一种完全开放的、宏阔的泛学科方式开展研究，而是一种边界更清晰的史学研究体系。我所感兴趣的是那些 1960 年代以来的史学家们，他们试图将史学学术研究和大规模社会文化变迁中的现实政治联系在一起。我一方面采用了我个人在这些年的经历，虽然发声不多，但却非常坚定地站在与传统史学相对立的立场；另一方面则集中讨论了三位非常著名也非常有代表性的人物，他们分别是爱德华·汤普森（Edward Thompson）、蒂姆·梅森（Tim Mason）和卡罗琳·斯蒂德曼（Carolyn Steedman）。以他们作为例证，也有助于精简我的论述。我还试图呈现政治和史学书写是以怎样的方式不断地相互影响的。**政治**——不管是宏观的、制度性和宏大叙事意义上的政治，还是微观的、个人性和日常生活层面的政治——都会极大地影响我们如何思考和如何开展史学研究。事实上，**历史**和**政治**无时无刻不在相互渗透。因此，本书探讨的是最广泛地联系社会史和文化史的知识政治。

我想要强调，历史和政治之间绝不是一种简单的或者是一对一的关系。我在书中记录了围绕着 1968 年政治和伦理中心问题所涌现的那一代史学家身上所潜藏的意义文本。爱德华·汤普森要年长许多，但是他对政治的敏锐性却十分与众不同。他的研究和他在史学界的地位对 20 世纪 60 年代和 70 年代成长起来的那一代历史学家产生了巨大的影响。梅森当然是新生代史学家之一，但是年龄也不小，与我成长的时代足以形成代际距离。卡罗琳·斯蒂德曼的经历则完全符合我所描述的各种参数变量，而且事实上我也是在这段时间之内成长起来的。然而，正如前文所述，相同的政治背景并不一定产生**某种特定**的视角或者是身份，我们要吸收斯蒂德曼的理论，并以一种直截了当的方式呈现那一代学人的史学叙述特点仍然困难重重，因为她的理论充满异质性，她的思想独立且具有创新性。我所要探讨的更多的是史家们和公共领域之间的某种关系。

尽管如此，在谈论这两者的关系时，我始终清楚这其中的双重困难：历史学家和他们的著述并不一定比公共领域的实践及其建构过程中最具理性主义特征的理论背后所蕴藏的激情和敌意更具有前后一致的稳定性和透明度。本书并不旨在消除这种双重困难，而是尽最大可能让人们意识到这些困难。除了阐明历史研究中日益凸显的张力，本书同样也认为有必要认识到这些张力是内在的和固有的。只有了解这些张力，包括文化史和社会史这两个孪生兄弟在内的历史研究才能真正为政治所用。

致　谢

　　创作本书的想法是在 2002 年 11 月 18 日酝酿形成的，当时我在密歇根大学比较历史系担任西尔维亚·瑟拉普（Sylvia L. Thrupp）[①]讲席教授，并在系里首度进行演讲。在命名我的教席时，按照密歇根大学通常的做法，我可以选取一位与该校有关的人物的名字，以表示对他/她的敬意。我决定用西尔维亚·瑟拉普这个名字，对此，我有两点要声明。首先，西尔维亚·瑟拉普是中世纪社会史研究的先驱，在她的大力倡导之下，史学研究不再囿于单一的历史学范畴，而是开始采用跨学科和比较分析的方法。她于 1958 年在芝加哥创立期刊《社会和历史比较研究》（*Comparative Studies in Society and History*），三年后将其带到了密歇根大学。该刊促进了历史思考同社

[①]　西尔维亚·思拉普（1903—1997）生于英格兰，五岁时随父母移居英属哥伦比亚。1931 年在伦敦大学获博士学位，1935 年回到加拿大，先后在英属哥伦比亚大学（1935—1944）和多伦多大学（1945）任教。1945 年到 1961 年间任教于芝加哥大学。除撰写有大量有关行业公会和历史人口学方面的论文外，她主要出版了两本专著：*The Worshipful Company of Bakers of London*（London：Galleon Press，1933），以及 *The Merchant Class of Medieval London，1300—1500*（Ann Arbor：University of Michigan Press，1989；orig. pub. 1948）。她的系列论文结集于 Raymond Grew and Nicholas H. Steneck，eds.，*Society and History：Essays by Sylvia L. Thrupp*（Ann Arbor：University of Michigan Press，1977）。

会科学各门类之间的互动，这既是之前所罕见的，也是极富挑战性的。不囿于单一的立场观点，跨学科、跨领域和跨时期地进行比较思考，这些正是西尔维亚·瑟拉普研究工作的标志性特点。这大体上也能用来描述密歇根大学历史系的研究理念。她在学界的能量以及敏锐的判断力，使得该刊成为跨越史学和社会学研究的跨学科学术典范，直至今天依然如此。其次，西尔维亚·瑟拉普是密歇根大学首位爱丽丝·弗里曼·帕尔默（Alice Freeman Palmer）讲席历史教授，这一教席是平权运动之前史学界女学者还十分稀少时专门授予杰出女性历史学家的。虽然 1979 年我来到安娜堡时，她已经退休了，我很幸运地依然能通过《社会和历史比较研究》认识她，能用她的名字命名我的教席，我为此感到自豪。

我的首次演讲结束之后，密歇根大学出版社社长菲尔·坡科达（Phil Pochoda）鼓励我将我的观点撰写成书，此后还提供了许多帮助，我非常感激他。我很幸运能遇到密歇根大学出版社的编辑吉姆·瑞什（Jim Reische）。我在 2003 年 10 月至 2004 年 4 月休年假期间完成本书，古根海姆研究基金和密歇根大学联合资助了我的研究。在本书最后结稿阶段，我还得到了彼得·索培尔萨（Pete Soppelsa）的无私帮助。

更重要的还有我多年来一直仰仗的学界同仁的支持，具体一一罗列如下。感谢密歇根大学，尤其是密歇根大学历史系我的同事和研究生们，感谢该校多年来养成的独特的跨学科研究氛围。该系 1987 年成立的社会转型比较研究项目（CSST）是其研究重镇。还要感谢德国史学研究的同行们和更广大的跨学科领域内从事德国研究的同仁，这其中有密歇根大学的同事和研究生还有大西洋和北海两岸的朋友们。最后，我还要集体感谢启发和支持我完成本论著的各位同仁。他们与我一样坚定地投身学术研究工作，相信历史可以而且应该继续发挥作用。他们中有部分并非是专门的史学研究者，但我从他们的著述中学到了不少东西。

我从上述三个群体受惠良多，但遗憾的是我只能列出少数几个人的名字。使本书得以问世的，还有学界其他许多朋友，我与他们中的一些人在较晚近时有过学术交流，也有的是我跨越多年一直持续对话的对象。在此，我还要鸣谢劳伦·波兰特（Lauren Berlant）、大卫·布莱克本（David Blackbourn）、莫尼卡·伯古拉（Monica Burguera）、安托瓦内特·伯顿（Antoinette Burton）、凯瑟琳·坎宁（Kathleen Canning）、简·卡普兰（Jane Caplan）、迪佩什·查卡拉巴蒂（Dipesh Chakrabarty）、维纳娅·卡图维迪（Vinayak Chaturvedi）、蓓基·科尼金（Becky Conekin）、大卫·克鲁（David Crew）、尼克·德克斯（Nick Dirks）、杰西卡·杜勃（Jessica Dubow）、阿蒂娜·克罗斯曼（Atina Grossmann）、茱丽亚·黑尔（Julia Hell）、Young-sun Hong、卡利·以色列（Kali Israel）、杰尼弗·杰金斯（Jennifer Jenkins）、罗宾·科勒（Robin Kelley）、迈克·肯尼迪（Mike Kennedy）、马乔利·列维逊（Marjorie Levinson）、阿尔夫·吕德克（Alf Lüdtke）、特里·麦克唐纳（Terry McDonald）、克里斯汀·麦奎尔（Kristin McGuire）、鲍勃·莫勒（Bob Moeller）、吉娜·莫兰兹-桑切兹（Gina Morantz-Sanchez）、弗兰克·莫尔特（Frank Mort）、德克·摩西斯（Dirk Moses）、鲁道夫·姆拉泽克（Rudolf

Mrazek）、凯什·尼尔德（Keith Nield）、雪莉·奥特内（Sherry Ortner）、凯瑟·彭斯（Kathy Pence）、莫以什·坡斯东（Moishe Postone）、艾丽丝·里歇尔（Alice Ritscherle）、桑娅·罗丝（Sonya Rose）、比尔·罗森堡（Bill Rosenberg）、阿德尔海德·冯·萨尔登（Adelheid von Saldern）、比尔·施瓦茨（Bill Schwarz）、比尔·斯威尔（Bill Sewell）、佩奇·索墨斯（Peggy Somers）、司各特·斯帕克托（Scott Spector）、卡罗琳·斯蒂德曼、乔治·斯登梅兹（George Stein-metz）、乌里·斯特拉瑟（Uli Strasser）、朗·苏尼（Ron Suny）、丹尼斯·斯维尼（Dennis Sweeney），还有苏珊·索亨（Susan Thorne）等。以上每一位优秀学者和知识人给予我的指导和帮助都是不可或缺的，他们有的是专业历史学者，有些不是，他们或是多年来持续不断地影响了我的学术思考，或是给我提供了具体的写作建议。

多位同仁通读了我的整部手稿，其中包括出版社邀请的两名匿名评审专家。他们的评审意见对我帮助非常大，也相当有见地。全书终稿由吉娜·莫兰兹-桑切兹（Gina Morantz-Sanchez）和弗兰克·莫尔特（Frank Mort）两位校读，他们是最优秀的读者。他们不仅向我提出了许多具体的改进意见，更重要的是他们让我坚信本书是非常有用的。如果说弗兰克使我的目光专注于英国，那么吉娜则帮助我将立足点始终定位在美国。最后，在我写这本书时就开始阅读本书的是杰西卡·杜勃（Jessica Dubow），她是位理想的对话者。她并非来自英国、德国或美国，她是南非国籍，并不具有历史学科背景，但却拥有许多与我相比非常不同的历史知识，她也不像我一样已经68岁，而是属于年轻得多的一代——在以上各个方面，她都有着与我全然不同的视角，这使得她能帮助我更清晰地阐明我的观点和立场。感谢以上所有审读者毫无保留地对此书的主旨和诉求作出反馈。

此外，我还要感谢露丝·罗斯加登（Ruth Rosengarten）慷慨地应允将其画作用于本书封面。这些图画完美地表达了我在此书中的核心观点。

显然，本书并不只是一部史论。全书的节奏——经过失望达到乐观，继而反思，最后提出挑战，这一脉络表明了我的意图。这是一本有关政治抱负的书。此书首先是我个人信仰的告白。它呼吁我的史学研究同行们，不管是职业的还是非职业的，呼吁他们践行历史学家的古典美德，通过最富有想象力、最严谨细致、史料最详尽的研究，以最不可思议的方式最广泛地呈现过去四十年的历史。珍视历史学家的独特视角和认知，同时又不满足于此。对于自己先入为主的预设要有自我意识，努力抽象地思考，与邻近学科对话，敏感于各种政治意涵。历史如果不用于教学，不用于政治伦理，不用于帮助人们坚定对未来的信仰，那么将一无是处。否则，坦白说，就只能像斯图亚特·霍尔（Stuart Hall）[2]在一篇反思大众文化意义的文章结尾处说的那样，"我全不理会，我全不在乎。"

---

② Stuart Hall，"Notes on Deconstructing 'the Popular，'" in Raphael Samuel，ed.，*People's History and Socialist Theory*（London：Routledge and Kegan Paul，1981），239.

第一章 成为一名历史学家：自序

我决定成为历史学家时，跨学科研究还未成为席卷各大高校历史系的风潮。相较于美国而言，英国更是如此。我于 1967 年 10 月来到了牛津大学贝利奥尔学院，准备进入一个崭新的知识世界，翘首走向治学和学识的门户。然而，令我懊恼的是，第一个学期我们只学了吉本（Gibbon）和麦考利（Macaulay）、德托克维尔（de Tocqueville）、伯克哈特（Burckhardt），最后还有尊者贝德（Venerable Bede）。牛津这一长期不变的教学体系毫无想象力，他们用这些古旧的知识，给充满学术热情的年轻学子们来了个透心凉的冷水浴。那时最糟糕的经历，就是艰难地阅读贝德写于公元 8 世纪的《英吉利教会史》（*Ecclesiastical History of the English People*）一书。这种顽固不化的食古，简直是出人意料。我读着关于基督教成为英国国教的无休止的编年记录，完全不能理解其与 20 世纪历史教育有何种关系，这样的阅读注定只能沦为猎奇式的阅读。我读到贝德的对头——梅西亚的庞达国王（King Penda）的烧杀抢掠，想象着他以一副荒诞可笑的大胡子形象凶猛地横扫修道院的情景，英雄一般地捍卫英国活跃异教的最后一道防御工事的形象。

2　　牛津的历史研究风格如果前后不一致，那就不叫牛津了。从第二个学期开始，我和同学们从萨顿胡的墓地开始踏上一个横跨整部英国历史的漫长过程。五个学期后，我们顺理成章地读到了二战爆发的前夜。回想过去，这些正规的本科学术训练几乎完全没有引起我对历史研究的兴趣。牛津的近代史学院似乎完全是出于抑制思想活跃的意图而组织安排的，目的就是为了将我们的思想拴缚于历史学领域最保守的观念之上。终于，到了60年代末期，历史学科的许多学生开始强烈意识到史学与当下现实生活的密切联系，因而激动不已，认为历史研究不仅能有效地辅助政治思考，也是磨砺批判性社会意识的有力工具，能帮助我们找到一种切实可行的政治伦理。然而，牛津大学的学科卫道士却仍然阴沉着脸将这一切拒之门外。在牛津的日子里，我正是生活在这样一个悖论中：只是在课程的间隙或者课后，甚至完全是在近代史学院学习之外的时间，我才激动着萌生出想成为历史学家的念头。学习的积极效果并不是由学院课程的设置激发，反而是克服了学院课程设置的弊端才得以产生的，学院学科负责人却有意选择对外面发生的变化视而不见。①

---

①　以1970年夏我在牛津本科学习最后阶段的期末考试为例，这个例子虽小，但很能说明问题。考试由8场卷面考试组成，每场考3小时，考试范围涵盖我在前三年的全部学习内容，还包括欧洲史自选的某个时期的历史。在《1856—1939年的欧洲》这门考试中，出题者的问题全部围绕第一次世界大战的前后时期，试图把考试第一部分止于1914年，而使第二部分从1918年开始，从而很巧妙地避开了俄罗斯大革命。然而在1967—1970年的学习中，不只我一个本科生，许多同学都花了大量时间研究沙皇独裁政治和布尔什维克夺权的历史。总的来说，如果说彼时牛津大学历史学科与世隔绝、尘封经年，十分匮乏想象力，那么其历史课程简直就是它的一座破败潦倒的纪念碑，1961年成立的本科生史学改革小组绝对未曾对此撼动分毫。本科阶段最让我骄傲的是，1970年因为担任史学改革小组复印版刊物《牛津历史学家》的编辑，我曾被皇家钦定教授休·特雷弗-罗珀（Hugh Trevor-Roper）（即达克雷勋爵）在教师委员会上声讨。关于这一小组是如何形成的，参见Tim Mason, "What of History?" The New University 8（December 1961），13—14。梅森（Mason）这篇文章是E. H. 卡尔（E. H. Carr）《什么是历史?》一书的书评，这本书是我那一代史学家们的一个重要参照。参见Richard J. Evans为新版作的导言，见于Edward Hallett Carr, What Is History?（Houndmills：Palgrave, 2001），ix—xlvi。

　　对过去的回忆还可以再往后追溯。我初到牛津时读书不多，稚嫩得让人汗颜。在我十岁出头的光景，距离我家大概五英里的特伦河畔伯顿开了家书店。虽然伯克利出版公司（Byrkley）的图书品种并不丰富，但企鹅（Penguins）和鹈鹕（Pelicans）两家出版社的图书却非常多。我从中贪婪地饱读西方人文经典、当代社会评论以及一些严肃小说。斯沃得林科特（Swadlincote）公共图书馆虽然其他方面都很好，但在这些领域的藏书量却极为有限，而我的父母既没有足够的收入也没有丰厚的家产为我在家里购置图书。我偶尔会去伯顿书店，因机会难得，我总是如饥似渴地饱览书店的各种书目，丝毫不加选择、一本接一本地翻看，我的眼界就是用这种方式扩展开来的。现在回想起来，我最初的历史趣味真是让人脸红。当时，我大量阅读了战后二十年间由保守派爱国人士撰写的各种华丽、煽情的民族主义历史——这其中最为典型的是一部宏大的多集电视纪录片《伟大的岁月》（*The Valiant Years*），它颂扬了丘吉尔在二战中伟大的领袖地位。[②]此外，我还读了 A. J. P. 泰勒（A. J. P. Taylor）在《观察者》（*The Observer*）杂志上每周一次的书评，观看了他的各种电视演说[③]，这些算是起到了消弭民族主义倾向的作用。正是在此

　　② Winston Churchill，*The Second World War*，6 vols.（London：Cassell，1948—54）；Arthur Bryant，*The Years of Endurance*，1793—1892（New York：Harper，1942）and *The Years of Victory*，1802—1812（New York：Harper，1945）. 关于丘吉尔电视纪录片，参见 *Winston Churchill：The Valiant Years*（Jack Le Vien，BBC，1961）.

　　③ 参见 A. J. P. Taylor，*Politics in Wartime and Other Essays*（London：Hamish Hamilton，1964）and *From Napoleon to Lenin：Historical Essays*（New York：Harper and Row，1966）. 泰勒的著作是我德国史研究的启蒙，包括：*The Course of German History：A Survey of the Development of Germany since 1815*（London：Methuen，1961；orig. pub. 1946），*The Struggle for Mastery in Europe*，1848—1918（Oxford：Clarendon Press，1954），*Bismarck，the Man and the Statesman*（London：Hamish Hamilton，1955），and *The Origins of the Second World War*（London：Hamish Hamilton，1961）.

基础之上，我把自己变成了一个虽然学术上保守但还算有些效率的自学成才者。

　　许多学者经常在回忆录中回想起如何在语法学校遇到良师以及心灵如何被唤醒的经历，而我在阿什比德拉佐克（Ashby-de-la-Zouch）男生语法学校并没有这样的遭遇。一位历史老师引起了我早年对中世纪城堡的兴趣。后来，另一位更熟悉史学学界动态的历史老师，为我打开了严肃史学研究的第一扇窗。我在语法学校的最后一年里，他将《过去与现在》（*Past and Present*）一刊介绍给我，不断地向我讲述史学研究中的一系列争议，包括围绕埃尔顿（Elton）《都铎政府的革命》（*Tudor Revolution in Government*），泰勒《第二次世界大战的起源》（*Origins of the Second World War*），还有有关 17 世纪普遍危机等的争论。④他还让我翻译了马克斯·韦伯（Max Weber）一篇关于 16 世纪价格革命的文章，这对我的德语学习帮助很大，尽管对于我在社会思想史方面的知识积累并未起到多大作用。我的这位历史老师，是一个被放逐在停滞不前的外省而无望实现学术理想的人，却清楚地了解史学界的各种前沿论辩。我现在才意识到，他与二战前剑桥的埃里克·霍布斯鲍姆（Eric

3

---

　　④　围绕杰弗里·R. 埃尔顿（Geoffrey R. Elton）的著作 *The Tudor Revolution in Government：Administrative Changes in the Reign of Henry Ⅷ*（Cambridge：Cambridge University Press，1953）以及他编辑的 *The Tudor Constitution：Documents and Commentary*（Cambridge：Cambridge University Press，1960）的辩论始于 G. L. Harriss 以及 Penry Williams，见于 "A Revolution in Tudor History?" *Past and Present* 25（July 1963），3—58，之后是 J. P. Cooper（26 ［November 1963］，110—12），G. R. Elton（29 ［December 1964］，26—49），Harriss and Williams（31 ［July 1965］，87—96），and Elton（32 ［December 1965］，103—9）。对 A. J. P. 泰勒的《第二次世界大战的起源》的批评，还见于 Timothy W. Mason，"Some Origins of the Second World War," *Past and Present*，29（December 1964），67—87，泰勒的回应见于 "War Origins Again"（30 ［April 1965］，110—13）。关于 17 世纪大危机的文章结集收录于 Trevor H. Aston，ed.，*Crisis in Europe，1560—1660：Essays from Past and Present*（London：Routledge，1965）。

Hobsbawm）和雷蒙德·威廉姆斯（Raymond Williams）是同时代人，尽管他们的政治主张并不相同。

到达贝利奥尔学院后，我并不是唯一一个文化资本上极为欠缺的历史学专业大一新生。尽管如此，我还是痛苦地感受到了自己与同学之间的差距。我的大部分同辈学人似乎都懂得比我多，他们读了更多该读的书，去过更远的地方旅行，熟练地使用更多的语言，手边随时都有可供查阅的参考书，他们很清楚自己就属于这个圈子。这些准备相当充分的同学并不都是来自优越的学校，他们中约有一半来自需缴纳高额费用的公立学校，一半来自州立学校。我的十二位同学中，有两位的学识已经渊博到令人非常惭愧不安，他们两人中有一位来自精英公立学校，通晓多门语言，当时就已经在研究有关墨西哥革命的历史了，而那时的我对其在历史上的重要性还一无所知。另一位则来自默西塞德的一所综合学校，在我们开学第一天的大会上，他手拿一本费尔南·布罗代尔（Fernand Braudel）写的《菲利普二世时期的地中海和地中海世界》（*Mediterranean and the Mediterranean World in the Age of Philip II*）。⑤五年之后，这本书才出了英译本。与这两位同学们相比，我起步的确非常晚。

我回忆这些有时让我感觉痛苦的往事是为了提出这样一个观点：我们成为历史学家的路径各有千秋。拿我个人的情况来说，我的家庭或学校教育不曾推动我走上史学研究这一特别道路。我个人早年经历平平，也没有什么社会关系能驱动我在这方面的求知欲。在集

---

⑤　参见 Fernand Braudel，*La Méditerranée et le monde méditerranéen à l'époque de Philippe II*，2nd ed.，2 vols.（Paris：Colin，1966），英译为 *The Mediterranean and the Mediterranean World in the Age of Philip II*，2 vols.（London：Collins，1972—73）。

体记忆或我的家族史中，也未见遭遇过什么灾难或是悲剧。在语法学校上学的时候，我对历史产生兴趣是缘于实用主义和一系列的意外事件——历史似乎是一门我碰巧擅长的科目，这其中的逻辑并不完全由我个人掌控。不管是在语法学校还是大学，校方的正式课程从未激发我的想象力。真正引发我对历史的兴趣的则是更宽广的政治世界中所发生的各种事件。对于我那一代许多人来说，正是巨大的、令人兴奋的时代需求激发了我们对历史研究的热情，迫切想要追索历史事件背后道德和政治意义的念头引燃了我的研究兴趣。在这个意义上，我和其他工薪阶层、中下等人群虽然都过着平凡的生活，但因为我们接受的教育，因为影响深远的政治事件的突然发生和介入，我们的生活变得不再平凡。当然，有关理论、政治和历史的各种知识的学习，用瓦莱丽·沃克丁（Valerie Walkerdine）的话来说，使得我有可能"从现在的有利位置回望过去梦幻一般的海岸"。⑥

　　不是为了获取本科学位，而是求知的渴望驱动我在 1968 年成为一名历史学家。我们现在可以看到，一系列完全不同的史学研究早已出现，虎视眈眈地望着英国历史语境的诸般自满，急切地想要伏击并将其消灭。这一切究竟是怎么回事，对于思想史本身就是个令人着迷的谜题。但是，对于当时还在大学读书的我们而言，历史面

----

⑥　Valerie Walkerdine，"Dreams from an Ordinary Childhood," in Liz Heron, ed., *Truth，Dare or Promise：Girls Growing Up in the Fifties* (London：Virago，1985)，77. 沃克丁在文中完全呈现了时代的脱节（64 页）："我 14 岁还没谈过恋爱，16 岁加入共产党，去巴黎学画，后来在印度静修。童年幻想着离开家门，梦想着日后飞黄腾达，然而在我的生活圈子里，只有两种方法可能美梦成真，过上资产阶级的生活，那就是要么择个金龟婿，要么努力工作。50 年代早期向我敞开了第二条路。战后教育的扩张帮我实现我幼年时的小小心愿，长大后变成一个勤奋、传统、受人尊重的工人阶级女孩。"感谢弗兰克·莫特（Frank Mort）提醒我这篇文章。更经典的这类叙述，另参见 Raymond Williams，"Culture Is Ordinary," *Resources of Hope：Culture，Democracy，Socialism* (London：Verso，1989)，3—18。

目的全然一新，尤其是历史研究的全新视野，跟大学课堂并没有太大关系。在政治思想史课程中，按要求我本来应该通读亚里士多德、霍布斯和卢梭的著述，然而事实上我并没有系统地读，当时我只是为了完成期末考试，在最后一刻临时抱佛脚式地敷衍了事。我真正关注的是马克思。我多数的阅读和思考都跟学位要求紧密相关。关于宪法的重要性和不负责任的权力的任性，我从对 1832 年改革法案甚至是 1917 年二月革命的研究中有所了解，也从面对大学和学院的权威时有所认识。对我有所启发的著作只有一部分是在课堂上由老师指定阅读的，更多的启发则来自课堂以外。

我至今还记得第一次听说爱德华·汤普森《英国工人阶级的形成》（*The Making of the English Working Class*）一书的情景。[7] 那是 1968 年，当时我正与保罗·斯莱克（Paul Slack）（当时他是巴利奥尔学院的一名初级研究员）在巴利奥尔前一家平装书店前聊天，书店刚刚新到一批企鹅出版社平装书，这在当时是一月一度振奋人心的大事。当时保罗正在犹豫要不要买下汤普森这本书的企鹅版，这书当时的价钱只要一镑多，但在那时不算一笔小数目，是需要认真作预算考虑的。[8] 光这

---

⑦　Edward P. Thompson, *The Making of the English Working Class*（London: Gollancz, 1963; paperback ed., Harmondsworth: Penguin, 1968）.

⑧　保罗·斯莱克（Paul Slack）目前是牛津大学早期近代社会史教授、李纳尔克学院院长。他在《过去与现在》（*Past and Present*）一刊中担任重要角色（第二章将详细讨论），1978 年加入编委会，1986 到 1994 年任编辑，2000 年成为编委会主席。参见 Paul Slack, *The Impact of Plague in Tudor and Stuart England*（London: Routledge and Kegan Paul, 1985）; *Poverty and Policy in Tudor and Stuart England*（London: Longman, 1988）; *From Reformation to Improvement: Public Welfare in Early Modern England*（Oxford: Clarendon Press, 1999）. 另参见 Paul Slack, ed., *Rebellion, Popular Protest, and the Social Order in Early Modern England*（Cambridge: Cambridge University Press, 1984）; Terence Ranger and Paul Slack, eds., *Epidemics and Ideas: Essays on the Historical Perception of Pestilence*（Cambridge: Cambridge University Press, 1992）; Peter Burke, Brian Harrison, and Paul Slack, eds., *Civil Histories: Essays Presented to Sir Keith Thomas*（Oxford: Oxford University Press, 2000）.

一点就足以让人印象深刻了。另外，此书在五年前首次出版的时候，就已经被工业革命的主流历史学家们嗤之以鼻了，这一点我是在看到 1968 年那一版的新后记里汤普森回应的评论时才了解到的。我为自己的无知感到羞愧——我对于这一政治和史学背景的了解少得可怜——于是立刻着手填补知识空白。1968 年秋，我得到了由格兰茨出版社出版的一本精装本，接下来的冬天我有大半时间都用来读这本书。正是在我对牛津的历史学教育失望到极点的时候，汤普森这本书让我重拾对历史研究的信仰。

拙著记录了接下来几十年里历史研究领域的图景变迁，以及我个人贯穿其中的经历。我明白，当我以第一人称视角叙述的时候，多数读者会觉得我这是在自我膨胀，我顶多只能满足一些新学生、新同事和朋友们的好奇心理。我感兴趣的则是记录当代思想史的某些重要特点对于历史学家们思想和实践的影响。从我自己的角度来说，我在牛津的学习经历使我此后坚信，理想的历史研究是有政治参与、有理论框架支撑的。我当然坚定地相信历史需要尽可能地满足传统学术语境中最高标准的要求，需要具备最具创新性且最可靠的实证调查基础，需要穷尽文献研究资料。但是，历史研究也必须与当下有相关性。要使历史研究的理想在当下的经验要求之下仍然保持平衡，绝非易事。从政治的角度研究历史，也有可能招致不当的道德教化，让人生厌的教条主义和无益的简单化。单从对历史教学的评估出发并不能充分发掘历史研究的有用性。对历史教学的评估理应怀有更宽广的志向，这在过去四十年里让历史学家们产生出最优秀的成果。

历史与政治的关系并不简单。历史不仅是可资借鉴的工具，不仅是可供参照的明镜。然而，历史学家们的学术讨论都与最广义的政治紧密相连，历史学家们将哲学、社会文化还有狭义的政治话题带入学术领域，他们在学院和公共领域的立场中展现出他们的争斗姿态，他们表面关心的话题背后则隐藏着更宽广的政治问题和争议。所有这些因素框定了过去三十年历史研究的目的。左派受女性主义的启发，新的历史研究应运而生。与此同时，日益成为当代社会公共生活中心的种族问题也提出挑战。在此背景之下，各种新的历史阐释层出不穷。⑨历史学家们的每场辩论都与公共领域的更广阔发展密切相关，有时是直接回应，但间接影响或部分借鉴也同样多见，无论是来自于政治进程本身，还是借助其他学科领域的相关讨论。其所导致的变化离不开历史学家们在实际社会生活中所面临的伦理和实践困境：诸如历史学家们关于教什么和如何教的决定，聘用与学术政策制定之间的冲突，如何处理与同事的关系，以及院系日常生活中的各种决定，等等。

对于历史学家们处在变动中的研究目的而言，这一公共世界的重要程度不容置疑。今天历史学家们思考、教学和写作的环境已经远远不同于我初涉史学研究领域的 20 世纪 60 年代末期。他们不仅被要求回应学科内部的各种变化——包括这一职业在社会学意义上的显著变化——还被要求对更宽广的社会和政治领域中的变化也能作出回应。这些更广大的背景既包括关于跨学科的理论和方法的热烈论辩，又包括针对高等教育目的问题的争论。

回顾我个人的特殊经历，以及这段经历所部分反映的与一般思

⑨ 当然，此现象必不仅限于左翼历史学家们。20 世纪 70 年代以来，各派保守主义者，也不乏自由主义者，花了过多的时间和精力反对、否定和后悔史学学科领域内女性史的到来（同时也包括该学科领域内女性史学家们的到来）。我最喜欢举的一个例子是密歇根大学的一位前同事，一位比较年轻但并不非常保守的全职教授，他于 20 世纪 90 年代初从历史系离职，给系主任留下一封信，控诉密歇根大学历史系变成了性别史和文化研究系。

想史形成的对照，或许能够对其他人起到有限的启发。我希望通过叙述个人史学研究书写与所处政治环境之间的互动，使其他人有可能认识到他们也在进行类似的叙述，无论这叙述是与我相似还是不同。通过借助我的个人经验探索历史与政治的复杂关系，探索努力成为一名好的历史学家与努力以有效且合乎伦理的方式采取政治行动之间的复杂关系，我也许能为我们时代的史学叙事做出些许贡献。

　　在成年时期，我奋力拷问历史学科所发生的巨大变化的意义，却总是惊讶地发现那么多现存研究都在试图呈现有序的逻辑性和隐含的进步主义。与英国相比，这则更多地体现在美国的史学评论中，同样也是自 20 世纪 60 年代以来出版的反思性史学作品的一大特征。⑩在这些评论中，历史学家们发现研究方法改善了，研究文献增加了，分支领域衍生了，拙劣的解释被摈弃了，更好的解释也就趋于成熟。历史学家们的认知只朝更好的方向发展。革新动议提出了，矛盾冲突引爆了，创新突破得以巩固了，变革成果制度化了，新的进步开始了。曾经坚定捍卫此前权威的卫道士们悄然消失在茫茫黑夜，新的教学、研究和出版热点迅速涌现，接踵而来的是对更高层次难题的探讨。当然，我对这一过程的描述也许有些夸张，但是在 20 世纪 70 年代和 80 年代，各学派的社会史学家们为了展示他们的学术资质，必定炮制出了诸如此类的叙事风格。自那以后，"新文化史学家们"便用另一种方式言说历史。

　　这种"进步主义"影响在形式上有许多具体表现。举个例子，对 20 世纪 80 年代琼·司各特（Joan Scott）性别史研究的拥趸们而

---

　　⑩　关于这一点，我很清楚我自己社会和文化身份中的杂糅特点，英国或者欧洲文化对我产生的影响无疑是持久的，同时我身上也有来自美国社会和文化的独特影响。

言，性别从过去"历史分析的有用范畴"迅速转变成必要范畴，有助于获得对历史的更高层面的理解。[11]同样的情况也发生在其他相关领域。比如，民族和种族研究日益成为显学，研究各种性向的新专著的出现，再到对文化结构主义及其具有广泛渗透力的分析语言的普遍认可。但是，在不断向前迈进的过程中——尤其是这其中还经常涉及极具对抗性的公共讨论的各种类型——特定风险是必然存在的。

在赢得论战从而建立对史料主动权的过程中，某种程度的多元主义很容易受到戕害。很不幸，传统纯粹主义的诱惑已经执拗地侵入到了当代史学研究论辩中，尽管有时不那么明显，也总是充斥着毋庸置疑的攻击性，新方法的倡导者总是轻易地将他们的视角等同于众所公认的思想认识新高度。但是，不管我们是坚守现在备受争议的"民族国家""科学""解放""阶级"等宏大叙事的传统阵地，还是倾向于"身份""差异"等新概念新热点，可以肯定的是，一个人的认识论的立足之处很大程度上会决定他是否会先入为主地反对别人的意见。

这些倡导者的逻辑和纯粹主义论断的诱惑，根源都来自其所效忠的政治和所坚信的伦理，我们每个人都身陷其中。像别人一样，我在不同时期都会因为这些习惯和倾向而愧疚不已。我享受着争论的激进，强化相对差异性，力求在论辩中占得上风。同时，我也努力保留一些空间，保持一定的批评性距离。熟悉政治公共领域，而不是孤立地置身学术和思想竞技场，在这方面肯定有所帮助。政治

---

⑪ 参见 Joan Wallach Scott，"Gender：A Useful Category of Historical Analysis," *American Historical Review* 91（1986），1053—75，reprinted in *Gender and the Politics of History*（New York：Columbia University Press，1988），28—50。

世界给人带来的一次次失望与出人意料的倒退反而磨砺了人们的心
性，使其更易接受知识界的变化无常。事实上，在 20 世纪的最后三
十多年里从事历史研究，需要学会如何面对变动不安的世界。在历
史学家们一次又一次的理论争辩中，我个人总是需要有停下的机会，
以思考那些最基本的问题。我十分清楚其中的困难——分歧总是集
中在一些固定的问题上，而共识上好景总是不长——因而我想驻足
一下，而不是一路走到黑。其实在我看来，历史学家摇摆不定的时
候，恰恰是他的书写可能最具有创新性的历史际遇。

　　而且，这种创新性的驱动力总是来自学科领域之外，其源头甚
至完全超出学术界。历史研究的圈子和广阔的公共领域之间的界限
远没有多数历史学家所理解得那么严格。我们一旦承认这种互通，
对职业历史学家及其影响力的理解也就相对化了。比如，假如我们
问社会是从哪里得到其历史感的，只有自以为身份显赫的错觉才会
引得史学研究者们认为功劳在自己。对于多数人来说，关于过去的
知识，只有极少部分是来自史学研究者的，而且往往过后不久就无
影无踪了。对我们行内人来说，我们花费大部分时间热烈回应的都
是学科以外的问题，这些问题并非来自档案馆、图书馆或者研究会
会议室。

　　就像我在本书一开始所尝试的那样，我们一旦诚恳地探求自身
动机的来源，便自然有了这些观察。尤其是当我们审视自身史学研
究热情的源头和早年兴趣的形成过程时，过去的深思熟虑、个人意
愿、外部影响、机缘巧合等要素形成合力，在这合力的作用之下，
我们决定投身史学。我们自己对过去的理解因缺乏学术训练而显得
有些稚嫩，这一点显而易见。如果不承认过往科班式的或者训导式

的历史教育起过任何作用，无疑也是愚蠢的。虽然在大多数教学环节中，这种教育形式往往起了反作用，并无激励个体的正面影响，反倒是使人敬而远之，从而打消进一步研究的念头。我们被关于过去的观念和所预设的更大混乱包围，正是课堂以外其他一切的相互作用，使得我们最初研究动机的来源问题变成了一个难题。⑫

接下来，我会追踪过去四十年里史学研究中最具决定性的一些变化。不消说，这一叙述并不全面，总会有所遗漏。许多重要的争辩和具有里程碑意义的争议没有被囊括其中，完整的历史类型也将会被省略。我的一些朋友和同事可能会发现，接下来的叙述并没有包括他们或他们感兴趣的方面。但是，不管怎样，这一叙述记录了20世纪60年代至今主要的激进主义运动，学界的兴奋，还有理论方法的革新。我将从初期社会史如何崭露头角开始，这与当时的政治事件有着错综复杂的联系。就像前文所述，史学研究和政治进程之间的交会，正巧也与我自己在思想和政治上的成熟发生在同一时期。

在1967年10月，当我来到牛津的巴利奥尔学院时，史学研究的江山已经处在改头换面之中。虽然当时我完全不懂，但史学研究

---

⑫ 许多史学家的自传性反思可以用来佐证我这一论点。最近埃里克·霍布斯鲍姆（Eric Hobsbawm）（*Interesting Times：A Twentieth-Century Life* ［New York：Pantheon，2002］）以及希莉亚·罗博瑟姆（Sheila Rowbotham）（*Promise of a Dream：Remembering the Sixties* ［London：Allen Lane，2000］）的回忆录尤其与本书描述的时代背景相关。访谈也是当代极有说明力的一种形式。例如，参见 Henry Abelove et al., eds., *Visions of History：Interviews with E. P. Thompson，Eric Hobsbawm，Sheila Rowbotham，Linda Gordon，Natalie Zemon Davis，William Appleman Williams，Staughton Lynd，David Montgomery，Herbert Gutman，Vincent Harding，John Womack，C. L. R. James，Moshe Lewin* （New York：Pantheon，1984）。关于通常"历史激情"具有怎样的特点，参见 *History Workshop Journal*，尤其是 Cora Kaplan，"Witchcraft: A Child's Story," 41 （spring 1996），254—60；Denise Riley，"Refections in the Archive?" 44 （autumn 1997），238—42；Joan Thirsk，"Nature versus Nurture," 47 （spring 1999），273—77. 还可参见 Carlo Ginzburg's eloquent and moving refections in "Witches and Shamans," *New Left Review* 200 （July—August 1993），75—85.

已经走向开放，而不再封闭于狭隘的学科内部。不管我怎么强调社会史带来的影响多么令人振奋、多么重要，都不过分。一般来说，在英语世界里，这一影响有着三个主要源头。首先是英国马克思主义史学家们长期以来的努力，在他们的影响之下，经济史家、劳工史家还有社会史学家之间实现了广泛的联合。其次就是始于 1950 年代末期的社会科学所带来的更直接的影响，这向许多史学研究者的思想和实践提出了挑战。最后是法国年鉴学派的启发，1970 年代他们的主要作品得到了更系统的译介。从这三个方面出发，社会史研究企图实现其宏愿，回答并解决社会为什么发生改变、怎样改变等宏大问题。

当然，立志从事史学研究有许多理由。毕竟，历史给人带来的愉悦是多方面的，其中包括发现和收集的快乐、竭尽全力探索的快乐、陌生和奇异带来的愉悦，还有机缘巧合下的愉悦，最后一个，也是很重要的一个，是一切尽在掌握的愉悦。历史也是上演差异性的舞台，从宽泛的意义来说，历史提供了解构的语境。历史是我们将熟知的概念和预设陌生化的场地，是我们的实验室，我们在其中对那些关于世界看似统一连贯的叙述提出质疑，我们在其中挑战当代社会和政治话语始终诱人的统一性，将其推下权威的宝座，从而实现对历史话语的颠覆。

然而，在我看来，不管是史学研究的愉悦还是对史学话语的批评，如果不认真地拓宽视野，尽可能使得世界从某种更全局或更有意义的角度变得更可知，那么这些研究都是不完整的。这个条件一定程度上使得世界更可变——不是必定真的带来变化（如今变得更加近乎是一种奢望了），但是至少告诉人们可能在多大程度上改变对世界的想象和理解。从这个意义来说，历史研究是批判性地看待已有的固定性，探讨知识的开始和结束如何发生，检视那些我们借以理解自身与世界关系的具体概念范畴，搅动我们所熟知的预设，让我们看到封闭的非必要性。历史研究使我们以一种不同的方式看待不同可能的历史维度。按照我的理解，历史研究能启发人们预见未来，而且事实上也的确影响未来。

与那种进行历史研究的更大雄心相关，自 20 世纪 60 年代以来有两大革新浪潮都获益于跨学科对话，这种对话虽然论争不断，但却振奋人心，直接为革新提供了动力。第一次浪潮从 60 年代持续到 80 年代，这个时期是社会史的发现阶段。第二次浪潮以 90 年代为开端，产生了所谓的"新文化史"。两次运动都与各自历史时期的政治辩论有关。两次运动都渴望一种民主的包容性，借此发现隐在的和被压制的历史，使得被剥夺权力的群体得以进入历史研究这个行当。虽然主要的侧重点各不相同——新社会史学家们强调物质生活、阶级和社会，后来的文化史学家们开始重新关注意义以及人们所展现的观察和理解的不同视角——但是两次浪潮都极大地拓宽了史学研究的合法领地。从 60 年代到 90 年代这三十年间，经由两次运动，史学研究的实践、主题和构成都极大地多元化了。

然而从社会史到文化史的这一过程绝非直线进程，它也导致了某些损失，其间经历了关于研究目的、理论和方法的艰苦斗争。举例来说，面对当代对于宏大叙事的质疑时，在用各种各样的微观史代替有关资本主义、国家建构、革命和大规模转型的宏观历史时，许多史家也开始从野心勃勃的社会分析和阐释中撤退，而这在 20 世纪 70 年代还是很启发人的。1971 年，英国知名马克思主义历史学家埃里克·霍布斯鲍姆发表了一篇极有影响力的文章，题为《从社会史到社会的历史》(*From Social History to the History of Society*)，他在文中认为，新方法的关键点不在于认定此前"隐藏"的或者边缘化的话题或者群体（这固然也是很重要的），而在于有机会可以书写作为一个整体的社会的历史。[13]这既意味着要借力于归纳和理论，将全局纳入视野，也意味着使用某种具体的分析方法时，要在问题的社会语境下理解全部问题。毫无疑问，在1971年，特别是对霍布斯鲍姆来说，从社会和经济角度解释因由成为了最主要的任务。

我的一个主要论点是，为了正确看待社会意义或者社会分析，我们无须重申社会阐释的优先度，无须重申唯物主义模式下的社会决定论，无须认为只有坚持经济和物质生活作为主导因素。以新文化史为中心的热度和喧嚣现在已经开始退场，是时候重申霍布斯鲍姆在他1971年的文章里所倡导的社会史的重要性了。也就是说，我们在研究具体事物时，必须总是与更大的整体社会图景相关联，无论我们研究的是社会史、政治史、文化史或者其他。本书标题正是由此而来，也是为此目的对马克思主义方法的重要性加以重申。我认为，我们既可以坚持使用新文化史的所有方法，同时又不必舍弃我们在社会史研究中所学得的那些方法。事实上的情况是，我个人所接受的学术训练既不是社会史的，也不是文化史的，但却从未妨碍我学习如何同时使用这两种研究方法；选择哪种方法是一般理论和分析视角方面的问题，跟你是社会史学家还是文化史学家的身份并无太大关系。

---

[13]   Eric J. Hobsbawm，"From Social History to the History of Society," *Daedalus* 100（1971），20—45.

　　这里我必须警告一句：社会史和文化史的接连转向发生的时间
并不像我所说的那么清晰明了，我是为了方便讨论才做此区分。20
世纪 80 年代中期到 90 年代中期是新文化史研究传播的高潮阶段，　12
但这并未妨碍社会史学家从事他们的研究工作，就连那些支持"文
化转向"的研究者们也仍然践行他们之前的训练习得。快速的转变
使得不同方法的兼收并蓄成为必然。比如说，我早先在 20 世纪 60
年代末 70 年代初还为马克思主义和其他社会理论传统感到振奋，几
年后很快就迎头直面女性主义和类似批评的挑战。到了 70 年代末，
在迅速兴起的社会史研究中曾雄踞一时的唯物主义已经开始摇摆，
到 20 世纪 80 年代和 90 年代初便逐渐衰败了。原来处于历史学科中
心位置的社会史学家们让位给"新文化史学家们"，迎来了所谓的语
言学转向。然而，到了新旧世纪之交，已经有迹象表明，刚刚崭露
头角的文化主义自身也已经开始成为明日黄花了。

　　本书的第二、三、四章将详述过去四十年来史学思考之变迁的
方方面面，从我所谓的社会史学的乌托邦（也许带着些许的自嘲意
味）开始，对它的局限性和失败进行讨论，再转到所谓的文化转向
带来的全新可能性。这三章每章末尾都将从不同的史学研究领域中
撷取一个例子，阐释史学书写的主要发展曲线，也展现我自己的学
术思想之路。我将选取三位卓越的史学家，分别是爱德华·汤普森、
蒂姆·梅森和卡罗琳·斯蒂德曼，我并不会穷尽他们所有的著作，
完整地进行讨论，而是仅以他们为例，讨论社会史和文化史研究各
自的优点和缺点。他们的著作代表着我所关注的这个时期充满雄心、
政治参与性强的史学研究的最佳成就：爱德华·汤普森于 1963 年出
版的《英国工人阶级的形成》仍然是社会史学浪潮中为数不多的几

部巨著之一；蒂姆·梅森在 20 世纪 70 年代关于纳粹主义的先锋性研究将社会史学研究关于阐释的勃勃雄心发挥到极限；卡罗琳·斯蒂德曼于 1987 年出版的《一个好女人的风景》（*Landscape for a Good Woman*）是兴起中的新文化史学研究最优秀的代表作。本书第五章是终章，提出了关于史学研究者们当前所面临的形势的一些思考。

第二章　乐观主义

13

像马克思主义者一样思考

对我来说，成为一名史学研究者，就是接受马克思主义的影响并与之发生错综复杂的关系。我最初读到马克思主义时的感觉是极度混乱和零碎不堪的。估计与我同时代的许多人都跟我一样，对马克思主义理论最初的了解比较随意，不是通过大量阅读马克思和恩格斯的作品，更别提系统的教育或者政治实践，而是通过各种各样的二手读物或者翻译。这一方面表现在 1960 年代末学生运动中无所不在的政治话语，一方面是同时期萌生的左翼文学，尤其是我自己政治活动中的第一手实践。我跟我的一些朋友不同，我之前并没有因为家人、党员身份或者早年的思想顿悟而与马克思主义思想产生关联。与许多 1968 年生人一样，我最初是从实践中学习，在工作中认识马克思主义理论。

我对马克思主义理论的深入了解是以一种相当非理论的方式开始的——通过阅读现在被称为"英国马克思主义史学家"的一群研

究者的作品开始。这其中包括埃里克·霍布斯鲍姆的《原始的叛乱》（*Primitive Rebels*）和《劳动者》（*Labouring Men*），乔治·吕德（George Rudé）关于民众抗议的先驱性研究著作《法国大革命中的人群》（*The Crowd in the French Revolution*）和《历史上的群众》（*The Crowd in History*），还有我在第一章已经提到的爱德华·汤普森的《英国工人阶级的形成》。①我学生时代在这方面读到的最令人激动的新作，应当是霍布斯鲍姆和吕德合著的《斯温大尉》（*Captain Swing*），这本书重构了 1830 年农业劳动者的叛乱，研究方法综合了实证主义的挖掘、量化研究、对英国资本主义发展的深切理解以及对其进行的批判性唯物主义分析等，让人深受启发。②我就读的本科院校与我认识马克思主义并非没有关系，因为巴利奥尔不仅是牛津学生左派的活跃中心，而且这个学院还出了英国最著名的一位马克思主义史学家克里斯托弗·希尔（Christopher Hill）。希尔并没有直接塑造和影响巴利奥尔学院史学本科生们的思想，但是他的存在很自然地鼓励了马克思主义的传播，我后来慢慢意识到这正是我愿意从事的史学研究。③

14

　　然而，对于英国新左派来说，马克思主义史学似乎并没什么名

---

　　①　Eric Hobsbawm, *Primitive Rebels*: *Studies in Archaic Forms of Social Movement in the Nineteenth and Twentieth Centuries* （Manchester: Manchester University Press，1959）and *Labouring Men*: *Studies in the History of Labour* （London: Weidenfeld and Nicolson，1964）；George Rudé, *The Crowd in the French Revolution* （Oxford: Oxford University Press，1959）and *The Crowd in History*: *A Study of Popular Disturbances in France and England*，1730—1848 （New York: Wiley，1964）；Edward P. Thompson, *The Making of the English Working Class* （London: Gollancz，1963；paperback ed.，Harmondsworth: Penguin，1968）.

　　②　Eric Hobsbawm and George Rudé, *Captain Swing*: *A Social History of the Great English Agricultural Uprising of 1830* （London: Lawrence and Wishart，1968）.

　　③　参见 Geoff Eley, "John Edward Christopher Hill （1912—2003），" *History Workshop Journal* 56 （autumn 2003），287—94。

气。①学生中的激进主义在牛津的大本营不是史学，而是哲学、政治学和经济学，史学的地位，与社会学在其他历史并不太悠久的院校里的地位相当。新兴的新马克思主义盛极一时，影响遍及社会和政治理论、人类学、哲学和美学、文学和电影，还有精神学科和社工领域——除了历史系的研讨室和走廊。学生激进分子们的代表性手册包括 1969 年到 1972 年间企鹅和方塔纳（Fontana）出版社出版的《学生力量》（*Student Power*）、《反进程》（*Counter Course*），还有《社会科学中的意识形态》（*Ideology in Social Science*），显然，历史学被当成了一位落魄的亲戚。⑤盖瑞斯·斯底德曼·琼斯（Gareth Stedman Jones）知名的标杆性史学批评文章《英国历史的病理学》（The Pathology of English History）（再版时标题改为《历史：实证主义的贫穷》［History：The Poverty of Empiricism］），对于老一辈马克思主义者们的建树未做多少肯定，认为其理论理解太过时了。同样表达了这种蔑视，且最具代表性的经典文章，还有佩里·安德森（Perry Anderson）的《民族文化的组成部分》（Components of the National Culture）一文，该文最早发表于 1968 年夏，对英国知

----

④ 严格来说，这是英国的"第二代新左派"，大体上是以佩里·安德森（Perry Anderson）为中心的团体，他们在 1960 年代早期统领《新左派评论》（*New Left Review*）。"第一代新左派"是 20 世纪 50 年代中期更早的一个团队，新一代的学生左翼党人（包括斯图尔特·希尔［Stuart Hall］、查尔斯·泰勒［Charles Taylor］、加布里埃尔·皮尔逊［Gabriel Pearson］、拉斐尔·塞缪尔［Raphael Sammuel］以及其他一些人）通过这个团体与 1956—1957 年间脱离共产党的老一辈马克思主义者们（其中包括汤普森［Thompson］、希尔［Hill］还有其他几位史学家们）会合。参见 Michael Kenny, *The First British New Left：British Intellectuals after Stalin*（London：Lawrence and Wishart，1995）。

⑤ Alexander Cockburn and Robin Blackburn, eds., *Student Power：Problems，Diagnosis，Action*（Harmondsworth：Penguin，1969）；Trevor Pateman, ed., *Counter Course：A Handbook in Course Criticism*（Harmondsworth：Penguin，1972）；Robin Blackburn, ed., *Ideology in Social Science：Readings in Critical Social Theory*（London：Fontana，1972）。

识分子的构成进行了精彩的批判。鉴于发现有关欧洲大陆模式的有力社会理论在本土并无什么根基，安德森认为历史是最能体现这种缺陷的主要领域，他并未提及英国马克思主义史学家。⑥

　　我于 20 世纪 60 年代末开始关注马克思主义，起初只不过是相信"社会和经济因素"的效用。如果有人追问，我可能会想起一系列的格言警句来解释这其中蕴含的意义——例如，物质力量决定性地影响人类行为的有限性和潜力的发挥，政治变化的发生与社会结构的变化和潜在经济动向相关。如果研究目的在于分析整个社会及其发展形式，或者弄明白是什么使社会得以运行，又如何陷入危机，为什么偶尔发生崩溃，那么这种有关经济和相关阶级关系至高无上地位的坚定观念可能是个好的切入点。要实现这些研究目的，马克思 1859 年的《政治经济学批判》（*A Contribution to the Critique of Political Economy*）那篇著名的序言就是标准："物质生活的生产方式制约着整个社会生活、政治生活和思想生活的过程。不是人的意识决定人的存在，而是人的社会存在决定人的意识。"同样知名的还有恩格斯的名言："根据唯物主义历史观，历史的根本决定因素是现实生活中的生产和再生产。"⑦

　　当然，马克思主义史学书写远不止这些。根据马克思主义的宏

15

---

⑥　Gareth Stedman Jones，"The Pathology of English History," *New Left Review* 46（November—December 1967），29—43，reprinted as "History: The Poverty of Empiricism," in Blackburn, *Ideology in Social Science*, 96—115; Perry Anderson, "Components of the National Culture," in Cockburn and Blackburn, *Student Power*, 214—84, originally published in *New Left Review* 50（July—August 1968），3—57.

⑦　第一句引言出自 Karl Marx, *Early Writings*, ed. Lucio Colletti（Harmondsworth: Penguin, 1975），425；第二句引言出自 Friedrich Engels to Joseph Bloch, 21—22 September 1890, in Karl Marx and Friedrich Engels, *Selected Correspondence*（Moscow: Progress Publishers, 1965），417。

伟蓝图，人类社会从低级阶段走向高级阶段，经济生活组织形式日趋复杂，通过社会革命暴力实现从封建主义到资本主义，而后再到社会主义的过程中表现出越来越多的复杂性。而且，促成改变的主要动因是阶级冲突。在资本主义社会中，马克思主义者们认为这些冲突都是必要的、系统性的，是社会生活永恒而无法简化的特点，根源于围绕生产而发生的不可调和、不可避免的阶级利益的对立。在资本主义社会中，主要的社会关系由工资决定，工人阶级是人数最众的社会群体，也是任何寄望于实现政治变革的革命运动最不可或缺的力量媒介。工人阶级的集体动员传导给政治系统以压力，正是这些压力为改革创造机会，甚至在最危急的关头为革命创造机会。

在 20 世纪 60 年代末的形势下，作为一个年轻的左翼史学研究者，当时正为历史学科只重挖掘史实却不待见理论而烦恼，马克思主义理论方法恰在此时出现，对我来说是极具吸引力的。当时的政治让我充满了力量——不仅是 1968 年理论学说的争鸣，而且是接下来的几年里发生的席卷欧洲的劳工罢工浪潮——让我喜欢上了能够在更宏大的历史图景中定位这些政治事件的理论体系。马克思主义的客观主义光环也十分吸引我，它声称是一门研究社会的科学。再进一步看，在 20 世纪 60 年代，马克思主义传统自身也成为激烈的论辩、批判和革新上演的场域。不管是从国际的、政党的还是理论的层面来看，马克思主义都在不断地多样化，不断呈现新的面貌。斯大林时代刻板而毫无生气的教条主义已经走到了尽头。要想整体上了解社会是如何凝聚或是发生变革的，马克思主义都能提供强有力的综合视角——这一社会发展的理论允许将历史分为不同时期，是物质生活决定社会向上发展的模式，是建立在阶级斗争及其结果基础之上的社会变革理论。⑧

我现在后知后觉地认识到马克思主义的第二个特点——基础性的唯物主义——也尤为吸引人。马克思主义者们从传统上赋予了社会经济结构以一等优先级——不管是从发生学角度、认识论角度还是解析论角度——认为社会经济结构是决定其他一切的基础，包括政治和法律可能采用何种样式，社会制度如何发展，社会意识和信仰表现为何种形式，等等。形容这种决定关系的最常见表述就是诸如"基础和上层建筑"这种具有建筑学语言风格的字眼了，其中往高处攀升和次序延展的层级的空间比喻也暗含着逻辑推演链条的终点。这一比喻可以很灵活地加以理解，为不均衡性和独立性留下了空间，包括上层建筑的具体有效性，以及上层建筑反过来又如何作用于基础，尤其是在展开具体的政治、意识形态和美学分析时。然而，究其根本，这种分析仍然是为经济和社会结构决定的"最终结果"开列账目清单而已。

在我学习马克思主义思想方法时经历的所有惊喜和挑战中，这个隐喻表述是一把反复出现的钥匙。然而这里存在一个令人着迷的悖论。马克思主义奠基性的唯物主义信念认定社会决定因素的主导地位，一方面这形成了我最稳固的思想立足点，是绝对的基础，另

---

⑧　我还清楚地记得我在本科学习阶段首次公开马克思主义者身份的情景。那是本科最后一年，在一门题为《1865—1917 年美国的工业主义和政府权力的扩张》（Industrialism and the Growth of Governmental Power in the United States，1865—1917）的课程一次专题研讨会上，我宣读了一篇长论文，明确使用马克思主义理论方法分析民粹主义。这在当时对马克思主义理论还不熟悉的同学来说，看起来似乎非常可得。

一方面在其中又出现了马克思主义者之间前所未见的意见分歧。在当时封闭的马克思主义理论世界里，事实上，20世纪60年代开启了一个分歧蔓生的时代，多数颇具影响力的马克思主义思想家在这时开始艰难地思考有关意识形态、意识、主体性这些传统上被过于简单化处理的问题，围绕着阶级并以阶级利益为基础展开分析。不管这些理论家自己是共产党党内成员，还是围绕在各社会主义党派的边缘，不管他们是身处萌芽中的派系还是小团体等下层知识界，还是根本不归属任何组织，都无一例外。换句话说，甚至当马克思主义唯物论分析法开始成为我政治理解的基石之时，马克思主义者们中间最令人激动的讨论似乎都在处理一个难题：如何使用经典唯物主义关于经济基础和上层建筑的论述。⑨

換言之，马克思主义思想最终打破了冷战时期的自我孤立，这个过程很大程度上得益于20世纪60年代高等教育的大扩张和与此相关的左翼出版的兴盛。学生运动和这一时期广泛的政治动员明显促成了这一切的发生，但是还必须提及另外两个动因。一个是越来越系统的欧洲大陆理论的译介，既有古典的也有当代的理论，鼓励了英国曾经孤立和狭隘的思想文化走向国际化。第一次，不仅是马克思主义经典，还有马克斯·韦伯（Max Weber）、埃米尔·杜尔凯姆（Émile Durkheim）和其他社会主义理论家的著述在英语世界得到广泛传播，有的是通过译介和廉价的批量印刷，更重要的是通过评论以及融入本科生和研究生课程。类似地，大量当代的德国、法国、意大利和东欧

17

---

⑨　必须认识到马克思主义文化和史学研究引起的兴奋此时也仅限于一个相对封闭的群体内部成员。与历史写作的既成传统之间除了严厉的否定和批评，对话还相对较少。

的哲学、美学理论、社会学还有政治理论也突然变得容易涉猎了。⑩

　　对我来说，同样重要的还有在英国学术界和艺术界广泛出现的大尺度的文化争议，波及电影、流行音乐、文学、诗歌、戏剧和电视等多个领域。历史的直接政治化与 20 世纪 50 年代后半期英国新左派的兴起有关系。它关注的是青年文化的诸方面以及战后物质富足的后果，最终到 20 世纪 70 年代，社会自我认知上不断变换的概念术语促成了文化研究的新的跨学科领域的出现。从这个意义上说，1968 年左右出现的左翼思想激进主义受益于大众流行文化中的叛逆，同样也受益于在英国开始广泛传播的英国、法国和意大利的思想理论。其结果就是"法国阳春白雪的思想文化和美国下里巴人的流行文化的杂糅"，后者的主要代表有"好莱坞电影，尤其是低制作成本电影，当然还有美国流行音乐——爵士，特别是摇滚"。⑪1960 年代的电视剧、讽刺作品、艺术节目，还有社会评论等将实验主义的边界不断向前推进，是这段故事的另一部分。早在我接触马克思的著

18

------

　　⑩　欧洲的理论传播到英语世界，这一过程是段复杂的学术史，其细节在此处无法赘述。部分来自东欧各异见群体影响的向西传播，包括南斯拉夫"实践派"哲学家，匈牙利的乔治·卢卡契（Georg Lukács），波兰的莱谢克·科拉科夫斯基（Leszek Kolakowski）和其他一些人，捷克斯洛伐克的卡雷尔·科齐克（Karel Koscik），还有匈牙利和波兰的新马克思主义社会学家。还有部分影响来自意大利和法国，这两国的共产党势力较大，在大学内部和更广大的公共空间为马克思主义思想家们谋得相对安全的空间。在那些共产党势力较小的国家，马克思主义也在大学获得了一些立足之地，比如西德的法兰克福学派或者图宾根大学的恩斯特·布洛赫（Ernst Bloch）。欧洲大陆许多地方，与英国不同，由于 20 世纪 40 年代反法西斯斗争中共产主义取得了核心地位，马克思主义思想家们在国家知识分子文化中获得了长久的容身之所，尽管冷战时期有所萎缩。这尤其表现在法国诸如让-保罗·萨特（Jean-Paul Sartre）这样的作家们的影响力上，还有诸如《现代》（Les Temps modernes）和《争鸣》（Arguments）这样的刊物的影响上，以及结构主义的广泛影响。托洛茨基主义（Trotskyism）也是影响源头之一，还有一些小型的学术群体，比如法国以科尼利厄斯·卡斯托里亚迪（Cornelius Castoriadis）和克洛德·勒福尔（Claude Lefort）为中心的左翼组织"社会主义或野蛮"。

　　⑪　劳拉·马尔维（Laura Mulvey），引自 Jonathan Green，*Days in the Life：Voices from the English Underground*，1961— 1971（London：Heineman Minerva，1988），11。

作之前，大卫·默瑟（David Mercer）、哈罗德·品特（Harold Pinter）、肯·洛奇（Ken Loach）和丹尼斯·波特（Dennis Potter）的戏剧已经揭露和抨击了阶级伤害和不公正。[12]

这两种变动——一是常常深奥难懂的欧洲大陆马克思主义者们的理论著述，二是英国新左派的文化批评——在有关意识形态的问题上有交汇点。因着对意识形态问题的讨论，两次世界大战期间更早期的马克思主义理论或被重新拿出来阅读，或新被人发现，例如，格奥尔格·卢卡奇（Georg Lukács）、卡尔·科尔施（Karl Korsch）、法兰克福学派（the Frankfurt school）、沃尔特·本雅明（Walter Benjamin）还有安东尼奥·葛兰西（Antonio Gramsci）等人的著述，而同时当代理论作家们，例如让-保罗·萨特（Jean-Paul Sartre）、吕西安·高德曼（Lucien Goldmann）、路易·阿尔都塞（Louis Althusser）等人，他们的作品也得到了广泛译介和讨论。在这个过程中，就如佩里·安德森在他自己对这一具有特色的"西方马克思主义"的剖析中所提出的，着重点从政治经济学转向了哲学、文化和美学，从而能比从前更广泛地探索有关主体性（或者说是"意识"，当时这个字眼更受欢迎）的问题。[13]受马克思在 19 世纪 40 年代的早期哲学著作对"自由"和"异化"等概念的强调的启发，一股社会主义人本主义的强大洪流产生，进一步强化了这一趋势。

---

[12] 简要概观可参见 Robert Hewison，*Too Much：Art and Society in the Sixties，1960—75*（Oxford：Oxford University Press，1987），25—34。还可参见 John R. Cook，*Dennis Potter：A Life on Screen*（Manchester：Manchester University Press，1995），23—61；Peter Stead，*Dennis Potter*（Bridgend：Seren Books，1993），44—73；Stuart Laing，"Banging in Some Reality：The Original 'Z Cars，'" in John Corner，ed.，*Popular Television in Britain：Studies in Cultural History*（London：BFI Publishing，1991），125—44。

[13] 参见 Perry Anderson，*Considerations on Western Marxism*（London：Verso，1976）。

关于这些著述争吵不休的分歧，特别是关于所谓"青年"马克思和"老年"马克思在认识论上的分野，很快就将西方马克思主义者们分成相互敌对的不同阵营。然而，有一段时间，通力合作远多于这种敌对倾向。⑭

　　对马克思主义理论中有关"自由"和"异化"的内容进行极其抽象的讨论，帮助了人们在错综复杂的个人经历和日常生活的具体实践中树立对政治的理解。正是在此处，早期英国新左派各种各样的"文化主义"产生了重要作用。新左派当务之急的政治主张更容易被吸收进已有的马克思主义理论框架，例如 20 世纪 50 年代对共产主义和社会民主的双重批判，对资本主义繁荣和消费经济新形式的分析，还有努力探索一种超越冷战两大阵营的反核国际主义。⑮但这种主张也意在抵制原来以阶级为基础的分析。正如斯图尔特·霍尔所解释的，这些讨论对政治本身的边界提出了质疑：

---

⑭　马克思《资本论》（*Capital*）中思想的成熟与 1840 年代青年时代哲学批判之间"认识论的分野"这一观点由法国马克思主义哲学家路易·阿尔都塞（Louis Althusser）于 1965 年在他的两部著作中提出，分别是《保卫马克思》（*For Marx*）和《读〈资本论〉》（*Reading Capital*），这两部书的英文译本深刻重塑了接下来十年的英国马克思主义讨论。参见 Louis Althusser, *For Marx*（London: Allen Lane, 1969）; Louis Althusser and Etienne Balibar, *Reading Capital*（London: New Left Books, 1970）。格里高利·艾略特（Gregory Elliott）提供了详细的解释，见于 *Althusser: The Detour of Theory*（London: Verso, 1987），115—85。阿尔都塞之前时代的思潮风尚，见于 Erich Fromm, ed., *Socialist Humanism: An International Symposium*（Garden City, N. Y.: Doubleday, 1965），文集将一共 35 篇论文分为五个部分，分别是"人本主义"、"人类"、"自由"、"疏离"和"实践"。伊斯特凡·梅扎罗斯（István Mészáros）的《马克思的异化理论》（*Marx's Theory of Alienation*. London: Merlin Press, 1970）是这类著作中的经典之作。

⑮　关于英国新左派努力寻求"第三空间"，在其中批判现存的正统共产主义传统和改良主义社会民主，参见 Geoff Eley, *Forging Democracy: The History of the Left in Europe, 1850—2000*（New York: Oxford University Press, 2002），335—36，353—56; Stuart Hall, "The 'First' New Left: Life and Times," in Robin Archer et al., eds., *Out of Apathy: Voices of the New Left Thirty Years On*（London: Verso, 1989），11—38; Michael Kenny, *The First New Left: British Intellectuals after Stalin*（London: Lawrence and Wishart, 1995）; Lin Chun, *The British New Left*（Edinburgh: Edinburgh University Press, 1993），1—64。

　　我们提出了个人生活的问题，人们生活方式的问题，文化的问题，这些都不被左派认作政治话题。我们想谈谈这种新型资本主义社会中的矛盾，在其中的人们没有合适的话语表达私人烦恼，意识不到这些烦恼正反映了政治和社会研究中存在的问题，可以对这些问题可进行概括归纳。⑯

有一位思想家杰出地将如下这两个方面的关注统一起来，一方面是马克思主义思想的哲学层面的复兴，另一方面是对当下的晚期资本主义的文化批判，此人便是雷蒙德·威廉斯（Raymond Williams）。他是现代戏剧研究专家，受聘于英语学科，他最为知名的著作是《文化与社会：1780—1950》（*Culture and Society*，*1780—1950*）及其姊妹篇《漫长的革命》（*The Long Revolution*），分别出版于 1958 年和 1961 年。在这两本书中，他通过诉诸文化理念的历史研究，就工业大革命对英国社会的影响提出了公然"相反的"观点。他极细腻地展示出精英人士的忧虑，他们试图保卫传统文明价值，防止工业主义将文明庸俗化；他也展示出民主一直受到作为全体人民权力之更广义理解的文化的质疑。威廉斯在书中结合了对英国马克思主义经典作家和社会评论家们的细读，针对教育界、读者大众、出版社和其他文化机构等进行先锋性社会史研究，他提出了一种对文化进行扩大化和延伸性的解读。这不仅包括一个社会的传统价值和最高艺术成就（"人们所思所言的最优质成就"），还包括

---

⑯　斯图亚特·霍尔（Stuart Hall），引自 Ronald Fraser et al.，*1968：A Student Generation in Revolt*（New York：Pantheon，1988），30。

对"总体生活方式"和相关的"情感结构"共通之处的概括。[17]

威廉斯自由穿梭于阳春白雪的高雅文化和下里巴人的大众流行文化之间。对于 20 世纪 60 年代末的我来说，他是所有影响我走上历史研究之路的一切的缩影，但职业史学家对我根本没有产生什么影响，既定学科中历史研究的权威准则和实践与我思想的发展也毫无关系。[18]值得一提的是，雷蒙德·威廉斯超越了传统的学术边界（也就是说，越出大学对知识进行学科组织的既定机构模式），为自己赢得了一席之地，这一点很值得我们拓展开去多作思考，因为他所代表的这种跨学科性，或者更准确些，他这种"非学科性"，是我即将要谈到的 20 世纪 60 年代末和 70 年代初的思想史的另一个重要组成部分。

从威廉斯的传记里，我发现他的人生经历也很有意思。他的父亲是南威尔士边境的一名铁路工人和工会成员，他因着工人阶级家庭背景，在 20 世纪 30 年代的学生马克思主义者中非常突出。第二次世界大战期间，他直接从大学去参军；战后，他重返校园并继续

---

⑰　参见 Raymond Williams，*Culture and Society*，*1780 — 1950*（London：Hogarth Press，1958）and *The Long Revolution*（Harmondsworth：Penguin，1961）。对威廉斯最好的介绍见雷蒙德·威廉斯的 *Politics and Letters：Interviews with New Left Review*（London：New Left Books，1979）和约翰·希金斯（John Higgins）的 *Raymond Williams：Literature，Marxism，and Cultural Materialism*（London：Routledge，1999）。威廉斯提出的文化是"生活的总体生活方式"这一思想，最早见于 *Culture and Society*，16。关于"情感结构"，参见 Higgins，*Raymond Williams*，37—42，该名词最早出现于威廉斯与迈克尔·奥罗姆（Michael Orrom）1954 年合著出版的 *Preface to Film*（London：Film Drama Limited）。1869 年由马修·阿诺德（Matthew Arnold）提出的"人类所思所言的最优质成就"这一措辞，见于 *Culture and Anarchy*（Cambridge：Cambridge University Press，1963），6。参见 Williams，*Culture and Society*，120—36，以及 Lesley Johnson，*The Cultural Critics：From Matthew Arnold to Raymond Williams*（London：Routledge and Kegan Paul，1979），2—4，27—34。

⑱　当然我的确受到几位历史学家的启发（包括直接担任我的课程教学的几位老师），但是最强大的动力，包括理论、总体阐释以及最好的学术研究实例等方面，与历史学科或者行业的官方文化几乎没有什么关系。相反，我史学研究上的具体兴趣方向都惨遭传统官方路数的冷落和否定。大体上来说，我所受的启发主要源自学科外部。

完成学业，之后进入成人教育行业从事教学工作，从 1946 年一直教到 1961 年。他从文法学校到剑桥大学一路都得到奖学金资助，这预示着他成为战后英国主流的定义成功人生的社会文化叙事的代表之一，这种社会文化叙事通过一个同化和向上流动的交易来把工人阶级乡下出身与成为专业化中产阶级的目标连接起来。对于威廉斯而言，顺利通过"边境乡村"（援引他的第一本小说的标题）并不容易，前行的道路因为另两组二元关系而变得更加复杂：一组是威尔士与英格兰的二元关系，还有一组是牛津大学机构和成人教育机构的二元关系。他属于英国最后一代左翼男性知识分子，20 世纪 60 年代大学扩张后，高等教育几乎实现了完全专业化。与他同时代的史学家还有爱德华·汤普森、托马斯·霍奇金（Thomas Hodgkin）、亨利·科林斯（Henry Collins）、罗伊登·哈里森（Royden Harrison）和 J. F. C. 哈里森（J. F. C. Harrison），他们带来了社会史的兴起（而且他们中的大多数在 20 世纪 30 年代和 50 年代中是共产主义者）。与他们一样，威廉斯的职业生涯前半段是在成人教育领域，处在学术世界边缘，直到 1961 年才在剑桥得到他的第一份大学教职。[19]

---

[19] 特别参见 John McIlroy and Sallie Westwood, eds., *Border Country: Raymond Williams in Adult Education* (Leicester: National Institute of Adult Continuing Education, 1993); Stephen Woodhams, *History in the Making: Raymond Williams, Edward Thompson, and Radical Intellectuals, 1936—1956* (London: Merlin Press, 2001); Williams's first two novels, *Border Country* (London: Chatto and Windus, 1960) and *Second Generation* (London: Chatto and Windus, 1964). 第一代英国女性主义者也经历了从早期的被边缘化和被排斥到随后的声望显赫的历程，她们在 20 世纪 70 年代和 80 年代创造了女性史，随后又帮助使其制度化。20 世纪 90 年代之前（如果有的话），大多数先驱者——例如，谢拉·罗博瑟姆（Sheila Rowbotham）、萨利·亚历山大（Sally Alexander）、安娜·达文（Anna Davin）和凯瑟琳·霍尔（Catherine Hall）——在历史学领域并没有获得职位和其他形式的认可。参见 Carolyn Steedman, "The Price of Experience: Women and the Making of the English Working Class," *Radical History Review* 59 (spring 1994), 110—11; Terry Lovell, ed., *British Feminist Thought: A Reader* (Oxford: Blackwell, 1990), 21—27.

在威廉斯早年职业生涯中，他与马克思主义的关系表现得非常复杂，显得有些犹疑不定。他政治上经历了连续三次危机。第一次是人民阵线和反法西斯主义运动时期，该时期终止于1947—1948年国际危机；第二次是冷战期间，对威廉斯来说，这是政治上封闭和远离公认的马克思主义语境的时期；最后一次是第一代新左派的全盛时期，从1953—1957年的共产主义危机，1956年苏伊士运河事件，20世纪50年代末期的核裁军运动，到1968年学生运动风暴。《文化和社会》和《漫长的革命》这两本书的出版，使威廉斯成为新左派公认的旗手，在英国知识界有着独一无二的地位：他如今已是一位资历深厚的学者，从主流文化的中心（包括剑桥、艺术委员会和英国广播公司）发声，然而他同时又独立于工党和共产党等社会主义政党之外，在一个"具有无限同化能力的文化"中是一个"未被同化的社会主义者"。这使他显得生硬笨拙，而且非常不自在。按照爱德华·汤普森的话来说，这要求把自己"置身于笨拙一派……让感受力遍布节瘤，笨手笨脚，不听使唤"。[20]

威廉斯知识角色中的双重特性对于我这一代理解自身的可能性有着非常重要的意义。一方面，威廉斯在《文化与社会》一书的核心中贯穿着批判，他质疑主流文化所牢固树立的自我描述的合法性。主流文化认为，从马修·阿诺德（Matthew Arnold）、T. S. 艾略特（T. S. Eliot）到 F. R. 利维斯（F. R. Leavis）的这一条脉络是"伟大的传统"。根据这一文化价值的"官方"话语，高雅文化的少数

---

[20]　Edward P. Thompson，*The Poverty of Theory and Other Essays*（London：Merlin Press，1978），183.

派面临着严峻的挑战，面对"商业"社会和"大众"社会所带来的腐蚀性和毁灭性的影响，少数派们必须为保留生活中真正优秀的文化发起一场保卫战，而威廉斯则用社会共同追求这一民主概念进行反击，强调文化的"普通性"。另一方面，威廉斯不认同 20 世纪 50 年代的马克思主义作为替代选项，他认为马克思主义因为受到斯大林主义和冷战的影响，已经扭曲变形。他既排斥他所谓与共产党"工作风格"相关联的"控制和中心主义"的政治文化，也反对正统马克思主义思维特征的诸经济学模式。

> 关于马克思，人们接受其对历史、变革以及阶级和文化之间无可避免的密切关系的强调，但是从另一个层面来说，得到这个结果的方法过程却是令人难以接受的。经济生活和文化被抽象和两极化为对立的两端，而我却认为这根本与过去同样活在文化中的人们的社会经验不相符，也与当下努力活在文化中 22 的人们的社会经验不相符。㉑

虽然威廉斯充满了矛盾，但在 1960 年代他开始持续与欧洲马克思主义理论家们广泛展开对话，并在这个过程中就社会史与文化形式的关系写下了一系列开创性文字，他将这些文章的立场称为"文化唯物主义"。他 1973 年撰写了《马克思主义文化理论的基础和上层建筑》（Base and Superstructure in Marxist Cultural Theory），文中的

㉑　Raymond Williams，引自 Michael Green，"Raymond Williams and Cultural Studies." *Working Papers in Cultural Studies* 6（autumn 1974），34。

观点后来并入他 1977 年的著作《马克思主义与文学》（*Marxism and Literature*）一书中，这篇文章影响非常大。[22]威廉斯毅然与早先强调文化与经济及其社会利益之关系的决定论和功能论解读决裂，提出了文化自身的物质性。他不再将文化视作独立于物质生活以外的存在，受社会决定物的约束同时却超然于其上，而是提出文化一直以各种非常实际且具体的方式存在于各种社会关系和各种物质实践形式之中。

威廉斯的"文化唯物主义"指的不仅是文化意义自身的产生是经由社会和制度条件和关系实现的，还是社会所有其他实践的文化进程，包括政治以及社会互动，也包括经济的复杂运作。威廉斯认为，从这个意义上说，"基础和上层建筑"这一建筑隐喻，因为层级之间清晰的实体分离意象以及其所包含的逻辑优先性而具有极大的误导性。无论为了抽象的目的将文化意义从社会语境中抽离有多重要，二者永远都会相遇，融合交织在威廉斯所谓的"具体而不可分解的进程"[23]之中。语言、意义和指涉都应被视作"物质社会进程本身不可分解的要素，无时无刻不参与到生产和再生产的过程中"。这样一来，文化与其他一切，不管是劳作、市场交易、社会利益，还是实践活动等，总已是交嵌在一起的。在朝两个方向积极发展的进程中，这种关系只能用"决定论的复杂概念"进行理论化，作为压力的施行和限制的设定。[24]

---

[22]　Raymond Williams, "Base and Superstructure in Marxist Cultural Theory," *New Left Review* 82（November—December 1973），3—16；*Marxism and Literature*（Oxford：Oxford University Press，1977）.

[23]　Williams，*Marxism and Literature*，82.

[24]　Williams，*Marxism and Literature*，99，82.

这个观点走在了我的前面。我于 20 世纪 60 年代末尝试重读马克 23
思主义，但却根本没有想到或是模糊地考虑到雷蒙德·威廉斯所抨击
的这些问题。然而回首过去，我惊叹人们的意识大环境发展是多么迅
速。我认为，如果把讨论的视角放宽，1971 年春天出版的安东尼奥·
葛兰西（Antonio Gramsci）的《狱中笔记》（*Prison Notebooks*）具有
里程碑的意义。该书极大地促动威廉斯开始将马克思主义置于更复杂
的文化分析中——将其"文化化"，有人这么说。㉕此时我正在萨塞克
斯大学读研究生一年级，正认真地阅读马克思和恩格斯，发现了西方
马克思主义者，并且还订阅了《新左派评论》（*New Left Review*）。

换句话说，甚至当我还在学习经典马克思主义观点时，当时最
重要的马克思主义讨论已经不再基于过去对基础和上层建筑的隐喻
的理解了。我选用了雷蒙德·威廉斯为例来证明这一变化，部分是因
为他通过一系列原创性历史著作探讨了这个问题，另外还有一个很重
要的原因是他的作品与前面提到的英国马克思主义历史学家们的全部
作品都有交汇点。英国马克思主义的追随者和批评家支持者们逐渐发
现，唯物主义的基本信条并未阻碍他们书写出细致精微的社会史与文
化史。克里斯托弗·霍尔（Christopher Hill）的作品尤其如此。他围
绕着 17 世纪英国革命中的政治冲突、大众信仰和社会秩序之间的复杂
关系，聚焦点是神学辩论、文学史、灵修上的竞争，而不是在本质上
关注以阶级利益为基础的社会学，但却比任何直接的"社会解释"都
走得更远。㉖并非巧合，霍尔曾选择葛兰西著作的早期选集进行评论，

㉕ Antonio Gramsci, *Selections from the Prison Notebooks*, ed. Quintin Hoare and
Geoffrey Nowell-Smith（London: Lawrence and Wishart, 1971）.

㉖ 参见 Alfred Cobban's *The Social Interpretation of the French Revolution*（Cam-
bridge: Cambridge University Press, 1964）. 科班的批评很快成为史学家中反马克思主义
的敌对观点的标志。

这部选集于 1957 年出版，题目是《现代王子》（*The Modern Prince*）。也并非偶然，埃里克·霍布斯鲍姆是英语世界较早对葛兰西的思想进行评论的学者。多年来，葛兰西"霸权"思想的英文导读是由英国另一位马克思主义历史学家格温·威廉斯（Gwyn Williams）写作的，他于 1960 年就相关主题发表了一篇论文，后被频频转引。㉗

历史学家们对葛兰西的非正统观点和写作的兴趣，潜在地催化和促成了 20 世纪 60 年代末和 70 年代初社会史学研究的兴起。例如，《反进程》一书中罗比·格雷（Robbie Gray）的《历史》（History）一文显然受到葛兰西的影响，即使这一影响主要发生在书本以外。㉘再用老一辈马克思主义历史学家作为一个实际例子，我这一辈有左翼倾向的史学家从新的论辩中得到启发，开始以一种折中和具体的方式处理理论。我们发现理论几乎无处不在，它们好像就存活在我们呼吸的空气里。我想到另外两个例子。第一个是我于 1969 年某个下午偶然读到的布莱克威尔（Blackwell）出版公司出版的一本书，题为《面向新的过去》（*Towards a New Past*），由巴顿·伯恩斯坦（Barton Bernstein）编辑，其中收录了尤金·杰诺维斯（Eugene Genovese）的一篇文章，标题为《蓄奴南部的马克思主义解读》（Marxian Interpretations of the Slave South）。我大概在同时期也开

㉗　参见 Christopher Hill，review of *The Modern Prince and Other Writings*，by Antonio Gramsci，ed. Louis Marks，*New Reasoner* 4（spring 1958），107—30；Eric Hobsbawm，"The Great Gramsci," *New York Review of Books*，4 April 1974，39—44，and "Gramsci and Political Theory," *Marxism Today* 31（July 1977），205—13；Gwyn A. Williams，"The Concept of 'Egemonia' in the Thought of Antonio Gramsci: Some Notes in Interpretation," *Journal of the History of Ideas* 21（1960），586—99。

㉘　Robbie Gray，"History," in Pateman，*Counter Course*，280—93. 另参见格雷此后的专著 *The Labour Aristocracy in Victorian Edinburgh*（Oxford：Clarendon Press，1976）。

始阅读《纽约书评》（*New York Review of Books*）上杰诺维斯有关奴隶制历史的文章。他呼吁"与天真的决定论、经济解释和乏味地美化下等阶层决裂"，打的是理解文化和意识形态复杂性的名号，这可能是我首次遭遇关于葛兰西思想的严肃学术文章，引起了我对葛兰西的兴趣，于是又找来杰诺维斯的另一篇论文《论安东尼奥·葛兰西》（On Antonio Gramsci），此文发表于 1967 年。[29]第二个例子是美国一篇关于激进史学研究的评论，作者是艾琳·克拉迪特（Aileen Kraditor），发表在《过去与现在》一刊中，该文立场与葛兰西相似。[30]

雷蒙德·威廉斯预示了以上论著中的理论分野，同时他本人在当时来说也是一个少见的从事跨学科研究的例子。他在这方面的能力大体是自学的，贯穿 20 世纪 50 年代后半期，既缺乏进行合作的学术背景，也没有相关的政治背景，他并未能够得到机构的支持或是学术集体的帮助。那个时候想把自己理论研究的影响扩大的历史学家都面临着这一相同的问题。到 20 世纪 60 年代中期情况才有所改观，有些新创办的大学开始在教学和课程设计中安排跨学科内容。[31]如若不

---

[29]　参见 Eugene D. Genovese, "Marxian Interpretations of the Slave South," in Barton J. Bernstein, ed., *Towards a New Past*：*Dissenting Essays in American History*（New York：Pantheon, 1968），90—125；"On Antonio Gramsci," *Studies on the Left* 7（March—April 1967），83—108. 此二文均再版于吉诺维斯的论文集 *In Red and Black*：*Marxian Explorations in Southern and Afro-American History*（London：Allen Lane, 1971），315—53、391—422.《红与黑》（*In Red and Black*）一书是少数几本（比如爱德华·P. 汤普森［Edward P. Thompson］的《英国工人阶级的形成》［*The Making of the English Working Class*］和霍布斯鲍姆［Hobsbawm］的《劳动者》［*Labouring Men*］）我在那时得到的精装本之一。此处引言出自 *In Red and Black*，348.

[30]　参见 Aileen S. Kraditor, "American Radical Historians on their Heritage," *Past and Present* 56（August 1972），136—53. 有意思的是，吉诺维斯（Genovese）和克拉迪特两人最后都脱离了马克思主义和左派，终止了其马克思主义史学生涯。

[31]　其中一所新创办的大学萨塞克斯大学，在 60 年代后半期引起了巨大的学术轰动，1966 年我在申请入读本科时，它是我仅次于牛津大学的第二选择。1970 年秋，从牛津毕业之后，我开始在萨塞克斯读研究生，该校跨学科研究的氛围就好像是一缕清新的风，令人精神为之一振。

然，历史学家们要想与社会学家、人类学家和文学学者接触，一般来说只能完全靠自己。虽然环境也不算太过恶劣，但是多数职业史学研究者对这些跨学科的志向并不乐观。㉜20 世纪 60 年代末期我们中间有一部分人对自己的研究方法开始自觉，或是通过审视和精炼我们独特的概念工具，或是通过设计包罗万象的总体理论框架，但最好的援助总是来自历史学科以外的其他学科。

25 　　我还在牛津做学生的时候，已经完全清楚仅靠历史学科本身是远远不够的，历史需要"理论"，而其他学科可以在这个方面提供帮助。在当时的社会语境之中（借助唯物主义理论术语自然提出了历史与社会、政治的相关性），这意味着首先主要转向社会学和政治科学，其次是人类学，但无论怎么样都须转向批判性社会科学的武器库。这种信念有一种宽容和开明的性质。举例来说，我读本科时的同代人中间，有哲学、政治学和经济学各学科的，其中克劳德·列维-斯特劳斯（Claude Lévi-Strauss）还有其他法国结构主义理论家吸引了不少人；巴利奥尔学院的斯蒂文·卢克思（Steven Lukes）

㉜　能说明这种充满敌意的环境的一个惊人的例子，参见 Maurice Cowling，"Mr. Raymond Williams，"*Cambridge Review*，27 May 1961，546—51，此文是该期最重要的一篇文章，作者在文中声讨雷蒙德·威廉斯（Raymond Williams）被授予英语系教职。考林当时是一个 35 岁的右翼史学家，是议会选举中落败的保守党人，曾是个新闻记者，发此文之前刚从威廉斯的新东家耶稣学院离开去了彼得学院。考林轻蔑地攻击威廉斯，说他是"一群英国激进分子、破落的斯大林主义者、学院派社会主义者和特洛茨基式知识分子们"等的群氓之首，"和其他高等院校院墙之外的机构、社区的中心还有北方的一些院校一起"，将民族文化生活政治化，败坏了民族文化生活。考林的结语处说，"英国学者们的职责不是社会批评，这根本是不可想象的。"考林 20 世纪 70 年代在撒切尔主义保守派知识分子团体中虽未任要职，但却极有影响力，1977 年帮助成立了索尔兹伯里团体，编著了标志性的一册书《保守主义论文集》（*Conservative Essays*. Cambridge：Cambridge University Press，1978）。他的著作中，3 卷本的《现代英国的宗教和公共学说》（*Religion and Public Doctrine in Modern England*，3 *vols*. Cambridge：Cambridge University Press，1980—2001）虽说有些另类，但却显得十分博学。另参见 Maurice Cowling，"Raymond Williams in Retrospect，"*New Criterion* 8（February 1990）。

确保了从涂尔干以来的思想史传统得到学界的高度重视。[33]但是没有人质疑主要的大方向：转向理论首当其冲就意味着转向跨学科性的重要源头（或者，更准确地说，跨学科知识或者泛学科知识的巨大刺激物）——即马克思主义。

社会史研究的三大源头

1971 年，埃里克·霍布斯鲍姆在他的一篇著名论文的结尾处谈到当时历史学科的境况，说"这是个社会史学家的好时代"。[34]这正是我在 1970 年 10 月开始研究生工作时的感受。社会史学研究到处蓬勃发展，让人激动不已——新刊物创刊，定期的研究大会和子学科协会成立，学科课程重新设计，特别教席的设立，还有不断涌现的越来越多的学术论文。社会史研究以前当然也有，但是此时的研究有志于更广阔的领域。在英国，自称社会史学家不再意味着仅对工会或者济贫法方面感兴趣，不再指研究者只能委屈地栖身于经济史系的角落无人问津，或被排斥于这个行业的主干道之外。尽管迎合中层文化趣味的出版习惯还依然强大，大众历史书写仍在继续，但是"社会史"一词不再必然让人联想到丰富多彩、充满怀旧情怀的"风俗和道德"，就如《时代文学增刊》（*Times Literary Supplement*）的编辑们还依然喜闻乐见的那样。十年河东，十年河西，在

---

③③　参见 Steven Lukes，*Émile Durkheim，His Life and Work：A Historical and Critical Study*（New York：Harper and Row，1972）.

③④　Eric J. Hobsbawm，"From Social History to the History of Society，"*Daedalus* 100（1971），43.

接下来的十年里，社会史一改从前在历史研究行业中的附属地位。实际上，对于即将到来的新一代社会史学家们，这个学科里没有什么领域是他们不能占领的了。⑤

26　　　随着社会史学在 1970 年代的兴起，其最有意思的一个特点，就如霍布斯鲍姆的论文题目《从社会史到社会的历史》（From Social History to the History of Society）所表明的，是其进行总体化和概括化的全新潜能。过去，"社会史"一词很容易让人理解为不关注社会的政治制度或者政府事务和国家的性质。"社会史"中的"社会"二字指的是历史学科中的一个附属专业，并不是说这个专业从事的是将社会作为一个整体进行概括研究。以前"社会史学家"这个范畴指的是非常狭隘的专业概念，甚至有点过时古旧，而最近这个情况完全变了。社会史学家们开始声称他们的领域的具体长处正是其总体化的能力，就此社会史与从前截然不同了。他们开始宣布对诸如工会主义或者贫穷救济这样的具体活动感兴趣，不再为阐明这些活动本身而展开研究，而是更多研究他们总体上与社会构成的性质的关系。他们越来越多地谈到"结构"和"社会关系"。他们企图将人类生存的各个面向定位在其社会决定物日益扩大的唯物主义语境中。新期刊《社会史》（Social History）第一篇社论说，他们希望"既关注文化和意识的问题，也关注社会结构和物质生活条件的问题"。⑯但是，关于展开分析时思维主线从何处切入，他们没有表现

---

⑤　　社会史被迅速接受的速度很容易被夸大。根据我的亲身经历，社会史在整个 20 世纪 60 年代和 20 世纪 70 年代初期在牛津没有留下什么印迹。1971 年出版的一本十分出色的史学研究概览著作——亚瑟·马威克（Arthur Marwick）的《历史的性质》（The Nature of History. London：Macmillan）一书，完全没有对社会史作任何提及。

⑯　　Social History 1（1976），3.

出丝毫的犹豫。

我在第一章中说过，英语世界里对社会史学的发展有三个主要的影响：英国马克思主义史家，法国年鉴学派，还有 1945 年后英美社会科学。这三个影响交汇于唯物主义因果模式，也可称作是"结构主义的"。其术语名称表明"社会"这一主要概念建立在对何为有效的社会解释的理解基础之上。限定性的脉络线索从经济及其社会关系向上、向外大大扩张，直到囊括所有其他的一切。它还意指对社会总体进行综合性和全局性的讨论。这三种研究路径都相信跨学科研究可以丰富历史学科的研究。当然每一种路径都与一种政治紧密相关。

英国马克思主义史学家

我认为这三种影响中最重要的是第一个。如果从 20 世纪 60 年代自身之内的优势位置来考虑，英国马克思主义者完全不像后来的评论所说的那样，他们这个群体既不算有凝聚力，也谈不上是一盘散沙。作为个体，他们在核心上与各种各样更广的社会网络连接在一起，这些交汇逐渐强化了社会史学兴盛的基础，首先表现在围绕着《过去与现在》这一刊物（1952 年开始发行）和劳工史研究协会（成立于 1960 年）的逐步发展，也表现在新专业领域的成长（比如1963 年成立的城市史研究小组），还表现在多所大学成立经济史和社会史相互独立的科系，以及社会科学学者与伦敦经济学院之间建立逐步深入的联系，等等。而且，还有其他一些并未公开声称自己是

27

马克思主义学者的个人——最值得一提的是阿萨·布里格斯（Asa Briggs），他们对于 20 世纪 50 年代社会史的起源同等重要。[37]虽然如此，马克思主义者从 1946 年开始从"共产党人历史学家小组"达成共同的观点，直到这个小组于 1956—1957 年间解散，他们对社会史兴起过程中所呈现的各种形式产生了程度不一的影响。

共产党人历史学家小组包括克里斯托弗·希尔（1910—2003）、乔治·吕德（1910—1993）、维克多·基尔南（Victor Kiernan，生于 1913 年）、罗德尼·希尔顿（Rodney Hilton，1916—2001）、约翰·塞维尔（John Saville，生于 1916 年）、埃里克·霍布斯鲍姆（生于 1917 年）、桃乐茜·汤普森（Dorothy Thompson，生于 1923 年）、爱德华·汤普森（1924—1993）、罗伊登·哈里森（1927—2002），还有更晚些出生的拉斐尔·塞缪尔（Raphael Samuel，1938—1996）。[38]小组里在剑桥或者伦敦的英国精英大学执教的并不

---

[37]　阿萨·布里格斯（Asa Briggs）1961 年赴萨塞克斯新成立大学之前，一直任教于利兹大学，该大学也是工业革命史历史学家亚瑟·J. 泰勒（Arthur J. Taylor）和马克思主义学者爱德华·汤普森的大本营。布里格斯起初研究 19 世纪早期伯明翰的历史，编撰了两本开创性的地方历史研究，一本是《宪章运动研究》（*Chartist Studies*. London：Macmillan，1959），另一本是与约翰·塞维尔（John Saville）合作编著的《劳工史论文集》（*Essays in Labour History*. London：Macmillan，1960）。《劳工史论文集》是献给劳工史研究先驱之一的 G. D. H. 科尔（G. D. H. Cole）的纪念专辑，研究的是两次世界大战之间的年代。另参见 Adrian Wilson，"A Critical Portrait of Social History," in Adrian Wilson, ed., *Rethinking Social History*：*English Society*，*1570—1920*，*and Its Interpretation* (Manchester：Manchester University Press，1993)，1—24；Miles Taylor，"The Beginnings of Modern British Social History?" *History Workshop Journal* 43 (spring 1997)，155—76。

[38]　我在后文由于适度压缩参考书目出处信息的考虑，略去了几位史学家的名字，但这并不表明我没有认识到他们的重要意义。关于克里斯托弗·希尔（Christopher Hill），见我在前面注 3 中的讣告文章，另参见 Penelope J. Corfield，"'We Are All One in the Eyes of the Lord'：Christopher Hill and the Historical Meanings of Radical Religion," *History Workshop Journal* 58 (autumn 2004)，111—27。关于罗德尼·希尔顿（Rodney Hilton），参见 Peter Coss，"R. H. Hilton," *Past and Present* 176 (August 2002)，7—10。关于桃乐茜·汤普森（Dorothy Thompson），参见她的 *Outsiders*：*Class*，*Gender*，*and Nation* (London：Verso，1993) 以及 "The Personal and the Political," *New Left Review* 200 (July—August 1993)，87—100。

多。按其著述的学科来讲，有些人并不算是史学研究：比如，老一辈的剑桥经济学家莫里斯·多布（Maurice Dobb，1900—1976）的《资本主义的发展研究》（*Studies in the Development of Capitalism*，1946）一书，主要写的是小组初期的讨论。小组中另一些成员从事成人教育，比如吕德和汤普森，他们到 20 世纪 60 年代才在高等院校获得学术职位，吕德是去了澳大利亚。小组的主要驱动力来自政治，对历史教学法的强烈意识，以及对更广泛的对民主价值和大众历史的认同。小组有一位重要的导师，她就是非学术背景的共产党人知识分子、新闻记者和马克思学者唐娜·托尔（Dona Torr，1883—1957）。小组于 1954 年出版的《民主和劳工运动》（*Democracy and the Labour Movement*）一书就是给她的献礼，此书现已成为经典。㊴

这些学者中有些人表现出异常宽泛的国际视角。艾瑞克·霍布斯鲍姆在这方面是最著名的。他的学术兴趣包括英国劳工史、欧洲群众运动、拉美农民阶级，还有爵士乐，同时他也不断地研究民族主义、作为全球系统的资本主义的连续变化、知识分子与群众运动的关系、马克思主义的历史，以及其他一些宏大的主题。他之所以

28

㊴　参见 Eric Hobsbawm，"The Historians' Group of the Communist Party," in Maurice Cornforth，ed.，*Rebels and Their Causes：Essays in Honour of A. L. Morton*（London：Lawrence and Wishart，1979），21—47；Bill Schwarz，"'The People' in History：The Communist Party Historians' Group，1946—56," in Richard Johnson et al.，eds.，*Making Histories：Studies in History-Writing and Politics*（London：Hutchinson，1982），44—95；Dennis Dworkin，*Cultural Marxism in Postwar Britain：History，the New Left，and the Origins of Cultural Studies*（Durham：Duke University Press，1997），10—44；David Parker，"The Communist Party and Its Historians，1946—89," *Socialist History* 12（1997），33—58；Harvey J. Kaye，*The British Marxist Historians：An Introductory Analysis*（Oxford：Polity Press，1984）. 关于 Dona Torr，参见她的 *Tom Mann and His Times*（London：Lawrence and Wishart，1956）；John Saville，ed.，*Democracy and the Labour Movement：Essays in Honor of Dona Torr*（London：Lawrence and Wishart，1954）；David Renton，"Opening the Books：The Personal Papers of Dona Torr," *History Workshop Journal* 52（autumn 2001），236—45。

如此著名，或许主要原因是他的通史系列无人能及，覆盖了从 18 世纪末到当代的整个现代时期，是非常出色的四卷著作。㊵小组成员中，维克多·基尔南（Victor Kiernan）是另一位博学多才的人。他出版的著述内容丰富，包括帝国主义、近代早期国家的形成、贵族决斗史、中英关系和 1854 年西班牙革命，这些著作的参考文献包括主题极为广泛的大量研究论文。㊶乔治·吕德是法国大革命和民众抗议方面的重要历史学家。㊷小组另有两位成员几乎只研究英国但国际反响却非常深远：一位是拉斐尔·塞缪尔，他是历史工作坊运动及其杂志幕后的天才；另一位是爱德华·汤普森，他有三部重要著作，分别是《英国工人阶级的形成》（1963）、《辉格党人与狩猎者》（Whigs and Hunters）和《共同的习俗》（Customs in Common），最后这一部著作收录了他撰写于 20 世纪 60 到 70 年代的具有里程碑

㊵　参见霍布斯鲍姆如下著作：*Labouring Men*；*Primitive Rebels*；*Captain Swing* (with George Rudé)；*Bandits* (London：Weidenfeld and Nicolson，1969)；"Peasant Land Occupations，" *Past and Present* 62 (February 1974)，120—52；*Nations and Nationalism since 1780*；*Programme，Myth，Reality* (Cambridge：Cambridge University Press，1992)；*The Age of Revolution，1789—1848* (London：Weidenfeld and Nicolson，1962)；*The Age of Capital，1848—1875* (London：Weidenfeld and Nicolson，1975)；*The Age of Empire，1872—1914* (London：Weidenfeld and Nicolson，1987)；*The Age of Extremes：The Short Twentieth Century，1914—1992* (London：Weidenfeld and Nicolson，1994)。

㊶　基尔南（Kiernan）的著作包括：*British Diplomacy in China，1880 to 1885* (Cambridge：Cambridge University Press，1939)，*The Revolution of 1854 in Spanish History* (Oxford：Clarendon Press，1966)，*The Lords of Human Kind：European Attitudes towards the Outside World in the Imperial Age* (London：Weidenfeld and Nicolson，1969)，*Marxism and Imperialism：Studies* (London：Routledge and Kegan Paul，1974)，*America，the New Imperialism：From White Settlement to World Hegemony* (London：Zed Press，1978)，*State and Society in Europe，1550—1650* (Oxford：Blackwell，1980)，*The Duel in History：Honour and the Reign of Aristocracy* (Oxford：Oxford University Press，1988)，and *Tobacco：A History* (London：Radius，1991)。

㊷　参见 Rudé，*Crowd in the French Revolution*；*Wilkes and Liberty：A Social Study of 1763 to 1774* (Oxford：Oxford University Press，1962)；*Crowd in History*；*Captain Swing* (with Eric Hobsbawm)；*Protest and Punishment：The Story of Social and Political Protestors Transported to Australia，1788—1868* (Oxford：Oxford University Press，1978)。

意义的论文和讲稿。⑬

英国马克思主义史学研究也包含对英国国内事务的一些关注。1938 年在人民阵线运动最高潮时出版的 A. L. 莫顿（A. L. Morton）的《英格兰人民史》（*A People's History of England*）鼓舞了小组成员，他们早期的目标就是书写一部英国的社会史，能和在教学、文化以及总体意识形态方面占统治地位的建制性或官方的历史书写相抗衡。⑭虽然这一抱负并没有实现，但是到 20 世纪 60 年代末，成员为达到这种目的将所有作品汇集在一起，作出了令人印象深刻的集体贡献。这些作品中最值得一提的有罗德尼·希尔顿论中世纪的英格兰农民阶级，克里斯托弗·希尔论 17 世纪的英国革命，约翰·塞维尔论工业化和劳工史，桃尔茜·汤普森论宪章运动，当然还有爱德华·汤普森和埃里克·霍布斯鲍姆论 19 和 20 世纪大众历史的总体进程。⑮

这样来看，历史学家小组的遗产主要集中在英国问题研究上。20 世

⑬　参见 Raphael Samuel，ed.，*Village Life and Labour*（London：Routledge and Kegan Paul，1975）以及 *Miners，Quarrymen，and Salt Workers*（London：Routledge and Kegan Paul，1977）；Samuel，"History Workshop，1966—80，" in Raphael Samuel，ed.，*History Workshop：A Collectanea，1967—1991；Documents，Memoirs，Critique，and Cumulative Index to "History Workshop Journal"*（Oxford：History Workshop，1991）。关于爱德华·汤普森（Edward Thompson），参见其 *Making of the English Working Class*；Edward Thompson and Eileen Yeo，eds.，*The Unknown Mayhew：Selections from the Morning Chronicle，1849—1850*（London：Merlin Press，1971）；Thompson，*Whigs and Hunters：The Origin of the Black Act*（London：Allen Lane，1975）；Thompson with Douglas Hay et al.，*Albion's Fatal Tree：Crime and Society in Eighteenth-Century England*（London：Allen Lane，1975）；Thompson，*Customs in Common：Studies in Traditional Popular Culture*（London：Merlin Press，1991）。

⑭　参见 Arthur Leslie Morton，*A People's History of England*（London：Lawrence and Wishart，1938）。另参见 Harvey J. Kaye，"Our Island Story Retold：A. L. Morton and 'the People' in History," in *The Education of Desire：Marxists and the Writing of History*（New York：Routledge，1992），116—24；Margot Heinemann and Willie Thompson，eds.，*History and Imagination：Selected Writings of A. L. Morton*（London：Lawrence and Wishart，1990）。

⑮　参见上文注释 37—41 中的引用。最简易的总体性介绍，参见凯耶（Kaye）的《英国马克思主义史学家》（*British Marxist Historians*）。

纪 60 年代末期，英国不少年轻历史学家将自己定位为英国左派，尤其是爱德华·汤普森，他 1965 年发表的文章《英国人的特性》（The Peculiarities of the English）可谓力透纸背，是对"第二代"新左派两位马克思主义者汤姆·奈恩（Tom Nairn）和佩里·安德森关于英国历史的总体解读的反击。[46]汤普森离开共产党之后的写作与雷蒙德·威廉斯的作品处在同一时期，而后者的《文化与社会》和《漫长的革命》二书则是对近代英国史的总体解读。汤普森和威廉斯都在努力以一种自觉对抗的民主方式寻求恢复英国的过去，与各种各样的保守派争夺对国家历史书写的掌控。他们围绕着普通民众为未竟的民主事业所进行的斗争重写了英国史。

　　20 世纪 50 年代，对英国的关注主要集中在两个方面。首先，历史学家小组通过霍布斯鲍姆 1964 年出版的《劳动者》一书中所收录的奠基性的系列论文，也借助约翰·塞维尔和罗伊登·哈里森的影响，还有 1960 年劳工史协会成立所建立的集体平台等途径，决定性地形塑了劳工史研究的兴起阶段。[47]这一新型学术研究背景迅速发

---

　　[46]　Edward P. Thompson，"The Peculiarities of the English," in *Poverty of Theory*，35—91.《新左派批评》（*New Left Review*）中的相关文章包括：佩里·安德森（Perry Anderson）的 "Origins of the Present Crisis"（23［January—February 1964］，26—54）以及 "The Myths of Edward Thompson，or Socialism and Pseudo-Empiricism"（35［January—February 1966］，2—42），还有汤姆·奈恩（Tom Nairn）的 "The English Working Class"（24［March—April 1964］，45—57）以及 "The Anatomy of the Labour Party"（27［September—October 1964］，38—65；28［November—December 1964］，33—62）。

　　[47]　塞维尔（Saville）和哈里森（Harrison）是劳工史研究协会的推动者。塞维尔与阿萨·布里格斯（Asa Briggs）合编了多卷本的《劳工史论文集》（*Essays in Labour History*. London：Macmillan，1960—71；Croom Helm，1977）。1950 年代和 1990 年代间，他出版了大量劳工历史著作。他编撰了《劳工传记字典》（*Dictionary of Labour Biography*. London：Macmillan），从 1972 年开始，到 2000 年时已达 10 卷之多。哈里森出版了他的第一本著作《社会主义者之前的劳工和政治研究：1861—1881 年》（*Before the Socialists：Studies in Labour and Politics，1861—1881*. London：Routledge and Kegan Paul，1965）之后，他成为谢菲尔德大学政治系教授，这之前一直在高等院校以外的机构任教。1970 年他转去华威社会史研究中心，并成立了近代史中心。他还是韦布夫妇的官方传记作者，出版了第一卷《西德尼和比阿特丽斯·韦布的生活与时代：成长阶段 1859—1906》（*Life and Times of Sydney and Beatrice Webb，1858—1905：The Formative Years*. Basingstoke：Macmillan，2000），此后不久哈里森离世。

展，围绕着劳工运动失败这一具体问题的时间年表，广泛地组织起来，为的是表现马克思的发展模式中所描述的激进化路线轨迹。他们为劳工史学家和社会史学家提出了一个持续性的课题，一直到 20 世纪 80 年代，这一课题在史学界仍处于支配地位。

进而言之，历史学家小组也建构了对于英国资本主义工业化的历史书写，最引人注目的就是霍布斯鲍姆与马克斯·哈特维尔于 1957 至 1963 年间关于人们生活水平的争论，他们对工业主义到底是提高了还是降低了工人阶级的生活水平各执一词。[48]塞维尔第一本探讨英国农业资本主义转型带来社会崩溃的著作，正是从马克思主义角度对 G. E. 明格（G. E. Mingay）和 F. M. L. 汤普森（F. M. L. Thompson）关于"土地社会"的去政治化的主流书写进行批判。这一主题在霍布斯鲍姆和鲁德对 1830 年农业劳工暴动的研究中继续得到发展。[49]爱德华·汤普森的《英国工人阶级的形成》和霍布斯鲍姆的英国经济史通史《工业与帝国》（ *Industry and Empire* ），都有力地谈到了这个重大问题。同时，如果没有 20 世纪早期英国的社会史研究先驱，如果没有韦布夫妇（the Webbs）、G. D. H. 科尔（G. D. H. Cole）、R. H. 托尼（R. H. Tawney）和哈蒙德夫妇（the Hammonds），那么以上这些关于劳工史和资本主义工业化批判的重要著述

---

[48]　Arthur J. Taylor，ed.，*The Standard of Living in Britain in the Industrial Revolution* （London：Methuen，1975）.

[49]　John Saville，*Rural Depopulation in England and Wales*，1851—1951 （London：Routledge and Kegan Paul，1957）；G. E. Mingay，*English Landed Society in the Eighteenth Century* （London：Routledge and Kegan Paul，1963）；F. M. L. Thompson，*English Landed Society in the Nineteenth Century* （London：Routledge and Kegan Paul，1963）；Hobsbawm and Rudé，*Captain Swing*.

无一能够问世。⑤⑩

30　　　然而，这些马克思主义史学家们的视野绝对不是狭隘的地方性的。吕德 1950 年代在巴黎开展他的开创性研究时，已经和写法国大革命史的元老级史学家乔治·勒费弗尔（Georges Lefebvre）还有他后来的接班人阿尔贝·索布尔（Albert Soboul）一同工作过。基尔南在"世界史"成为历史学科构架和课程教学公认的一部分之前，就践行着一种包容并蓄的全球史研究理念。霍布斯鲍姆在欧洲和拉丁美洲有多种多样的联系，这一点无人能比。另一位共产党人托马斯·霍奇金（Thomas Hodgkin，1910—1982），虽并非历史学家小组的一员，却对萌芽中的非洲史研究产生了重要影响，他同样也是来自学术职业

---

⑤⑩　比阿特丽斯·韦布（1858—1943）和西德尼·韦布（1859—1947）的伟大著作包括 9 卷本《从大革命到市政法人法的英国地方政府》（*English Local Government from the Revolution to the Municipal Corporations Act*. London：Longmans，1906—29）、《行业工会史》（*The History of Trade Unionism*. London：Longmans，1894）和《工业民主》（*Industrial Democracy*. London：Longmans，1897）。G. D. H. 科尔（1889—1959）在 20 世纪初和 20 世纪 50 年代间出版了无数著作，包括多卷本的《社会主义思想史》（*History of Socialist Thought*. London：Macmillan，1953—60），其与雷蒙德·波斯特盖特（Raymond Postgate）合著的《人民大众：1746—1938》（*The Common People，1746—1938*. London：Methuen，1938）多年来一直是最好的英国人民运动通史。R. H. 托尼（R. H. Tawney，1880—1962）的著作有《16 世纪的农民问题》（*The Agrarian Problem in the Sixteenth Century*. London：Longmans，1912），与艾琳·鲍威尔（Eileen Power）合作编著《都铎王朝经济文档》（*Tudor Economic Documents*. London：Longmans，1924），还著有《宗教和资本主义的兴起：历史研究》（*Religion and the Rise of Capitalism：A Historical Study*. London：Murray，1926），《中国的土地和劳工》（*Land and Labour in China*. London：G. Allen and Unwin，1932），以及《乡绅的兴起：1558—1640》（"The Rise of the Gentry，1558—1640"），刊于《经济史评论》（*Economic History Review* 11［1941］，1—38）。托尼极有影响力的政治檄文有《逐利社会》（*The Acquisitive Society*. London：G. Bell and Sons，1920）和《平等》（*Equality*. London：Unwin，1931）。约翰·哈蒙德（John Hammond）（1872—1949）和芭芭拉·哈蒙德（Barbara Hammond）（1873—1961）的著作三部曲是有关工业化人力成本的开拓性研究，分别是《乡村劳工：1760—1832》（*The Village Labourer，1760—1832*. London：Longmans，1911）、《城镇劳工：1760—1832》（*The Town Labourer，1760—1832*. London：Longmans，1917）和《技术劳工：1760—1832》（*The Skilled Labourer，1760—1832*. London：Longmans，1919），这三部著作对汤普森的研究产生了巨大影响。总体来说，参见 David Sutton，"Radical Liberalism，Fabianism，and Social History，" in Johnson et al.，*Making Histories*，15—43。

的边缘，亦即在成人教育领域从业。[51]霍布斯鲍姆的写作是在与法国同行们的对话中完成的，其中不仅有马克思主义队列的勒费弗尔、索布尔（Soboul）和欧内斯特·拉布卢斯（Ernest Labrousse），还有费尔南·布罗代尔（Fernand Braudel）和属于年鉴学派的同僚。

霍布斯鲍姆和吕德在国际范围内改变了关于工业社会以前的民众抗议的研究。吕德谨慎地解构了过去定型化的"乌合之众"（"the mob"）一词，用法国大革命和18世纪英法暴乱去分析集体行动背后的节奏、组织和动机。在这个过程中，他提出了一种先锋性的社会学观点，也就是研究"人群中的脸孔"。霍布斯鲍姆通过一些研究分析了大众意识随着资本主义工业化发展而产生的转变：关于卢德主义和工会时代前的劳工抗议的研究，关于社会不法之徒、千禧年学说还有黑手党的研究，另外还有关于拉美农民和农民运动的系列论文。他先驱性地在历史学与人类学之间发起了极具建设性和持久度的对话。他帮助缺乏民主机制、法治和成熟的议会系统的社会重新界定政治该如何开展。[52]

历史学家小组所走的最具里程碑意义的一步是创立新的历史学刊物《过去与现在》，这最终在学科内部引起了广泛的反响，该刊于1952年开始发行，副标题是标志性的《科学历史期刊》（*Journal of Scientific History*）。他们高度自觉地努力与非马克思主义史学家保持对话，但当时因为冷战，这种联系被迅速切断。期刊最早的编辑

---

[51] Anne Summers，"Thomas Hodgkin（1910—1982），" *History Workshop Journal* 14（autumn 1982），180—82. 特别参见 Thomas Hodgkin，*Nationalism in Colonial Africa*（London：F. Muller，1956）；*Nigerian Perspectives：An Historical Anthology*（Oxford：Oxford University Press，1960）；*Vietnam：The Revolutionary Path*（London：Macmillan，1981）。

[52] 特别参见 Hobsbawm，*Primitive Rebels*；*Bandits*；"Peasants and Politics，" *Journal of Peasant Studies* 1（1973），1—22。

31   发起人是约翰·莫里斯（John Morris，1913—1977），一位研究古代英国的历史学家，随后，霍尔斯鲍姆、希尔、希尔顿、多布和考古学家戈登·柴尔德（Vere Gordon Childe，1892—1957）等马克思主义者纷纷加入，此外成员还有多位旗帜鲜明的非马克思主义者，包括古代史学家雨果·琼斯（Hugo Jones，1904—1970）、捷克史学家R. R. 贝兹（R. R. Betts，于1961年去世）都铎-斯图亚特王朝史学家大卫·B. 奎因（David B. Quinn，生于1909年），还有史学通才杰弗里·巴拉克拉夫（Geoffrey Barraclough，1908—1984）。

从一开始，与欧洲的联系对于新刊物的观点和成功就至关重要。与东欧的联系使得期刊得到来自苏联史学家鲍里斯·波尔什涅夫（Boris Porshnev）、E. A. 科斯明斯基（E. A. Kosminskii），还有来自捷克斯洛伐克的J. V. 波利申斯基（J. V. Polisensky）和阿尔诺什特·克里玛（Arnost Klima）等人的供稿。与法国的联系则使刊物不仅收到勒费弗尔和索布尔的文章，还有与《年鉴》（Annales）刊物有联系的历史学家的文章。1958年，时隔六年以后，刊物的编委会扩大，稀释了从前马克思主义者占主导地位的人员结构，吸纳了近代史专家劳伦斯·斯通（Lawrence Stone，1919—1999）和约翰·艾略特（John Elliott，生于1930年），中世纪研究专家特雷弗·阿斯顿（Trevor Aston，1925—1986），考古学家S. S. 弗里尔（S. S. Frere，生于1918年），还有社会学家诺曼·比恩鲍姆（Norman Birnbaum）和彼得·沃斯利（Peter Worsley，生于1924年）。由于人员组成的重要调整，刊物副标题此时更名为《历史研究期刊》。㊾

㊾   参见 Christopher Hill，Rodney Hilton，and Eric Hobsbawm，"*Past and Present*：Origins and Early Years，" *Past and Present* 100（August 1983），3—14。在此之前的1957年，社会人类学家麦克斯·格卢克曼（Max Gluckman）、社会学家菲利普·艾布拉姆斯（Philip Abrams）和农业史学家琼·瑟斯克（Joan Thirsk）也加入了编委会。

在马克思主义史学家们为《过去与现在》这一文化思想刊物所描摹的纲领性愿景中，"社会史"一词指的是努力理解整个社会的动态力量。其志向是将政治事件与潜在社会力量相关联。1947—1950年，史学家小组关注的是从封建主义到资本主义的转变以及一系列的相关问题，包括专制主义的兴起，资产阶级革命的性质，资本主义兴起的农业方面，以及宗教改革的社会动力。霍布斯鲍姆1954年分两部分出版的长文《17世纪的大危机》（The General Crisis of the Seventeenth Century）推动了《过去与现在》第一个十年里最活跃的讨论，该文发表后收到了来自各方的许多论稿，这些文章由特雷弗·阿斯顿编辑，于1965年以《欧洲危机：1560—1660》（Crisis in Europe，1560—1660）为标题结集出版。[54]

该论辩鼓舞了法国、西班牙、瑞典、德国、波希米亚、苏俄、爱尔兰的历史学家，他们大体都是关注近代史的研究者，同时也鼓舞了英国历史学家。它将17世纪的政治动荡与用泛欧区通行术语描述的经济危机形式联系起来，阿斯顿称之为"从封建主义经济到资本主义大转型的最后一个阶段"。[55]论辩为以社会术语研究宗教冲突提供了一个案例，也设置了一个更具有一般性的课题，期刊在早期的其他论辩中也多次涉及该课题，尤其是在有关科学和宗教的辩论中。该论辩迎难而上，努力将社会史从整体上概念化，深远地影响了后来的历史学家，启发他们面对这些不同的问题时如何展开思考——最好的例子或许就是J. H. 艾略特（J. H. Elliott）的《西班牙

32

[54] Trevor Aston，ed.，*Crisis in Europe，1560—1660*（London：Routledge and Kegan Paul，1965）.

[55] Aston，*Crisis in Europe*，5.

的衰败》（The Decline of Spain）一文了，它影响深远，反响持久。该论辩再次强调了《过去与现在》与法国《年鉴》的共通之处，因为霍尔斯鲍姆的最初介入广泛依靠的就是费尔南·布罗代尔所赞助的学术工作。最重要的是，该论辩体现出"比较法"在史学研究中振奋人心的建设性的使用。㊇

《过去与现在》这一刊物早期对社会史兴起所作出的持久贡献掷地有声。当期刊以史学家小组的人员构成为基础维持兴办，编委会的观点立场便转化为刊物的一系列宗旨，这些宗旨塑造了这一学科领域内一些最具雄心的历史讨论，一直持续到 20 世纪 70 年代后期。首先，该刊坚持国际主义的宗旨。刊物借助期刊编辑们的政治网络及其与法国、东欧的直接交流，将欧洲的新著作和激动人心的学术进展介绍到英语世界，同时，1950 年在巴黎举办的国际历史大会及其新创办的社会历史分会也大大推动了此刊的发展。

其次，对于历史变迁的争论，尤其明确的是在欧洲或全球性运动及体系的层次上的历史变迁，霍布斯鲍姆和他的同仁强调要在整体框架下进行社会比较研究。这一研究宗旨直接起源于 20 世纪 30 年代和 40 年代的经典马克思主义视角，在历史学家小组的工作日程中进一步明确化，自 1957 年以来在《过去与现在》的年度会议主题中被反复提到。这些主题包括"17 世纪革命""工业革命的起源"

㊇   参见 John H. Elliott，"The Decline of Spain," *Past and Present* 20（November 1961），52—75；*The Revolt of the Catalans*（Cambridge：Cambridge University Press，1963）；*Imperial Spain*，*1469—1716*（London：Edward Arnold，1963）；"Revolution and Continuity in Early Modern Europe," *Past and Present* 42（February 1969），35—56；"Self-Perception and Decline in Early Seventeenth-Century Spain," *Past and Present* 74（February 1977），41—61。关于大辩论的进行过程，参见 Geoffrey Parker and Lesly M. Smith，eds.，*The General Crisis of the Seventeenth Century*（London：Routledge and Kegan Paul，1978）。

"城市、法庭和艺术家（15 到 19 世纪）""战争与社会：1300—1600""非洲和欧洲的殖民主义和民族主义""历史、社会学和社会人类学"，还有"前工业社会的工作与休闲"，等等。《过去与现在》集中了一系列最振奋人心的研究和论辩，对 20 世纪 60 年代末我这一代心怀理想的历史学家们极具吸引力。

第三，受马克思主义有关知识的不可分割性的理论启发，《过去与现在》先锋性地开展了与社会学家和人类学家的跨学科合作。尽管在某种程度上这只不过是期刊成立宗旨驱动下人民思想阵线的新形式，与非马克思主义社会科学家们的对话在 1956—1957 年以后显著增加。当时，除了霍布斯鲍姆以外，大多数马克思主义史学家都脱离了共产党。这样的讨论提供了新的理念和方法，大家开始注意到已被部分拉下权威宝座的马克思主义是不完整的。这种思想开放的唯物主义的模式，以一种自觉的"史学社会学"的跨学科整合为基础，最具代表性的人物是时年 24 岁的菲利普·艾布拉姆斯（Philip Abrams，1933—1981）。他于 1957 年成为霍布斯鲍姆的助理编辑，于 1950 年代受第一代英国新左派的思想政治体系的影响，而不是 1930 年代的人民阵线共产主义的影响，他给期刊带来的是属于完全不同年代的思想成长，更多地受到英国战后的批判社会学的影响。[57]相形之下，彼得·沃斯利则表现出了大尺度的跨学科综合能力，他的史学研究敏锐性与他在人类学领域的训练不可分割，他曾在亚太地区和东南亚进行过田野调查，还在社会学系担任过教职，

---

[57] 特别参见 Philip Abrams，*Historical Sociology*（Ithaca：Cornell University Press，1982）。

他在共产党内一直待到 1956 年，这些经历塑造了他，并且持续地对他所发表的各个种类的作品产生影响。⑱

第四，对于《过去与现在》一刊的马克思主义建筑师们来说，社会史与经济学不可分割，不管是根据法国年鉴学派的结构范畴还是马克思主义和唯物主义的历史观。在历史学科内部，社会史从大众文化的"风俗与道德"研究中分离，从"人民的历史"的研究中分离，从此后便一直跟经济史并驾齐驱，20 世纪 60 年代英国一些大学新成立的经济系和社会史系就是这样。

最后，马克思主义史学家们关于对话和论辩的宗旨——不但将马克思主义研究方法带入英国史学家的讨论的中心，而且将其带入更广的知识传播，作为国际交流和跨学科研究的必要桥梁——极大地丰富了历史学科的思想文化。此时正逢 20 世纪 60 年代高等教育的大扩张，因此促成了历史学术研究在数量、范围和深度方面的显著提升。从这个角度来说，20 世纪后期史学研究开始迅猛发展，并不仅是因为国家研究机构的成立、新大学的创办和研究经费的增长，更是得益于《过去与现在》刊物的这一群坚定且富于想象力的学人们的努力，得益于他们所追求的知识政治。

34

---

⑱　彼得·沃斯利（Worsley）的第一本著作是《号角即将吹响：美拉尼西亚的"船货"崇拜研究》（*The Trumpet Shall Sound：A Study of "Cargo" Cults in Melanesia*. London：MacGibbon and Kee, 1957），一定程度上是霍布斯鲍姆（Hobsbawm）的《原始的叛乱》（*Primitive Rebels*）的平行之作。随后他又出版了《第三世界》（*The Third World*. London：Weidenfeld and Nicolson, 1964），二十年后又写了《三大世界：文化和发展》（*The Three Worlds：Culture and Development*. London：Weidenfeld and Nicolson, 1984），还有其他许多著作，比如《马克思和马克思主义》（*Marx and Marxism*. London：Tavistock, 1982）。他自 1964 年来任曼彻斯特大学社会学系系主任，1971—1974 年间任英国社会学协会主席。

法国年鉴学派

20 世纪末的社会史受到了历史学科主流以外力量的推动，这也并非偶然。拿我在上面谈过的英国马克思主义史学家的例子来说，这一群激进的学者大多数都是三十来岁，很有冲劲儿，他们从 20 世纪 30 年代到二战后的这段时间所发生的一系列共产党党内和相关政治经历中得到启发。虽然他们顶多只能在史学行当中勉强得到一个立身之所，但是他们在幕后为社会史的兴起贡献了许多精力和思考。到 20 世纪 60 年代，冷战的意识形态敌对状态的缓解以及英国研究机构的建立，逐渐将英国马克思主义者集结到一个更广阔的相互支持的大环境里。但是总体力量对比格局仍然没有改变：社会史的推动力还是来自边缘力量。

在 20 世纪早期，我们可以发现这个情况变得更加明显。因为史学学科是在 19 世纪后期创建的，国家治理与外交、战争与国际关系以及行政和司法等，在大学的历史学科教学中占主导地位。最早的社会史都完全是在象牙塔外写作完成的，或者是通过研究者个人的工作，或者是在数次劳工运动的背景之下写成的。1918 年以后，得益于更友好的政治环境，其发展出现了更加迅猛的势头，但动力同样来自学科外部。在英国，这一进程的关键在于 1926—1927 年间经济史学协会的成立和协会刊物《经济史评论》（*Economic History Review*）的创办。在德国，魏玛共和国期间社会学的繁荣发展令人印象深刻。

法国的情况要复杂得多。19 世纪晚期，法国大革命在法国政治
35 文化中的中心地位使得一些院校机构专门研究大革命传统，其结果是对大众政治和群众存在加以专注，并从根本上鼓励了社会史学的发展。索邦大学法国大革命史教席先后有阿尔贝·马迪厄（Albert Mathiez，1874—1932）、乔治·勒费弗尔（1874—1959）和阿尔贝·索布尔（1914—1982），都坚持了一条强有力的社会史研究路线。(59)另一个重要人物欧内斯特·拉布卢斯（1895—1988）开创性地对经济波动进行量化研究，将其作为理解革命危机性质的必要条件。他的研究认为，1789 年经济危机中，物价和薪资、恶劣的农作收成，再加上失业，导致了大革命的发生。(60)根据这一研究模式，他比较了 1789 年、1830 年和 1848 年连续三次危机，从对物价浮动和经济结构性问题的分析出发，一路分析到更广范围内的社会危机蔓延，最后得出是政府对事态的不当处理导致了革命发生。

跟英国和德国一样，法国社会史研究的早期动力来自经济史和社会学，但法国史学家产生的反响比英、德两国要大得多。乔治·勒费弗尔 1932 年的著作《大恐慌》（*The Great Fear*）研究了 1789 年革命前夜乡村群众的骚乱，是一部卓越的研究著作。在这本书中，乔治·勒费弗尔阐释了古斯塔夫·勒庞（Gustav Le Bon）的群体心理学理论、埃米尔·杜尔凯姆的社会理论，以及他在斯特拉斯堡大学

---

(59) Georges Lefebvre，in *Les Paysans du Nord pendant la Revolution francaise*（Bari：Laterza，1959；orig. pub. 1924）以及 *The Great Fear of 1789：Rural Panic in Revolutionary France*（Paris：A. Colin，1932），还有 Albert Soboul，in *Les Sans-culottes Parisiens en l'An II*（Paris：Librairie Clavreuil，1958），都是社会史领域最有创新性和启发性的经典研究。

(60) 参见 Ernest Labrousse，*La crise de l'économie francaise à la fin de l'Ancien Régime et au début de la Revolution*（Paris：Presses universitaires de France，1944）。

的同事莫里斯·哈布瓦赫（Maurice Halbwachs）的集体记忆理论。到了 19 世纪和 20 世纪之交，经济学家弗朗索瓦·西米安（François Simiand，1873—1935）对法国史学与社会科学的独特共生关系产生了非常关键的影响。他 1903 年发表于《历史综合评论》（*Revue de synthèse historique*）期刊上的学会论文，贬低了传统的"事件历史"，并抨击了他所谓的历史学家的三种"部落偶像"，即政治、个人和编年表。⑥《历史综合评论》是三年前即 1900 年创刊的，创刊人是历史哲学家亨利·贝尔（Henri Berr，1878—1956），目的是推广一种对于社会科学的普世认知。贝尔的年轻支持者中有吕西安·费弗尔（Lucien Febvre，1878—1956）和马克·布洛赫（Marc Bloch，1866—1944），他们分别在 1907 年和 1912 年加入《历史综合评论》。

　　吕西安·费弗尔于 1912 年发表的关于菲利普二世与弗朗什-孔泰地区的研究论文，明显不再给予军事和外交事件过多关注。在文中，他从该地区的地理、社会结构、宗教生活和社会变革等角度考察菲利普二世的政策，研究焦点是专制主义与地方特权、贵族与资产阶级、天主教与新教之间的矛盾冲突。他一改惯常的优先顺序，不再从统治者的角度来看重大历史事件，不把区域历史当成结果。地区成为一个不可或缺的结构背景，而地理、经济和人口统计都需要进行考察。费弗尔在 1920 年被授予斯特拉斯堡大学教职，与马克·布洛赫进行合作。马克·布洛赫受涂尔干的影响，在战前就抛弃了传统政治史。1924 年，布洛赫出版了《国王神迹》（*The Royal Touch*）一书，书中试图通过分析人们对于国王们借助触碰就可以治

---

⑥　参见 Peter Burke，*Sociology and History*（London：Allen and Unwin，1980），25。

愈淋巴结核皮肤病的流行信仰来解释英法王权的相关概念。⑫这一杰出研究将历史视角从简单的叙事时间中解放出来，将其重新与具有结构持续性的历史框架相联系。研究注重对比，强调当时的心态（mentalité），或者说集体认知和宗教心理，譬如讨论国王的触碰是否真能治愈皮肤疾病这一当代的"常识性"问题。

结构历史（与政治史或"事件历史"相对）和"心态历史"（与正统思想史相对）这对孪生主题，给予费弗尔和布洛赫的合作以连贯性。费弗尔在 1928 年和 1942 年先后出版的关于马丁·路德以及大众无信仰之基础的著作中转向研究他所认为的 16 世纪特有的社会心理大环境。⑬布洛赫则相反，他从心态考古学转向结构考古学，体现在他 1931 年发表的经典著作《法国乡村史：论其基本特征》（*French Rural History：An Essay on Its Basic Characteristics*）中，还有 1939—1940 年撰写的《封建社会》（*Feudal Society*）。⑭他对封建主义进行整体性考察，将对时代心态结构的分析和对社会经济关系的分析整合起来，试图呈现一幅关乎整体环境的画面，这与当时其他有关封建主义的著作截然不同。他坚持对比的方法，不只是将法国，而是将整个欧洲都纳入研究。他改变按照国王统治时间来编年的传统方法，转而使用更具挑战性的历史时间框架，也就是著名

⑫　Marc Bloch，*The Royal Touch：Sacred Monarchy and Scrofula in England and France*（London：Routledge and Kegan Paul，1973；orig. pub.，in French，1924）.

⑬　Lucien Febvre，*Un destin：Martin Luther*（Paris：Rieder，1928）；*The Problem of Unbelief in the Sixteenth Century：The Religion of Rabelais*（Cambridge：Harvard University Press，1982；orig. pub.，in French，1942）.

⑭　Marc Bloch，*French Rural History：An Essay on Its Basic Characteristics*（Berkeley：University of California Press，1966；orig. pub.，in French，1931）；*Feudal Society*（Chicago：University of Chicago Press，1961；orig. pub.，in French，1939—40）.

的"长时段"历史时间概念。他的注意力不再放在兵役，尽管兵役是封建主义研究的主要方法，而是聚焦土地上各种农业关系的社会史。他摒弃了传统史学对司法、土地拥有、王权以及狭窄制度意义上的国家起源的研究——所有这些一起形成了"结构史"的特征。

　　1929 年，在共同研究兴趣的驱动下，布洛赫和费弗尔创办了新刊物《经济与社会史年鉴》（*Annales d'histoire économique et sociale*）。随着他们从斯特拉斯堡来到巴黎，刊物影响力开始扩大。但是《经济与社会史年鉴》真正的声名鹊起，是在 1945 年法国高等研究实践学院第六部社会科学学部成立以及费弗尔任该院院长以后；而布洛赫在 1944 年因为参与抵抗运动而被纳粹处以死刑的这一悲剧，让刊物知名度变得更高。布洛赫批判法国史学研究的狭隘，战后满怀热情地开启新征程，批评旧的知识精英们的腐朽，矛头直指他们在1940 年投降并在维希政权时期与纳粹同流合污的行径。1946 年刊物更名为《经济、社会、文明年鉴》（*Annales：économies，sociétés，civilisations*），这标志着刊物步入新视角和新高度。研究院第六部也将史学置于跨学科研究新体制的中心，赋予它在社会科学中的领导地位，这在西方世界是独一无二的。社会学、地理学和经济学这三个学科对布洛赫和费弗尔的影响都是巨大的，此外还有克劳德·列维-斯特劳斯（Claude Lévi-Strauss，1908—　　），罗兰·巴特（Roland Barthes，1915—1980）和皮埃尔·布尔迪厄（Pierre Bourdieu，1930—2002）等人的结构人类学和语言学的影响。"总体历史"一词成为《年鉴》的根本特征。

　　费弗尔的助手费尔南·布罗代尔（1902—1985）在费弗尔任第

六部院长（1952—1976）和《年鉴》主编（1957—1969）期间一直跟随着他。布罗代尔的职业生涯有两部最具代表性的著作，一是《菲利普二世时代的地中海和地中海世界》，于 1949 年出版，但主要研究都是在 1930 年代完成的；另一个是三卷本的《文明和资本主义：15 世纪到 18 世纪》，完成于 1979 年。[65]在这些重要著作中，布罗代尔将其导师费弗尔的复杂实践予以系统化。他从三个维度或者说层面进行分析，展现其唯物主义的宏大画面，将大人物和大事件都收缩到经济、人口和环境所主宰的因果关系中。这一因果逻辑从"长时段"的结构性历史，经由中期的局势的变化，再到传统"大事纪要史"的节奏更快的叙事时间。底层包含地形、气候、人口、经济生活的深层模式、长期的风俗和习惯、社会结构的再生、大众认知的稳定性和日常生活的重复。在第二个层面上，经济、社会系统和国家的兴衰变得可见。只有来到第三个叙述层面，人们才能发现人为的事件，正是这些事件组成《年鉴》所想要取代的人们惯常熟悉的军事史、外交史和政治史。在这个思维体系中，结构的"更深层次"对特定人类文明的可能走向施加了"上限"，同时对社会变革的速度和广度起决定性作用。这才是历史学家要真正关注的。过去传统意义上的"事件"是附带性的、偏向的。[66]

　　从一定意义上说，布罗代尔对《年鉴》理想历史框架的解析实现了社会史的一个基本目的——废黜王权，同时从中剥去了一切进步主义的或者说"辉格党式"的叙事设计。原本史学叙事中永远向

---

　　[65]　Braudel，*Mediterranean*；*Civilization and Capitalism*，*15th—18th Century*，3 vols.（New York：Harper and Row，1981—84；orig. pub.，in French，pub. 1979）.

　　[66]　参见 Olivia Harris，"Braudel：Historical Time and the Horror of Discontinuity，" *History Workshop Journal* 57（spring 2004），161—74。

上向前的进程，被一种完全不同的进步模式所取代，社会科学被引入史学研究，帮助史学了解世界的真相。根据布罗代尔的解释，这一社会科学范畴包括经济、人口、地理、人类学和量化方法等。在法国知识政治的背景下，在布罗代尔的时代，年鉴派史学成为传统法国大革命史学的对立面，后者强调进步主义，充斥着大事纪要。社会心态固化为隐在结构的主范畴。布罗代尔的研究极具图式性。他的著述有序地组织进唯物主义决定物的具体层次体系，将"真正的"意义置于结构层和局势层，将第三层弱化为对历史事件最传统和最缺乏分析性的列举。决定性因素的相互性——曾经在布洛赫论封建主义的论著中极具挑战性——此时却消失不见了。近代早期宗教冲突以及其他一些重大的戏剧性事件的隐性化令人吃惊。然而布罗代尔关于地中海研究的代表作，无论从知识的渊博程度上还是结构框架的宏大上来说，都鲜少有人能及。

如果我们逐国比较社会史研究的兴起，法国的《年鉴》明显在制度建设方面起了重要作用。⑥关于这一点，从欧洲来看，法国这一情况尤其独特，它所作的努力延续了之前的工作，最早可以回溯到20世纪20年代。它既树立了史学研究的新方法和认识的新规则，又形成了集体讨论、研究、训练和出版这一逐步累积的传统。跨学科的共存总是十分必要的，而历史总是处于中心地位，从这一点来说，法国在欧洲仍是独一无二的。20世纪50年代，量化研究开始与这一史学文化结合起来。一位典型的教条主义者宣称："从科学的视角来

---

⑥　特别参见 John L. Harvey's fascinating article "An American *Annales*? The AHA and the *Revue internationale d'historie economique* of Lucien Febvre and Marc Bloch," *Journal of Modern History* 76（2004），578—621。

39　看，社会史只能是量化的历史。"[68]这话虽然颇具独断意味，一定程
度上却也能说明一些问题。这个特点一直延续到 1960 年代，伴随其
他几个显著特征，包括视史学为社会科学、量化方法论、对物价、
商业和人口的长期研究、结构性史学以及唯物主义因果模式。几个
主要术语，如"长时段""心态"，当然还有"总体历史"成为通用
字眼，被其他地方的历史学家广为使用。

　　在布罗代尔的影响之下，《年鉴》成为法国"新"史学具有极大
吸引力的磁石。它的影响力跨过法国，扩展至意大利、比利时和东
欧，甚至进入波兰，并在这些地方发展了许多联系。《年鉴》也开始
与苏联史学家对话。然而，直到 20 世纪 70 年代，年鉴学派的研究
才主要通过布洛赫撰写的《封建社会》一书为人所知，1961 年此书
被译成英文，尽管菲利普·埃里耶斯（Philippe Ariès'）见解独特的
童年史研究著述在 1962 年也出版了英文版。但直到 20 世纪 70 年
代，真正意义上的英文传播工作才开始：1972 年布罗代尔的《地中
海》一书和彼得·伯克（Peter Burke）编辑的《年鉴》文章选集被
译成了英语。[69]伯克成为进一步推广工作的主要推动者——出版评
注，管理翻译，为各种新出现的著作写评论文章，还有出版他自己

---

[68]　语出自 1959 年弗朗索瓦·福雷（François Furet）和艾德琳·多马尔（Adeline
Daumard），引自 Georg G. Iggers, *New Directions in European Historiography*（Middle-
town, Conn.: Wesleyan University Press, 1984），66。

[69]　参见 Peter Burke, ed., *Economy and Society in Early Modern Europe*: *Essays from
"Annales"*（London: Routledge and Kegan Paul, 1972）。关于对布罗代尔（Braudel）著
作的接受，尤其参见 John A. Marino, "The Exile and His Kingdom: The Reception of
Braudel's *Mediterranean*," *Journal of Modern History* 76（2004），622—52。有趣的是，马
里诺与我认为是外部力量促成了史学研究的变革的观点一致，他强调了布罗代尔在阿尔及
利亚（1923—1932）、巴西（1935—1938）以及德国战俘集中营（1940—1945）年的经历。
另参见 Howard Caygill, "Braudel's Prison Notebooks," *History Workshop Journal* 57
（spring 2004），151—60。

应用《年鉴》研究方法的著作。到 70 年代末，由特莱恩·斯多恩诺维奇撰写的全面导读面世，伊曼纽·沃勒斯坦在伯明翰成立费尔南·布罗代尔研究中心，并创办中心刊物《评论》(*Review*)。[70]

在 20 世纪 20 年代到 60 年代期间，《年鉴》的倾向与英国马克思主义史学家们一致。他们都深信唯物主义形式的分析的价值，显然立场相同，布罗代尔的宏大设计明显是对马克思 1859 年序言的响应。不仅在社会史与经济史研究方面有着共同志向，更振奋于进入同一个社会考察项目，马克思主义者和《年鉴》的追随者因此完全可以胜利会师，就如在法国的拉布卢斯和勒费弗尔的经历所表明的。[71]在 20 世纪 50 年代盛行的意识形态氛围中，还有当时占主导地

---

[70]　关于接受方面的细节，参见 Peter Burke, *The French Historical Revolution*：*The "Annales" School*，*1919—1989*（Cambridge：Polity Press，1999）；François Dosse，*New History in France*：*The Triumph of "Annales"*　（Urbana：University of Illinois Press，1984）；Traian Stoianovich，*French Historical Method*：*The "Annales" Paradigm*（Ithaca：Cornell University Press，1976）；Stuart Clark, ed., *The "Annales" School*：*Critical Assessments*，4 vols.（London：Routledge，1999）；Carole Fink，*Marc Bloch*：*A Life in History*（Cambridge：Cambridge University Press，1989）；Matthias Middell，"The *Annales*," in Stefan Berger，Heiko Feldner，and Kevin Passmore，eds.，*Writing History*：*Theory and Practice*（London：Arnold，2003），104—17。

[71]　尤其参见埃里克·霍布斯鲍姆（Eric Hobsbawm）的《英国历史和法国年鉴笔记》（British History and the Annales：A Note）一文和《马克思与历史》（Marx and History）一文中的陈述，分别见于《论历史》（*On History*. New York：New Press，1997）第 178—185 页和 187 页。拉布鲁斯（Labrousse）在年鉴学派核心从事工作，在学派核心圈中，勒费弗尔（Lefebvre）与《年鉴》的关系并不十分坦诚透明。尤其参见 Labrousse，*La crise de l'économie française*；"1848，1830，1789：Comment naissant les révolutions?" in *Actes du congrès historique du centenaire de la Révolution de 1848*（Paris，1948），1—21。同时，勒费弗尔也对马克思主义感兴趣，与年鉴派关系密切，他从 1937 年到 1945 年间在索邦大学法国革命史系担任系主任，形成了这两大传统之间坚固的桥梁。参见 Richard Cobb，"Georges Lefebvre," in *A Second Identity*（Oxford：Oxford University Press，1969），84—100。法国年鉴学派的核心圈子中，中世纪史学家居伊·布瓦（Guy Bois）和加泰罗尼亚历史学家皮埃尔·维拉尔（Pierre Vilar）也是马克思主义者。参见 Guy Bois，*The Crisis of Feudalism*：*Economy and Society in Eastern Normandy c. 1300—1550*（Cambridge：Cambridge University Press，1984；orig. pub., in French，1976）；Pierre Vilar，*La Catalogne dans l'Espagne moderne*：*Recherches sur les fondements économiques des structures nationales*（Paris：S. E. V. P. E. N.，1962）以及 *A History of Gold and Money*，*1450—1920*（London：New Left Books，1976）。

位的学术条件下，这本身就足以支撑一些最基本的团结：拉布卢斯宣称，"没有社会史，就没有历史。"[72]英国马克思主义者创办《过去与现在》时，还是 50 年代早期，当时境况还不是那么有利，布罗代尔和法国年鉴学派则成了他们天然的盟友。背后推动这项研究事业的宗旨，不仅体现在指导性的哲学视角这一共同志向方面——这些视角解释起来可能会显得正统得乏味——更体现在他们撰写的大量学术著作中，这又可能与英吉利海峡对岸那些非马克思主义史家同行们有许多共通之处。因此，要刻意严格区分英国马克思主义史学家和年鉴学派史学家，尤其是在 50 年代，意义并不很大。[73]

社会科学史

在 20 世纪中期，史学与社会科学的总体关系是怎样的？我认为，60 年代后期思想文化的另一个特点就是普世主义，这一特性与

---

[72]　引自 Martine Bondois Morris，"Ernest Labrousse，1895—1988，" in Kelly Boyd，ed.，*Encyclopedia of Historians and Historical Writing*（London：Fitzroy Dearborn，1999），1：677。对于下一代年鉴学派来说，对社会科学和量化的信仰变得十分教条化，堪比斯大林时代僵化的马克思主义——或许也并不奇怪，因为这一代史学家中的几位领袖人物（包括弗朗索瓦・福雷［François Furet］、埃马纽埃尔・勒华・拉杜里［Emmanuel Le Roy Ladurie］和丹尼斯・里歇［Denis Richet］等）20 世纪 40 年代末 50 年代初成年阶段之后就一直在法国共产党内，是忠实的斯大林主义者。参见 Dosse，*New History in France*，182—98。

[73]　此处法国年鉴学派马克思主义学者成员皮埃尔・维拉尔（Pierre Vilar）的反思，见于 "Marxist History，a History in the Making：Towards a Dialogue with Althusser，" *New Left Review* 80（July—August 1973），65—106。另参见 Gregor McLennan，*Marxism and the Methodologies of History*（London：Verso，1981），129—51；Christopher Lloyd，*Explanation in Social History*（Oxford：Blackwell，1986），243—60。霍布斯鲍姆最近重申马克思主义基础立场反映了唯物主义与经典年鉴学派视角的一致："这样的框架必须人类事务方向性的改变的一个要素的基础上，这些变化是可见的、客观的，不受我们主观的或者当下的愿望与价值判断的影响，也就是说，人类通过体力与脑力、科技和生产机构控制自然力的能力，且这种能力是持之以恒、不断增长的。"（"What Can History Tell Us about Contemporary Society?" in *On History*，31）

当时激进政治运动的独特影响力不无关系。虽然各种教条主义迅速开始活动，但我主要记得的是：知识探索的无限制性，充满实验性的分析，时刻准备展开调查、选择和甄别，尝试选用任何有用的方法。我最初并不对马克思主义和其他唯物主义社会学著作作过多区分，遇到哪本就读哪本，对于马克思主义史学著作的阅读则如饥似渴。准确来说，是因为对一些最令我感兴趣的话题，比如对意识形态的理解或者关于权力与国家的理论，正统马克思主义明显有所忽略，因此我有必要将涉猎面放宽。不过这种开放性并不是完全不加甄别的。我这样研读一段时间过后，成效非常显著。[74]

《过去与现在》和《年鉴》都开了跨学科研究的先河。如本章前面提到的，1946 年法国高等研究实践学院第六部社会科学学部的成立，标志着从 20 世纪之初就是法国学术生活之组成部分的诸传统的制度化。与其他国家不同，法国《年鉴》的威望让史学这一学科成为战后法国社会科学研究的中心，这一地位在 1962 年布罗代尔的"法国人类科学之家"成立之后得到进一步巩固。与此相对照，英国

---

[74]　有个很好的例子，那就是马克思学的兴盛，也就是马克思主义思想的学术性批评近些年来渐渐逃离了共产党和更大的极左翼阵营的出版机构。许多流传广泛的人类学和评论著作都由非马克思主义，或者至少是与共产党非同盟关系的进步分子，交由商业性出版社出版。例如，参见 Lewis B. Feuer, ed., *Marx and Engels: Basic Writings on Politics and Philosophy* (London: Fontana, 1969); Arthur P. Mendel, ed., *Essential Works of Marxism* (New York: Bantam, 1961); T. B. Bottomore and Maximilien Rubel, eds., *Karl Marx: Selected Writings in Sociology and Social Philosophy* (Harmondsworth: Penguin, 1963); C. Wright Mills, *The Marxists* (Harmondsworth: Penguin, 1963); Karl Marx and Friedrich Engels, *The Communist Manifesto*, with an introduction by A. J. P. Taylor (Harmondsworth: Penguin, 1967). 达到顶峰的标志是大卫·麦克莱伦（David McLellan）的传记《卡尔·马克思其人其思》（*Karl Marx: His Life and Thought*. London: Macmillan, 1973）的出版，以及鹈鹕马克思文库（《新左派评论》赞助）的出版发行——第一本著作就是人们期盼已久的马丁·尼古劳斯（Martin Nicolaus）翻译马克思的《政治经济学批判大纲》（草稿）（*Grundrisse: Foundations of the Critique of Political Economy [Rough Draft]*. Harmondsworth: Penguin, 1973）。

的史学和社会科学之间的互动则更碎片化，更务实一些。举例来说，1950 年代中期的共产主义危机中，当马克思主义者对他们的观念的自足性丧失信心时，他们倾向于到其他地方寻求支持，其结果就是历史学家们与各种非马克思主义社会学和社会人类学之间加强了对话和交流。在这方面，菲利浦·艾布拉姆斯（Philip Abrams）、彼得·沃斯利（Peter Worsley）和人类学家杰克·古迪（Jack Goody）对《过去与现在》的参与尤为显著。艾瑞克·霍布斯鲍姆的《原始的叛乱》——最初是在马克斯·格拉克曼（Max Gluckman）邀请下，由曼彻斯特大学人类学系主办的西蒙讲座——极好地展现了与其他学科对话以及倾听其他学科可以产生的成果。[75]

41

　　20 世纪 50 年代，美国经历了这种对话的"一厢情愿"版本。先后于 1946 年、1954 年和 1963 年发布的社会科学研究会报告鼓励历史学家们向社会学家们学习，但是想象中的对话显得有些一厢情愿、令人懊恼：历史学家们要入会，必须要采纳社会科学家们现有的理论和方法。[76]至少可以说，在 20 世纪后期跨学科研究的第一阶段里，历史学家们极其谦逊。他们写史，但却不能总是按自己选择的概念框架来写。特别是，在 20 世纪 50 年代末和 60 年代初，在研究战后资本主义繁荣的热潮中，使用以现代化理论为基础的发展主义框架

---

　　[75]　参见 Eric Hobsbawm, *Interesting Times：A Twentieth-Century Life*（New York：Pantheon，2002），347。

　　[76]　特别参见 Seymour Martin Lipset and Richard Hofstadter，eds.，*Sociology and History：Methods*（New York：Basic Books，1968）；Robert F. Berkhofer，Jr.，*A Behavioral Approach to Historical Analysis*（New York：Free Press，1969）。对此现象进行批判性概述的文章中，最好的是特伦斯·J. 麦克唐纳（Terrence J. McDonald）的《我们谈论历史时谈些什么：史学与社会学的对话》（What We Talk about When We Talk about History：The Conversations of History and Sociology）一文，见于 Terrence J. McDonald，ed.，*The Historic Turn in the Human Sciences*（Ann Arbor：University of Michigan Press，1996），91—118。

来描述社会变迁的做法广受欢迎，达到了高峰，事实上这些发展主义框架被视为具有优先性；而作为思想传统的马克思主义在英语世界似乎已经开始萎缩，这也助长了这种做法的流行。对历史学家们来说，跨学科对话的主要重镇是一系列新创立的刊物。除了《过去与现在》，还有 1958 年在芝加哥创立的《社会与历史比较研究》（*Comparative Studies in Society and History*），该刊后被英国中世纪史家西尔维亚·思拉普（Sylvia Thrupp）带去了密歇根大学；另外还有 1967 年由社会史学家彼得·斯泰恩斯（Peter Stearns）创立的《社会史期刊》（*Journal of Social History*）以及 1970 年由早期近代史家西奥多·拉布（Theodore Rabb）和政治科学家罗伯特·罗特伯格（Robert Rotberg）创办的《跨学科史学期刊》（*Journal of Interdisciplinary History*）。[77]

历史学家们借鉴社会学最成功和最自觉之时，是对于技术方法的借鉴，而不是借鉴理论本身。家庭史就是这一过程最好的例子之一，彼得·拉斯利特（Peter Laslett，1915—2001）出版于 1965 年的《失去的世界》（*The World We Have Lost*）在英国有计划地开创了相关研究。拉斯利特希望有一种能囊括整个社会的新的"社会结构史"，聚焦从"前工业时代"到"工业时代"转变过程中"家庭的结构性功能"。他帮助组织剑桥人口史与社会结构研究小组（成立于1964 年），并以基督徒传播福音般的热情领导小组研究工作。[78]受量化的确定性和科学的傲慢自大的影响，新的人口史学家们野心勃勃地试图重新界定这一学科的阵地。然而，虽然研究方法令人耳目一 42

---

[77] 另外几本期刊，比如《政治与社会》（*Politics and Society*）和《理论与社会》（*Theory and Society*）（分别于 1970 年和 1974 年开始出版发行），历史学家们（按照其正式所属学科定性的历史学家们）参与较少，但也出现了相同的跨学科对话的情况。

[78] Peter Laslett, *The World We Have Lost*, 2nd ed.（London：Methuen，1971），241—52，20.

新，但拉斯利特的研究成果却悖论性地表明社会并没有发生变化，这也就是他所谓的关于工业化前后阶段核心家庭的延续性的零变化假说（null hypothesis）。根据这一假说，他提出了战后社会学经典的现代化迷思之一，认为家庭形式呈现出一种长期的渐进的核心化模式。

　　在与当代社会学的对话中，人口史学家制造了一些并无扎实根据的观点，俨然变成伪造大师。⑦然而他们超越现下论辩的技术方法并将社会变迁重新理论化的能力，仍然相当有限。⑧人口史最强的解释性研究仍然是年鉴学派，学派第三代此时是核心力量，他们认为人口已经成为社会变革的主要推动力，尤其体现在伊曼纽尔·勒罗伊·拉杜里（Emmanuel Le Roy Ladurie）对朗格多克地区农民人口的研究中。⑧具有讽刺意味的是，如果说拉斯利特零变化假说的提

---

　　⑦　有个非常好的例子是迈克尔·安德森（Michael Anderson）对尼尔·J. 斯梅尔瑟（Neil J. Smelser）颇有影响力的《工业革命中的社会变迁：英国棉纺工业的社会学理论研究》（*Social Change in the Industrial Revolution：An Application of Theory to the British Cotton Industry*. Chicago：University of Chicago Press，1959）进行了毁灭性的批判，参见 Michael Anderson，"Sociological History and the Working-Class Family：Smelser Revisited," *Social History* 1（1976），317—34。

　　⑧　剑桥社会结构史研究小组有两大最重要的事件，一是拉斯利特（Laslett）1969 年组织的学术会议，会议邀请了 22 位国际人口史研究专家来到剑桥，评估历史上家庭出现渐进式核心化模式这一观点；另一个是 1981 年雷格里（Wrigley）和斯科菲尔德（Schofield）二人极为博学的英国人口通史的出版，是该研究小组的巅峰之作。在这两件大事中，其背后广泛的意义还未被人们意识到。参见 Peter Laslett，ed.，*Household and Family in Past Time：Comparative Studies in the Size and Structure of the Domestic Group over the Last Three Centuries in England，France，Serbia，Japan，and Colonial North America，with Further Materials from Western Europe*（Cambridge：Cambridge University Press，1972）；E. A. Wrigley and Roger Schofield，*The Population History of England，1541—1871：A Reconstruction*（Cambridge：Cambridge University Press，1981）。

　　⑧　Emmanuel Le Roy Ladurie，*The Peasants of Languedoc*（Urbana：University of Illinois Press，1974）. See Robert Brenner's classic critique "Agrarian Class Structure and Economic Development in Pre-Industrial Europe," *Past and Present* 70（February 1976），30—74；"The Origins of Capitalist Development：A Critique of Neo-Smithian Marxism," *New Left Review* 104（July—August 1977），25—92；"The Agrarian Roots of European Capitalism," *Past and Present* 97（November 1982），16—113. The surrounding debates were collected in Trevor H. Aston and C. H. E. Philpin，eds.，*The Brenner Debates：Agrarian Class Structure and Economic Development in Pre-Industrial Europe*（Cambridge：Cambridge University Press，1985）。

出显得非常谨慎，那么 20 世纪 70 年代最早的两本家庭通史，研究人是爱德华·肖尔特（Edward Shorter）和劳伦斯·斯通（Lawrence Stone），他们的研究中反映出的现代化的目的论，则表现得非常大胆，斯通的论文《情感个人主义的成长》（Rise of affective individualism）也是如此。⑧

　　关于"原工业化"的研究更好地实现了家庭史的研究初衷。"原工业化"这个概念在 1970 年代中期受到许多社会史学家们的关注。关于这个主题的主要著述由德国史学家彼得·克利特（Peter Kriedte）、汉斯·梅迪克（Hans Medick）和于尔根·舒伦堡（Jürgen Schlumbohm）所写，回答了拉斯利特和人口史家们明显回避的问题，重新将家庭史、人口研究与关于资本主义的起源和工业化社会史的更大论点联系起来。⑧三位德国史学家认为，家庭形式的延续性正是通过原工业化过程带动家庭手工业的发展来实现的，他们证明了拉斯利特的"零变化假说"最终可以怎样付诸实践。他们将这个假说置于更广泛的经济与社会背景下。爱德华·汤普森早先在对拉斯利特的研究的批评中说："假使我们不知道到底每家每户是农奴还是自由民，是渔夫还是面包师，是牧民还是矿工，是种水稻、养桑蚕还是种栗树，怎样的继承风俗决定土地的流转，关于嫁妆或婚姻

43

---

　　⑧　参见 Edward Shorter，*The Making of the Modern Family*（London：Fontana，1976）；Lawrence Stone，*The Family*，*Sex*，*and Marriage in England*，*1500—1800*（London：Weidenfeld and Nicolson，1977）。

　　⑧　参见 Peter Kriedte，Hans Medick，and Jürgen Schlumbohm，*Industrialization before Industrialization*：*Rural Industry in the Genesis of Capitalism*（Cambridge：Cambridge University Press，1981；orig. pub.，in German，1977）。原工业（Protoindustry）一词为经济历史学家弗兰克林·孟德尔（Franklin Mendel）所造；参见 Franklin Mendel，"Proto-Industrialization：The First Phase of the Industrialization Process."*Journal of Economic History* 32（1972），241—61。

有什么样的既成规约，关于学徒工或移民劳工，有什么既定的习俗，那么对于家庭的讨论又怎么可能深入下去呢？"㉞根据这些必要的社会历史问题来衡量，术语更加具体的关于核心家庭的论辩越发显得无关紧要。

最重要的是，克利特、梅迪克和舒伦堡三人成功地利用家庭史，服务于实现社会史总体化的更大抱负。跟其他关注原工业化的人——比如大卫·莱文（David Levine）、沃利·塞科姆（Wally Seccombe）和查尔斯·蒂利（Charles Tilly）——一样，他们尽力将成长中的家庭史带离自封的技术控，跳出子学科的"贫民窟"。㉟他们在一系列广泛的同源性领域——从封建主义到资本主义的转变、农民研究、大众文化史，等等——创造性地引用文献，对于家庭及其在社会中的地位变化作出了异常丰富和完整的论述。他们理论的开放性尤其令人振奋。出于他们具体的研究目的，三位合著人综合利用了各种不同文库，写出了一部有趣的作品，其中荟萃了德国社会史，法国、英国和北美的人类学，还有英国马克思主义社会史（包括最

㉞　Edward P. Thompson，"Under the Same Roof-Tree," *Times Literary Supplement*，4 May 1973. 关于汤普森对劳伦斯·斯通（Lawrence Stone）和爱德华·肖特（Edward Shorter）的批判，见其"Happy Families," *New Society*，8 September 1977，reprinted in Thompson，*Making History：Writings on History and Culture*（New York：New Press，1994），299—309。

㉟　特别参见 David Levine，*Family Formation in an Age of Nascent Capitalism*（New York：Academic Press，1977）以及 *Reproducing Families：The Political Economy of English Population History*（Cambridge：Cambridge University Press，1987）；Charles Tilly，ed.，*Historical Studies of Changing Fertility*（Princeton：Princeton University Press，1978）；Tilly，"Demographic Origins of the European Proletariat," in David Levine，ed.，*Proletarianization and Family History*（Orlando：Academic Press，1984），1—85；Wally Seccombe，"Marxism and Demography," *New Left Review* 137（January—February 1983），22—47；Seccombe，*A Millennium of Family Change：Feudalism to Capitalism in Northwestern Europe*（London：Verso，1992）；Seccombe，*Weathering the Storm：Working-Class Families from the Industrial Revolution to the Fertility Decline*（London：Verso，1993）。

著名的是爱德华·汤普森的研究著作）。从这最后一点来看，梅迪克的著述尤其倾向于大众文化领域和对"平民"日常生活的新人类学研究。⑯

在家庭史这一例子上，我多花了一些篇幅，因为它为社会史的社会科学研究变体的出现提供了一个范例。最清楚的一点是，它证明了仅仅借用社会科学的技术和方法就能赋予史学研究以怎样的分析力，有怎样激动人心的研究发现。家庭重构，人口普查分析，高精度量化，让人充满信心的计算机技术，精确的研究带来新的细分工种，还有长期大范围的经费资助带来的益处——所有这些因素为看似稀松平常的社会生活的研究打开了令人难以想象的各种可能性。进入 20 世纪 70 年代后，家庭史加速发展，家庭史学也反映了多数社会史关注者们都认同的唯物主义认识论。这再一次表明，对于早期社会史的支持者和践行者，马克思主义和非马克思主义的影响很容易就能实现交汇。

然而，对技术的狭隘偏好日益显著，导致这个领域出现了社会史学研究中一种常见的冲突——一方面是社会史家总体上的雄心，另一方面是实际研究中围绕更有限的语境和专题性问题的兴趣缩减了。而且，人口统计学历史还表明，这种"量化"优先的社会史研究方法，如果走到极端，实际上将会排斥"质性"研究。不管剑桥研究小组在 60 年代和 70 年代取得了多大成绩，从他们的研究中，

44

---

⑯　关于梅狄克（Medic）的著作，另参见 "The Proto-Industrial Family Economy：The Structural Function of Household and Family during the Transition from Peasant Society to Industrial Capitalism," *Social History* 1（1976），291—315；"Plebeian Culture in the Transition to Capitalism," in Raphael Samuel and Gareth Stedman Jones，eds.，*Culture，Ideology and Politics：Essays for Eric Hobsbawm*（London：Routledge and Kegan Paul，1983），84—113。

关于"前人的家庭生活和不伦之爱"（引用拉斯利特另一部著述的标题），我们仍然知之甚少。⑧

　　我们还可以从城市史中发现类似的情况。城市史一开始也是全新的子学科，依赖从社会科学借鉴来的理论和方法，并允许跨学科合作蓬勃开展。它对产生现代世界的那些变革，就其性质提出了基础性问题。同样，城市史研究中也无法避免狭隘化和经验主义倾向，但是却为总体社会分析提供了桥梁。城市史研究先驱，英国的 H. J. 迪奥斯（H. J. Dyos，1921—1978），于 1963 年在经济史协会内成立了城市史研究小组，1966 年 9 月在他的学术大本营莱彻斯特大学召开了一次国际会议，宣布城市史子学科的正式成立。⑧历史小组《通讯》（*Newsletter*）于 1974 年正式演变为《城市史年鉴》（*Urban History Yearbook*），更于 1992 年进一步转变成《城市史》（*Urban History*）期刊。实质上，城市史将诸如地方、环境、背景等问题积极纳入社会史的轨道，而不是像从前那样被动展开。

　　迪奥斯是一位不知疲倦的推广者，他将社会科学的精确用于广泛的不同课题，涵盖了城市史的方方面面：城市变动中的政治经济和空间结构；人造建筑场所、土地售卖、公共交通、劳动力市场、贫民窟住房、城市扩大化等方面的社会史；还有建筑史和城市形象及标志的文化分析。迪奥斯特意选择城市化历史研究，因为城市是社会科学家、人文学家和史学家都能产生交集之地。很可惜他英年早逝，为纪念他而出版的一本书明确了这种跨学科的

---

⑧　Peter Laslett, *Family Life and Illicit Love in Earlier Generations* (Cambridge: Cambridge University Press, 1977).

⑧　参见 H. J. Dyos, ed., *The Study of Urban History* (London: Edward Arnold, 1968)。

潜在可能。⑧当然，与此同时，城市群体研究也逐渐成为研究阶级形 45
成和工人阶级兴起的主要工具。

　　青年和童年史是社会史学家们在 20 世纪 60 年代开创的又一个领域，是跨学科研究这一种子结出来的果实。研究动力来自人口与家庭史学家们，尤其是早期近代史学家们，他们实现了社会史学家们最激动人心的研究目的，质疑和打破了长久以来人们对最为熟知的社会安排与制度的常识性信念，让人们意识到它们看起来似乎再自然不过，但究其实际却并非如此——从这方面来讲，20 世纪后期将童年理解为一个截然划分的人生阶段或存在状态就是个例子。以菲利普·阿利埃斯影响极大的《童年世纪》（*Centuries of Childhood*）为首的新研究，表明人类生命进程的基本范畴事实上都是史学的创造，童年其实是现代社会的人造物。⑩

----

　　⑧　参见 Derek Fraser and Anthony Sutcliffe，eds.，*The Pursuit of Urban History* (London：Edward Arnold，1983)；关于迪奥斯去世后出版的论文集，参见 David Cannadine and David Reeder，eds.，*Exploring the Urban Past：Essays in Urban History by H. J. Dyos* (Cambridge：Cambridge University Press，1982)。另参见迪奥斯和迈克尔·沃尔夫（Michael Wolff）编辑的 2 卷本研究示例《维多利亚时代的城市：形象与现实》(*The Victorian City：Images and Realities*. London：Routledge and Kegan Paul，1973)，书中聚集了多位来自不同学科背景的学者，从经济、社会、政治、制度和文化等方方面面对 19 世纪的城市化进行分析。

　　⑩　参见 Philippe Ariès，*Centuries of Childhood* (London：Jonathan Cape，1962；orig. pub.，in French，1960)。许多开创性的研究都归于家庭研究，尤其是美国历史研究的范畴内。这些研究中，人口统计学和精神分析法是早期的主流方法。关于前者，参见 John Demos，*A Little Commonwealth：Family Life in Plymouth Colony* (London：Oxford University Press，1970)；关于后者，参见 Lloyd DeMause，ed.，*The History of Childhood* (New York：Psychohistory Press，1974)。早期概述性研究包括 John R. Gillis，*Youth in History* (New York：Academic Press，1974)；C. John Somerville，"Toward a History of Childhood and Youth," *Journal of Interdisciplinary History* 3 (1972)，438—47；以及 J. H. Plumb，"The New World of Children in Eighteenth-Century England," *Past and Present* 58 (May 1975)，64—95。中期概览性研究记录，参见 Harry Hendrick，"The History of Childhood and Youth," *Social History* 9 (1984)，87—96. Current surveys include Hugh Cunningham，*Children and Childhood in Western Society since 1500* (London：Longman，1995)，以及 Harry Hendrick，*Children，Childhood，and English Society，1880—1990* (Cambridge：Cambridge University Press，1997)。

学生激进运动和1968年的学生大动乱激起了对青年亚文化的关注。学者们自由地在学科间旁征博引，既有伯明翰当代文化研究中心的著述，也有激进犯罪学和越轨社会学的著述。(91)这些著作进一步又与有关犯罪、惩戒、法令和囚禁的新社会史学相交织，到了60年代末70年代初，新社会史学发展成为一个蓬勃生长的研究领域。(92)这些颇具吸引力的研究课题，为分析关于社会和政治秩序等大问题提供了抓手。进入这一领域的学者们无疑为社会科学方法论的实证主义激动不已，按照这一方法论，人们完全能够测量变化数值，建立模式，明确因果关系。同时，通过“底层的历史”（history from below）进行的民粹主义身份认同的强大动力也在发挥作用。这里又一次受到了英国马克思主义史学家的启发。比如埃里克·霍布斯鲍姆

---

(91)　最有影响的一本经典之作是，Stuart Hall and Tony Jefferson, eds., *Resistance through Rituals: Youth Subcultures in Post-War Britain* (London: Hutchinson, 1976)。关于越轨社会学和激进犯罪学，参见 Stanley Cohen, ed., *Images of Deviance* (Harmondsworth: Penguin, 1971); Ian Taylor and Laurie Taylor, eds., *Politics and Deviance* (Harmondsworth: Penguin, 1973); Ian Taylor, Paul Walton, and Jock Young, *The New Criminology* (London: Routledge and Kegan Paul, 1973)。早期历史著作包括：Natalie Zemon Davis, "The Reasons of Misrule: Youth Groups and Charivaris in Sixteenth-Century France," *Past and Present* 50 (February 1971), 41—75; Susan Magarey, "The Invention of Juvenile Delinquency in Early Nineteenth-Century England," *Labour History* 34 (1978), 11—27; Stephen Humphries, *Hooligans or Rebels? An Oral History of Working-Class Childhood and Youth, 1889—1939* (Oxford: Blackwell, 1981); 以及 Dieter Dowe, ed., *Jugendprotest und Generationenkonfikt in Europa im 20. Jahrhundert: Deutschland, England, Frankreich und Italien im Vergleich* (Bonn: Verlag Neue Gesellschaft, 1986)。

(92)　这方面的开创性研究是爱德华·汤普森（Edward Thompson）的著作。参见 Thompson, *Whigs and Hunters*; Hay et al., *Albion's Fatal Tree*。关于监禁史的重要著作是迈克尔·伊格纳季耶夫（Michael Ignatieff）《工业革命期间的监禁：1750—1850》(*A Just Measure of Pain: The Penitentiary in the Industrial Revolution, 1750—1850*. London: Macmillan, 1978)。关于范围更广泛的研究，参见 J. S. Cockburn, ed., *Crime in England, 1550—1800* (London: Methuen, 1977); V. A. C. Gatrell, Bruce Lenman, and Geoffrey Parker, eds., *Crime and the Law: The Social History of Crime in Western Europe since 1500* (London: Europa, 1980); John Brewer and John Styles, eds., *An Ungovernable People: The English and Their Law in the Seventeenth and Eighteenth Centuries* (New Brunswick, N. J.: Rutgers University Press, 1980); Stanley Cohen and Andrew Scull, eds., *Social Control and the State: Historical and Comparative Essays* (Oxford: Robertson, 1983)。

有关"原始的叛乱""社会不法之徒"和"社会犯罪行为"的著作为他们找到了基本的研究阵地。

1960 年代社会科学史带来的振奋和潜在的可能性，尤其表现在查尔斯·蒂利及其著作之中。蒂利生于 1929 年，1950 年代在哈佛大学接受社会学训练，他主张对社会变化进行雄心勃勃、动态宏观的分析。他的第一部著作《旺代》（*The Vendée*）出版于 1964 年，是以文献调查为基础的历史社会学的开创性成就。在这部著作中，他 46 将法国大革命期间各地的政治联盟与地方具体社会经济模式结合起来进行研究。蒂利作品中最主要的一部分关注的是资本主义发展和国家形成之间的相互关系，他在分析中考察了 16 世纪到 20 世纪期间国家政治能力的扩张，也考察了无产阶级人口统计情况。然而，到了 20 世纪 70 年代，蒂利成为集体行动研究方面最著名的社会学家和社会史学家，他记录了随着资本主义市场和民族国家的不断渗透和影响，集体行动之理性的变化和表现形式是怎样的。㉝

蒂利最宏大的研究项目是 17 世纪到 20 世纪的法国研究以及 18 世纪 50 年代到 19 世纪 30 年代的英国研究，他试图发现长期以来历史上集体行动的关键转变，同时重构驱动普通民众采取行动的理性、

㉝ 特别参见 Charles Tilly，*The Vendée*（Cambridge：Harvard University Press，1964）；Charles Tilly and Edward Shorter，*Strikes in France，1830—1968*（Cambridge：Cambridge University Press，1974）；Charles Tilly，Louise Tilly，and Richard Tilly，*The Rebellious Century，1830—1930*（Cambridge：Harvard University Press，1975）；Charles Tilly，"Refections on the History of European Statemaking" and "Food Supply and Public Order in Modern Europe," in Charles Tilly，ed.，*The Formation of National States in Western Europe*（Princeton：Princeton University Press，1975），3—83，380—455；Tilly，"Getting it Together in Burgundy，1675—1975," *Theory and Society* 4（1977），479—504；Tilly，*From Mobilization to Revolution*（Reading，Mass.：Addison-Wesley，1978）；Tilly，"Did the Cake of Custom Break?" in John M. Merriman，ed.，*Consciousness and Class Experience in Nineteenth-Century Europe*（New York：Holmes and Meier，1979），17—44。

思想连贯性、利益和正义概念。为了回应资本主义发展和民族国家对社会生活日益渗透之间的复杂辩证关系，蒂利认为，大众行动已经不同于历史上的反抗形式了——比如 19 世纪前半期的粮荒暴动、抗税、集体喧闹（"粗放的音乐鸣奏"）——而是围绕着工业罢工、游行示威和相关社会运动的重新组合。这种时代性的变化此前在 17 世纪中期也有一次，那时的集体行动从之前主要是地区级别的上升到国家级别的，基本上是针对国家扩大征税和征收其他资源的政策而采取行动。蒂利考察在这些变化的时代背景下普通民众的共同利益以及组织形式，还有可能的行动机会（这些不同时代背景被概念化为不同的"抗争套路"系统），才华横溢地分析了现代大众政治的兴起。他的研究也几乎是工业化规模的基于艰苦的纵向研究，其中的量化计算需要大量的数据资源、人数众多的工作团队和庞大的运算机器。⑭

　　从整体来看，蒂利的研究取得了十分杰出的成就。法国和英国研究的实质结果是否有负于庞大的人力财力投入，现代化研究手段是否能够满足严苛的历史学家们对证据收集和使用的要求，这些并47非一直清晰明确。而且更为不利的情况是，蒂利的研究对于大众文化、意义和意识形态方面的问题显得十分迟钝，蒂利对这些问题的关注度都比较低，对其重要性考虑不多。⑮然而，作为美国 20 世纪 60 年代历史社会学新兴时期的一位主要策划人，蒂利的影响是持久

⑭　参见 Charles Tilly，*The Contentious French*（Cambridge，Mass.；Belknap Press，1986）；*Popular Contention in Great Britain，1758— 1834*（Cambridge，Mass；Harvard University Press，1995）。

⑮　近年来有改变的迹象。参见 Charles Tilly，ed.，*Citizenship，Identity，and Social History*（Cambridge：Cambridge University Press，1995）；*Stories，Identities，and Political Change*（Lanham，Md.；Rowman and Littlefield，2002）。

和毋庸置疑的，他向历史学家们展示在将社会学史学化的同时如何运用理论，在这方面他比其他任何人贡献都大。他对美国 20 世纪 60 年代以来培养的社会史学家的影响是不可估量的。

从 1970 年前后这样的有利时间点来看，蒂利的成就与英国马克思主义历史学家们的独特贡献密切相关。蒂利与他们有着共同的基本追求——比如国际主义、比较研究法和跨学科性。他的集体行动研究与乔治·吕德关于人群研究的著作非常相似。埃里克·霍布斯鲍姆的研究成果包括《劳动者》《原始的叛乱》，还有其他一些著作，都是分析论文的合集，蒂利和吕德的研究则更系统化，弥补了霍布斯鲍姆的不足。蒂利对国家形成和资本主义的兴趣和关注反映了《过去与现在》一刊最初围绕这些问题展开的论辩，他对革命的兴趣也是如此。蒂利和英国马克思主义者明显有着共同的努力方向，都致力于写一部有理论支撑并记录时间长河中整个社会变迁的历史。他们两者都有着共同的 20 世纪 60 年代社会史的双重谱系渊源——对人民大众的认同和向社会科学学习。而且，他们对普通民众的社会史进行系统而富有想象力的研究，在此基础上建立对最高层级的政府和国家的政治理解。在《法国人民抗争史》（*The Contentious French*）一书的末尾，蒂利这样写道：

> 将转变法国的最宏大进程与普通民众的集体行动相联系，我们可以发现，将"暴乱"、"反抗"或"混乱"与关注国家内政外交安全的高端政治完全区分开是完全错误的；视民众的集体行动只不过是压力之下的反应，这其实是巨大的谬误。其中

涉及大众集体行动的最重要教导：集体行动不是偶发现象。它是直接与政治大问题紧密相关。通过当权者称之为"叛乱"的行动，普通民众得以反抗不公，抗议剥削，声张他们自己在权力结构中的地位。⑨⑥

48

爱德华·汤普森

共产党历史学家小组中有一位没有直接参与《过去与现在》一刊的创建，他就是爱德华·汤普森，虽然他后来在 20 世纪 60 年代也的确参与过期刊编委会的工作。汤普森早年于 1955 年出版了一部关于威廉·莫里斯（William Morris）生平和思想的研究专著，写得洋洋洒洒、力透纸背，因此得名，后来则是因为他在第一代英国左派中具有领导地位。汤普森因其公开的政治立场和学术工作而声名显赫，他的余生一直都激情四溢地执着于这两个方面的工作。⑨⑦最首要的是，他的杰出代表作《英国工人阶级的形成》一书影响了几代社会历史学家；此书出版于 1963 年，1968 年由鹈鹕出版社出版了平装本。这本书是对历史的重现，是与传统相对立的宏大史学叙事，更是一场道德-政治角度的圣战，用霍布斯鲍姆的话来说，这本书是

---

⑨⑥　Charles Tilly, *Contentious French*, 403—4.

⑨⑦　参见 Edward P. Thompson, *William Morris：From Romantic to Revolutionary* (New York：Pantheon, 1976；orig. pub. 1955）；Edward P. Thompson and T. J. Thompson, *There Is a Spirit in Europe：A Memoir of Frank Thompson* (London：Gollancz, 1947）；Edward P. Thompson, ed., *The Railway：An Adventure in Construction* (London：British-Yugoslav Association, 1948）；Thompson, "Socialist Humanism：An Epistle to the Philistines," *New Reasoner* 1, no. 1 (summer 1957），105—43；Thompson, "Agency and Choice," *New Reasoner* 1, no. 5 (summer 1959），89—106；Thompson, ed., *Out of Apathy* (London：Stevens and Sons/New Left Books, 1960）.

"848 页岩浆喷薄而出的历史火山"，或者按照格温·威廉斯的说法，"这不是一本书，而是连续不断的挑战。"⑱

《英国工人阶级的形成》一书出版时，历史学术写作整体上已经非常职业化了，而作者汤普森本人当时在利兹的成人教育行业任教，此书的研究和写作完全是从大学局外人的视角来完成的，这一点难能可贵。汤普森在 1956 年前一直是共产党的一位"杰出、英俊、充满热情、天赋辩才的活动家"，⑲1956 年他因抗议苏联入侵匈牙利而退党，之后成为英国新左派的领袖。此后的人生里，他对形形色色的公共论辩兴趣盎然，且著述颇多，尤其是 20 世纪 80 年代在国际和平运动期间，他雄辩滔滔，是极有魅力的发言人。他于 1965 年在华威大学创办了社会史研究中心，这是他唯一一次长期在大学担任职务，他带领中心展开研究工作，一直到 1971 年辞职。他在研究中心不仅积极热情地投入学术，举办了一系列学术研讨会，内容涵盖犯罪史、英格兰乡村的风俗文化以及 18 世纪社会的商业资本主义转型，而且还对大学的商业模式进行政治批评——1970 年春，在华威大学的一次大危机中，他将此政治批评发表，更加广泛地震动了英国学术界。⑳汤普森个人光环中最显著的几个特点是职业上的边缘地位、公共政治事务中的正直以及学术上的激进。

《英国工人阶级的形成》一书对工人阶级的"自我形成"（self-making）进行了全景式的描述，书中公开宣称是受到马克思的影响，

---

⑱ 参见 Hobsbawm，*Interesting Times*，214；Gwyn A. Williams，*Artisans and Sans-Culottes：Popular Movements in France and Britain during the French Revolution*（London：Edward Arnold，1968），118。

⑲ Hobsbawm，*Interesting Times*，214。

⑳ 参见 Edward P. Thompson, ed.，*Warwick University Ltd.*（Harmondsworth：Penguin，1970）。

集中关注了 1832 年之前半个世纪里工人阶级的文化、经历和政治反抗。英国渐进主义者们认为，英国历史是由议会在行进过程中一次又一次的胜利构成的，根据这一历史叙事传统，人民暴动、政府镇压以及内乱都超出了议会范围，这些关于民主进程的丰富而动荡的历史都应当被排除在史学叙事之外。针对这种观点，汤普森有力地进行了反驳。他的志向并不在于叙述投票权如何扩大到包括越来越广大的人群，也并不想叙述一个看起来彬彬有礼但又充满自负的成功故事，他寻求的是将民主进程史重置于人民运动中进行考察，叙述人民群众波澜壮阔的反暴力、反对不平等地位和剥削压迫的斗争，对他来说这才是真正重要的。汤普森在书中有一句话非常有名，20世纪后半期被历史学家们引用最多："我努力拯救穷苦的织袜工、卢德分子、过时手摇纺织机工人、'乌托邦'式手工艺人，甚至那些被乔安娜·索斯科特（Joanna Southcott）的撒旦教学蛊惑的追随者们，避免他们落入后代子孙对其不屑一顾的悲凉之中。"[⑩]

　　汤普森的书也是一则反对还原论的宣言，批判视域狭隘的经济史、过度决定论的马克思主义以及静态的阶级理论。对汤普森来说，阶级是在历史发展的长河中动态地演进的。这是一个过程，是一种关系，而不是对社会角色或社会结构中职位分布的静态描述。阶级是对资本主义剥削和国家镇压的集体醒悟，可以通过文化加以把握。阶级包含有强大的集体力量概念，其重要性被汤普森反复重申，他反对工业革命历史研究中盛行的更具决定论色彩的马克思主义版本和其他经济社会学理论。汤普森有意在马克思 1859 年序言中提出的

---

⑩　Edward P. Thompson，*Making of the English Working Class*，12.

"基础与上层建筑"的二元相联和"社会存在"优先于"意识"之外，将"能动性"（agency）确立为缺失的第三个术语，支撑起集体行动超越经济及社会利益的条件限制所必需的创造性。就如《英国工人阶级的形成》一书第四句里简练的文字所指出的，工人阶级"是自己形成的"。[102]

汤普森的著作掀起了一场运动，历史学家竞相效仿，从传统有关劳工的制度性研究转向关注劳动人民的社会史，迅速地囊括了从前研究各政党和工会的历史学家们（除了以古文物研究和富有色彩的方式外）鲜有触及的生活方面。受汤普森研究成果的激励，20世纪60年代末和70年代初史学发展壮大，新入行的年轻一代历史学家们踌躇满志，一边发现新课题，一边用激进的革新精神研究旧课题。学术研究议程的重塑，也是风气上的改变，这一点从劳工史研究协会自1961年成立后开展的一系列活动就能明显看出来，不管是协会的《公告》（Bulletin）还是其年会的主题都有所体现。劳工史摇身变成其前身的扩展版，不断地与社会史的其他新兴子专业开展对话。它的范围似乎完全没有边际，不仅研究工作场所的一切活动和风俗，还包括住房、家庭、营养、休闲和运动、饮酒、犯罪、宗教信仰、魔法与迷信、教育、歌曲、文学、童年、婚恋、性以及死亡，等等。

在20世纪60年代，汤普森的研究开始针对更早的历史时段。他关于财产犯罪与法律同英国18世纪早期政治秩序的根基之间关系的社会史研究著作《辉格党人与狩猎者》，以及他在华威大学的学生

50

---

[102]　Edward P. Thompson，*Making of the English Working Class*，9.

们撰写的关于犯罪史的论文集《阿尔比昂的致命树》（*Albion's Fatal Tree*）（这两本书都出版于 1975 年），探讨了在资本主义商业化的迅猛冲击和对乡村的各种渗透之下风俗文化的转变。[103]两篇奠基性的论文《时间、劳动纪律和工业资本主义》（Time，Work-Discipline，and Industrial Capitalism）和《18 世纪英国民众的道德经济》（The Moral Economy of the English Crowd in the Eighteenth Century）都发表在《过去与现在》上，汤普森在 1969 年加入了刊物编委，还有一篇论文《喧闹的音乐》（Rough Music）发表在《年鉴》上。在 20 世纪 70 年代，汤普森又在《社会史期刊》和《社会史》上发表了两篇论文，他的那篇传奇性的讲稿《卖妻》（The Sale of Wives）很长时间并未发表，后来也得以出版。这些著述在汤普森 1993 年离世后不久才结集成书，以《共同的习俗》（*Customs in Common*）为标题一起出版，逐渐改变了人们对工业资本主义转型时期的理解，与《英国工人阶级的形成》有着同样巨大的影响力。[104]在这个过程中，这些著述进一步弱化了旧有的工业革命史的宏大叙事。而且，在《阿尔比昂的致命树》中，汤普森认为犯罪与惩戒应当成为解读"18 世纪社会史的意义的核心关键"，不久之后一系列令人振奋的新研究证明了这一观点。[105]

51

---

[103]　Edward P. Thompson，*Whigs and Hunters*；Hay et al.，*Albion's Fatal Tree*.

[104]　汤普森的这些论文的出处如下："Time，Work-Discipline，and Industrial Capitalism，" *Past and Present* 38（December 1967），56—97；"The Moral Economy of the English Crowd in the Eighteenth Century，" *Past and Present* 50（February 1971），76—136；"Rough Music：Le charivari anglais，" *Annales*：*E. S. C.* 27（1972），285—312。《卖妻》（The Sale of Wives）一文首次出版时，见于 Thompson，*Customs in Common*，404—66。

[105]　Hay et al.，*Albion's Fatal Tree*，13。关于对犯罪社会史的更广泛的关注，参见 Cockburn，*Crime in England*；Gatrell，Lenman，and Parker，*Crime and the Law*；Brewer and Styles，*Ungovernable People*。

在汤普森的影响下，两大蓬勃力量在史学研究的边缘领域成型，在其长期的发展中既反映了早先共产党历史学家小组的有力影响，也从根本上超越了历史学家小组的实质范围、组织形式和政治意图。其中之一就是牛津的社会史小组，1965 年到 1974 年间小组每周聚集一次，在牛津正式教学科研之余的边缘地带开展活动。这一研讨小组的组织者是年轻一代左翼人士，其中有撰写了《被抛弃的伦敦》（*Outcast London*）的马克思主义史学家盖瑞斯·斯特德曼·琼斯（Gareth Stedman Jones，生于 1942 年），专门研究西班牙无政府主义的华金·罗梅罗·莫拉（Joaquín Romero Maura，生于 1940 年），以及年纪轻轻就已经很有声望的纳粹主义史学家蒂姆·梅森（Tim Mason，1940—1990），梅森曾一度担任《过去与现在》的助理编辑。这三人都得到小组第四位成员的鼓励，那就是比他们年长些的拉菲尔·塞缪尔（1934—1996）。塞缪尔曾是共产党历史学家小组招募的学生新人，1956 年退党成为新左派的主要鼓动者，后来到工会的罗斯金学院担任该学院的历史导师。罗斯金学院位于牛津，但并不是大学的一部分，塞缪尔从 1961 年到 1996 年在那里任教。[106]

拉菲尔·塞缪尔和他的学生每年在罗斯金学院召集一次历史工

---

[106] 参见 Raphael Samuel，"The Social History Group，1965—1974，" in Samuel，*History Workshop*：*A Collectanea*，85—91。该小组在纳菲尔德学院的英国史研究生中成立，后于 1968 年迁至圣安东尼学院，在这过程中小组的成员构成和研究兴趣都大大国际化了。小组原来的成员包括吉莉安·萨瑟兰（Gillian Sutherland）、布莱恩·哈里森（Brian Harrison）、盖瑞斯·斯特德曼·琼斯（Gareth Stedman Jones）、安格斯·霍恩（Angus Hone）、罗德里克·弗勒德（Roderick Floud）、努拉·欧法莱恩（Nuala O'Faolain）、彼得·洛布里奇（Peter Lowbridge）、拉斐尔·塞缪尔（Raphael Samuel）、彼得·伯克（Peter Burke）（从塞萨克斯来到牛津休学术年假）和帕特里夏·霍利斯（Patricia Hollis）。还有一位牛津的资深教授也对小组非常感兴趣，他就是 18 世纪宗教史学家约翰·沃尔什（John Walsh）。

作坊，其初衷是使罗斯金的学生广泛接触到其他历史学家，但也有着与牛津社会史小组相似的雄心抱负，他们成了即将到来的一个时期里社会史发展的重要推动力。首次会议于 1967 年以"宪章派"为主题召集，规模较小，但随后几年之内就迅速升级为有国际学者参与的周末盛事，显然是受到 1968 年政治激进主义的驱动。到 1972 年，来罗斯金学院参加工作坊的人已达两千之多。工作坊早期的几次讨论主题明显是劳工史领域的，而到 1972 年，社会史研究的范围已经明显扩大，该年年会主题为"历史上的童年：儿童的解放"，1973 年的主题则是"历史上的女人"。历史工作坊前 13 次会议都在位于牛津的罗斯金学院举办，1979 年后，开始在英国各地流动举办。工作坊出版了一系列专题论文小册子（1970 年到 1974 年间共 12 册），在 1975 年到 1990 年间出版了三十多本书。这个组织的"旗舰"变成了《历史工作坊期刊》（*History Workshop Journal*），这个期刊于 1976 年开始出版。

52   与同年创刊的新期刊《社会历史》一样，《历史工作坊期刊》旨在重新振兴早一辈马克思主义史学家们创办《过去与现在》时的宗旨。[107]然而，历史工作坊远非一个学科内部的知识政治研究项目，它定下了一系列更加高远的志向，与早年共产党历史学家小组未能实现的目标很接近，那就是写出可以与官方或主流意识形态所控制的国家历史书写相抗衡的"人民史"。这在一定程度上意味着努力将史学研究民主化，既要依靠罗斯金与劳工运动的联系，同

---

[107]   参见 Stuart Hall, "Raphael Samuel, 1934—96," and Sheila Rowbotham, "Some Memories of Raphael," *New Left Review* 221 (January—February 1997), 119—27, 128—32。

时也要将对历史工作坊的支持嵌入到以社区为基础的地方活动网络中。

然而，历史工作坊还努力在地方层面和国家层面的公共领域产生更大的影响，其方式是在历史研究有争议问题的地方进行政治干预，比如说 20 世纪 80 年代围绕全国专业课程所展开的辩论中。每年一度的工作坊更像是大众的节日而不像是学术会议，来参会的有来自不同背景的非学术代表，也有大学的历史学家们，会议上人们热情洋溢，到处充满打破旧习的政治精神。用塞缪尔的话来说，他们被这样一种信仰所鼓舞，即相信"历史是而且应该是一项集体事业，在这中间无论是研究人员、档案管理员、图书馆馆长、教师、'自己动手'的爱好者、地方史学家、家庭史协会，还是工业考古学家，都应该视作是相互平等的，他们共同参与到历史研究这一项集体事业中来。"塞缪尔还进一步这样解释道：

> 历史研究也支持不断扩大书写对过去理解的史学家的队伍，认为不管是小说家还是故事讲述者，电影制片人还是漫画家，他们都与专业学者一样，值得严肃对待。……当我们从方方面面接受过去影像的轰炸时，当自我和主体性、民族性与身份等问题呼唤被纳入学术议程时，史学家们不能把自己藏匿在自己制造出来的问题中——尤其是那些像社会主义者一样相信知识是不可分割的，并且相信理解是时代的产物的史学家。⑩

---

⑩　编辑性导论见于 Samuel，*History Workshop*：*A Collectanea*，Ⅳ—Ⅴ。

　　在所有老一辈马克思主义史学家中，爱德华·汤普森在十七年成人教育生涯，以及之后在共产党党内和新左派阵营内的政治背景下践行的史学研究，是最接近这种研究理想的早期版本的。他更多时候并不是直接以身示范，而是通过激发史学研究者们采用更广泛的不同于传统的史学研究方法，他也通过个人亲自鼓励，影响了新的社会史的第二波发展，也就是英国女性历史研究的兴起，这一点很值得一提。虽然这一波发展只出现在紧张而常常充满愤怒的争论过程中，但是希莉亚·罗博瑟姆（Sheila Rowbotham，生于 1943年）、安娜·达文（Anna Davin，生于 1940 年）、萨利·亚历山大（Sally Alexander，生于 1943 年）和凯瑟琳·霍尔（Catherine Hall，生于 1946 年）等几位开创者以各自不同方式纷纷从历史工作坊的学术环境中崭露头角，她们得到的支持和鼓舞既来自工作坊本身，也来自老一辈导师们的影响，比如汤普森就是其中之一。[109]第一次全国妇女解放大会于 1970 年在罗斯金举行，这个计划早先就是在 1969年的历史工作坊的讨论中产生的，1973 年第七次工作坊最终选用"历史中的女性"为大会主题。换言之，社会史是否能够兴起——无论是一般领域，还是具体的研究领域，比如女性史——都完全取决于 1968 年新的政治背景。

---

　　[109]　关于英国女性史的开端，参见 Lovell, *British Feminist Thought*, 21—27; see also the reminiscences of Sheila Rowbotham, Anna Davin, Sally Alexander, and Catherine Hall, in Michelene Wandor, ed., *Once a Feminist: Stories of a Generation* (London: Virago, 1990), 28—42, 55—70, 81—92, 171—82. 关于希莉亚·罗博瑟姆（Sheila Rowbotham）的开创性著作，参见 *Resistance and Revolution* (Harmondsworth: Penguin, 1972); *Hidden from History: 300 Years of Women's Oppression and the Fight against It* (London: Pluto Press, 1973); *Women's Consciousness, Man's World* (Harmondsworth: Penguin, 1973). 另参见 Sally Alexander, *Becoming a Woman and Other Essays in Nineteenth-and Twentieth-Century Feminist History* (New York: New York University Press, 1995), xi—xxi, 97—125, 249—53。

汤普森在国际上也是影响深远的。《英国工人阶级的形成》重塑了北美、非洲和南亚的历史书写的议程，影响力不亚于对英国和欧洲的阶级形成的研究。他有关 18 世纪研究的论文在这方面引起的反响或许更大，尤其是《道德经济》一文，影响了世界不同地区国别历史研究的学者，更为 1992 年在伯明翰召开的一次回顾性国际会议打下基础。[110]在 20 世纪 70 年代的进程中，像创办《过去与现在》的英国马克思主义史学家们所预想的那样，通过越来越多的学术会议的召开、新刊物的创办和积极的译介，社会史已经全面国际化了。举例来说，在一个尤其重要的学术关系网中，汤普森和霍布斯鲍姆成为 20 世纪 70 年代由布罗代尔的人文科学之家（Braudel's Maison des Sciences de l'Homme）和哥廷根马克斯·普朗克历史研究所（Göttin-gen Max Planck Institute of History）所组织的一系列社会史圆桌会议的主要参与者，这些会议将来自法国、意大利、西德还

---

[110] 参见汤普森在该文发表之后二十年对 "道德经济" 论断的反应与引用的权威回顾性述评：Edward P. Thompson，"The Moral Economy Reviewed," in *Customs in Common*，259—351. See also Roger Wells，"E. P. Thompson, 'Customs in Common' and 'Moral Economy,'" *journal of Peasant Studies* 21（1994），263—307. 关于汤普森在印度的影响，尤其参见 Sumit Sarkar，"The Relevance of E. P. Thompson," in *Writing Social History*（New Delhi：Oxford University Press，1997），50—81；Rajnarayan Chandavarkar，"'The Making of the Working Class'：E. P. Thompson and Indian History," *History Workshop journal* 43（spring 1997），177—96。汤普森与印度的关系都出于他父亲爱德华·约翰·汤普森（Edward John Thompson）的缘故。老汤普森是卫理教会传教士，精通印度语，1910—1922 年间在西孟拉加当教师，与拉宾德拉纳特·泰戈尔（Rabindranath Tagore）、贾瓦哈拉尔·尼赫鲁（Jawaharlal Nehru）还有其他印度知识分子结下了亲密的友情，而且出版了许多关于印度历史和孟加拉文化的著作。参见 Edward P. Thompson，"*Alien Homage*"：*Edward Thompson and Rabindranath Tagore*（Delhi：Oxford University Press，1993）；Sumit Sarkar，"Edward Thompson and India：The Other Side of the Medal," in Sarkar，*Writing Social History*，109—58. 对这一关系所进行的依据确凿、仔细审慎的评论，参见 Robert Gregg and Madhavi Kale，"The Empire and Mr. Thompson：Making of Indian Princes and English Working Class," *Economic and Political Weekly* 32，no. 36（6 September 1997），2273—88。另参见 Frederick Cooper，"Work，Class，and Empire：An African Historian's Retrospective on E. P. Thompson," *Social History* 20（1995），235—41。

有其他地方的学者们汇聚在了一起。⑪

　　汤普森最早的研究兴趣是 18 世纪和 19 世纪的英国文学。我第
一次见他，是在 1969 年巴利奥尔学院的学生历史协会，当时他在
《诗人的变节》（The Apostacy of the Poets）中谈到了柯勒律治和华
兹华斯，原本他的发言是关于威廉·布莱克，但讲稿却落在了火车
（也可能是飞机）上。他根本不是只知道干巴巴地挖掘文献史料或者
查验知识正误的史学警察，他的学识非常渊博，甚至触及社会史和
文化史许多晦涩的课题以及文献资料中隐秘的角落，而这些往往多
年后才可能被论文或者专著捕捉到。他是个极有魅力的人。我记得
1971 年他在布莱顿合作协会的会议厅做有关"喧闹的音乐"的讲座
时，他的学术激情和宏大气场充斥着整个讲台，讲座进行中他偶尔
从讲台上离开，或是伸手理理一头浓密的头发，一举手一抬足都牢
牢吸引着听众。他极其擅长讲故事，依靠这样的禀赋，他自如地往

54

---

　　⑪　通过后期的这些会议，受邀的国际与会者的范围大大拓宽。核心的长期参与者包
括大卫·威廉·科恩（David William Cohen）、阿尔夫·吕特克（Alf Lüdtke）、汉斯·梅
狄克（Hans Medick）和杰拉尔德·赛德（Gerald Sider）等人。第一期圆桌会议，就"工
作过程"为内容于 1978 年在哥廷根举行，会议论文由罗伯特·伯达尔（Robert Berdahl）
等人编撰成书《阶级与文化：历史研究中的社会人类学视角》（Klassen und Kultur：Sozi-
alanthropologische Perspektiven in der Geschichtsschreibung. Frankfurt am Main：Syndikat，
1982）；第二次会议于 1980 年在巴黎召开，会议论文由汉斯·梅狄克和大卫·赛伯伊
（David Sabean）编撰成册，书名为《兴趣与情绪：家庭和血亲研究论文集》（Interest and
Emotion：Essays on the Study of Family and Kinship. Cambridge：Cambridge University
Press，1984）；第三次和第四次会议于 1982—1983 年在巴特洪堡召开，"统治支配"主题
会议论文特辑由阿尔夫·吕特克编撰成册，书名为《作为社会实践的统治支配：历史和社
会人类学研究》（Herrschaft als soziale Praxis：Historische und social-anthropologische Stu-
dien. Göttingen：Vandenhoeck und Ruprecht，1991）；第五次和第六次会议于 1985—1989
年间召开，会议论文由杰拉尔德·赛德和加文·史密斯（Gavin Smith）编撰成书，书名
为《一种历史还是多种历史：无声的寂静与喧嚣的纪念》（Between History and Histories：
The Making of Silences and Commemorations. Toronto：University of Toronto Press，
1997）。关于这一独特历史的书写，参见 David William Cohen，The Combing of History
（Chicago：University of Chicago Press，1994），1—23。

返于诗学与史学分析之间。他的语言如闪电和惊雷，他的文字、精神都气势磅礴，惊动了四座。汤普森在学界的影响力与他的这种魅力和能量是分不开的。[12]

我为什么单单提爱德华·汤普森在 20 世纪 60 年代末 70 年代初对我的重要性？这是因为，对于当时我个人醒觉到一代史学研究者们开创社会史的重大突破，爱德华·汤普森功不可没。我在前面第一章已经提到过，我于 1968—1969 年冬首次读到《英国工人阶级的形成》，当时学校的课堂和课程体系已经无法吸引我。在牛津近代史学院枯燥和空洞的学习已经让我开始怀疑自己未来是否会愿意成为史学研究者。但读到汤普森的书后，我受到启发，重新建立起对史学重要性的信心。这本书对我影响极大，因为它提供了一种潜在对抗性叙事，不同于有关国家安定、成功共识的故事以及历史如何渐进式地到达自然化的现在的主流叙事，而战后英国思想文化难以察觉的同化性诱使我去接受这种主流叙事。汤普森的著述让我看到了主流叙事中的不稳定性，历史可以用完全不同寻常的方式书写。具体来说有如下几个方面：

首先，汤普森的历史书写是与传统史学截然相对的，传统研究中被压制的大众民主传统被利用起来挑战官方的英国历史书写——那是议会在平静中渐次演进的浪漫史。他的著作揭示了革命传统在历史中的存在。这一革命传统始于 18 世纪 90 年代雅各宾运动的激进民主，随后因被压制而转入地下，通过一种"非法的传统"保持了其延续性，继而与新工业化经济中新生的劳工斗争结合，并在 19

55

---

⑫　关于这一特点的负面性描述，可参见 Jonathan Rée，"E. P. Thompson and the Drama of Authority，"*History Workshop Journal* 47（spring 1999），211—21。

世纪 10 年代的激进主义中再次浮现。这表明，英国社会及其制度始终是在大众对不公平、暴力和剥削的抗争中前行的。这一论述吸纳了汤普森的马克思主义同仁克里斯托弗·希尔的观点，后者与汤普森在同一时期，成功地将 17 世纪国内战争重新界定为英国革命。当时，我个人作为一个年轻的史学研究者，是在阿瑟·布莱恩特（Arthur Bryant）的法国革命史和拿破仑战争史中的爱国主义和英国主义（John Bullism）这类思想中成长起来的。汤普森强调必须借助社会冲突才能实现社会进步，这种观点解放了我的思想。看来似乎很清楚，民主只能是集体行动、大众政治的产物，是人们对强权、腐败和狭隘的政治体制进行反抗的结果。

其次，在相关的努力中，汤普森还为左派重新找回了民族文化的某些传统——最值得一提的有威廉·布莱克和 18 世纪 90 年代及 19 世纪早期的主要诗人的幻象启示性写作，以及对工业化的浪漫主义批评和其他文化批评的乌托邦时刻。在 19 世纪漫长的过程中，这种批判性的对立传统还包括威廉·莫里斯的思想，汤普森早前曾写过一本关于他的思想的研究专著。汤普森的著作在此与新左派的另一位旗手雷蒙德·威廉斯有相交之处。威廉斯的《文化和社会》以及《漫长的革命》的知名度与汤普森的著述相当，此时也刚出版。在这两本著作中，威廉斯的"主要写作动机"是"对抗性"的。他的目标是"反对长期以来传统精英将对文化的思考窃为己有，如今更坚定地站在反动派的位置之上"。威廉斯解释道：

我曾经思考过是否应当以一种全面否定的方式展开对意识

形态进行批判，我一度的确这么认真考虑过，或者，还是不要努力恢复这种意识形态所没收的传统中真正复杂精微的一切，从而清楚地揭露这种窃为已有的行径。最后，我决定还是采用第二种策略。这样，当代学者们越来越多地使用反对民主、社会主义、工人阶级和大众教育等的文化概念时，我便可以用传统本身来反驳他们。他们所选择的这一文化概念版本是思想家 56 们在对这一观念的讨论中形成的，正可以用这些思想家的著述来反驳。⑬

第三，汤普森展示了文化史的矛盾和复杂之处。⑭《英国工人阶级的形成》一书饱含热情地研究了普通人面对从 18 世纪 90 年代到 19 世纪 20 年代资本主义剥削和政治压迫的双重后果时，是以怎样的文化方式来处理广泛的经历的，尤其集中地讨论普通人在日常生活中的政治信仰和大众传统。这一研究在当时是极其冒险的。20 世纪 60 年代早期，除了围绕《过去与现在》开始的一些讨论以外，历史学家和人类学家之间其实几乎没有任何交流。汤普森对普通价值、仪式活动和日常生活的象征纬度的关注，暗示着一种历史民族志的形式，后来更丰富地体现在他有关时间、劳动纪律、"喧闹的音乐"

---

⑬　Williams，*Politics and Letters*，97—98. 从这个方面来说，汤普森的文学兴趣尤其重要。参见 Edward P. Thompson，*Witness against the Beast：William Blake and the Moral Law*（New York：New Press，1993）；*The Romantics：England in a Revolutionary Age*（New York：New Press，1997）。另参见 Marilyn Butler，"Thompson's Second Front," and Iain A. Boal，"The Darkening Green,"*History Workshop Journal* 39（spring 1995），71—78，124—35。

⑭　汤普森这本书对我个人来说影响最大的部分是他对卫理教会的非凡解读，当然，四十年过去了，先后遭遇了精神分析理论、女性主义、性史还有关于主体性的论辩之后，我的反应毫无疑问发生了些许变化。参见 Barbara Taylor，"Religion，Radicalism，and Fantasy," *History Workshop Journal* 39（spring 1995），102—12。

和道德经济的论著中。汤普森后来反思说，关注诸如"家长制、暴乱、圈地、公民权和几种流行的仪式形式"这些课题，是为了理解"非经济类的处罚和隐性规则，那些规则像军队、绞刑架或者经济控制一样强大，可以支配和影响行为"。[115]说得更远些，汤普森的著作将大众文化研究的合法性提升到十分显著的地位，这一点总是为主流史学研究拒绝承认的，而且连左派也令人诧异地不愿意看到这一点。汤普森直接有力地鼓励了文化研究的产生，在文化研究史前史阶段产生了重要的影响。[116]

第四，汤普森给予文化以显著地位，其中很重要的一部分是一种民粹主义，是一种移情政治，源于热烈地强调普通民众的生活和历史的价值。这种对人民的极大认同，预示着随时准备进入民众的精神世界，深入过去的文化，搁置从前因为个人的环境限制而产生的一些设想。汤普森在《英国工人阶级的形成》中的讨论，甚至还有他关于 18 世纪研究的著作，都经常从对具体案例的详细分析入手，强调它们的象征意义，将之作为"社会形态的更一般性特征的结晶形式"展开研究。[117]这一点在他的论文《喧闹的音乐》中，在《阿尔比昂的致命树》对匿名威胁信件的解读中，还有在他的《道德经济》（Moral Economy）一文中，都十分典型。另外还有一个例子是对《英国工人阶级的形成》中对千禧年主义的分析。要获得对这

57

⑮　与爱德华·汤普森（E. P. Thompson）的访谈，收录于 Henry Abelove et al., eds., *Visions of History*（New York：Pantheon，1984），21。

⑯　在这方面还值得一提的其他当代研究文本还有：Richard Hoggart's *Uses of Literacy：Aspects of Working-Class Life，with Special References to Publications and Entertainments*（London：Chatto and Windus，1957）。

⑰　Richard Johnson，"Edward Thompson，Eugene Genovese，and Socialist-Humanist History，"*History Workshop Journal* 6（autumn 1978），85.

些神秘而奇异的现象背后的意义的理解，需要重构其隐藏的合理性，而在 20 世纪 60 年代前半期英国史学界显得停滞而愚昧的大环境里，这很可能让人大吃一惊，将人们起初的设想陌生化，让这些设想显得非比寻常。听过汤普森关于"喧闹的音乐"的讲演会就让人觉得备受鼓舞。毕竟当时很少有人在做这样的研究。[118]

第五，汤普森拒绝"基础和上层建筑"模式。在这一点上，他的思想与雷蒙德·威廉斯是平行的。威廉斯认为经济和文化总是在"具体和不可分解的真实过程"中叠加在一起的，而汤普森认为阶级既是一种经济构成，也是一种文化构成，这两者中的一者并不比另一者更具有"理论优先性"。[119]两人都认为，"文化"直接在包含生产和市场交易的经济领域中产生作用。资本主义的经济理性（economic rationality）并不是自然形成的，也不是按照自己独立的逻辑发展起来的，它需要历史性地重新构建。按照这一经济理性，在原来道德

[118] 同样令人振奋的是娜塔莉·泽蒙·戴维斯（Natalie Zemon Davis）的两篇论文（毫不意外论文也都刊载于《过去与现在》期刊）："The Reasons of Misrule: Youth Groups and Charivaris in Sixteenth-Century France," *Past and Present* 50 (February 1971), 41—47（与爱德华·汤普森的论文《道德经济》(Moral Economy) 发表在同一期），以及 "The Rites of Violence: Religious Riot in Sixteenth-Century France," *Past and Present* 59 (May 1973), 51—91。到 20 世纪 70 年代中期，情况开始发生改变。参见 Keith Thomas, *Religion and the Decline of Magic: Studies in Popular Beliefs in Sixteenth and Seventeenth-Century England* (London: Weidenfeld and Nicolson, 1971); Christopher Hill, *The World Turned Upside Down: Radical Ideas during the English Revolution* (London: Maurice Temple Smith, 1972). A little later came Natalie Zemon Davis, *Society and Culture in Early Modern France: Eight Essays* (Stanford: Stanford University Press, 1975)。另参见 Keith Thomas, "History and Anthropology," *Past and Present* 24 (April 1963), 3—24。托马斯是克里斯托弗·希尔的学生。爱德华·汤普森关于这方面的著作包括："Rough Music," in *Customs in Common*, 467—538; "Anthropology and the Discipline of Historical Context," *Midland History* 1 (1972), 41—55; *Folklore, Anthropology, and Social History* (Brighton: John L. Noyes, 1979); 以及 "History and Anthropology," in *Making History*, 200—225。
[119] 参见 Williams, *Marxism and Literature*, 82; Edward Thompson, "Folklore, Anthropology, and Social History," *Indian Historical Review* 3 (January 1977), 265。

经济的风俗习惯基础上建立起来的一整套旧的关系都要被摧毁。汤普森提出了"平民文化"的概念，用以解释大众文化是如何安放在"其恰当的物质环境"中的。他这样说道：

> 平民文化变成了一个更具体和更合用的概念，不再处于"意义、态度和价值"等空泛的字眼里，而是置身于社会关系的具体平衡中，剥削与反剥削的工作环境中，被家长制和服从的仪式所遮蔽的权力关系中。[120]

第六，在资本主义工业化历史和从封建主义到资本主义转变的书写方面，汤普森《英国工人阶级的形成》与共产党历史学家小组的兴趣一脉相承。《英国工人阶级的形成》的撰写最早始于1950年代，开头部分原本是关于英国劳工运动史的一本通用教科书的第一章。历史学家小组十年前就发起了大众历史研究，但当时并未完成，汤普森拾起了中断的研究中的两大主线：一是马克思主义视角下的英国劳工运动史，另一个是英国资本主义通史。[121]在此意义上，类似的研究还包括在"鹈鹕英国经济史系列"中希尔与霍布斯鲍姆的著作，霍布斯鲍姆《劳动者》中的论文，萨维尔的《农村人口的减少》（*Rural Depopulation*），等等。汤普森对正统工业革命经济史的愤怒以及广泛批判，特别突显了这几位史学家之间的相似之处。汤普森

---

　　⑫　Edward P. Thompson, "Introduction: Custom and Culture," in *Customs in Common*, 7.

　　㉑　参见 Kaye, *British Marxist Historians*, 12—13。另参见 Hobsbawm, "Historians' Group of the Communist Party"; Schwarz, " 'The People' in History"; Parker, "The Communist Party and Its Historians"; Dworkin, *Cultural Marxism*, 10—44。

的《英国工人阶级的形成》一书清楚地指出"传统的"或是"前工业"社会这种概念范畴过于简单化，质疑了当时对从"前工业"社会过渡到现代社会的惯常理解；此书是第一部"从底层出发"的资本主义工业化社会通史，"从底层出发"指的是从资本主义工业化的受害者们的立场。

最后，通过关于人民反抗、风俗文化和工业化带来的转型的开拓性研究，汤普森拓展了对政治的理解。他对 18 世纪 90 年代和 19 世纪 30 年代间产生的新型大众民主激进运动的研究，以及随后对 18 世纪的平民文化的耐心重建（其观点的摆出掷地有声，反响极大），开拓出了一个新空间，在这一空间内"政治"能够以令人意想不到的完全不相关的各种方式发生。《英国工人阶级的形成》充满了这种重新解读，在各不相同的实践和表现形式中发现了其所体现的关于良好社会之本质的集体价值，而这些实践和表现形式，在"居高临下"的传统政治历史学家们的研究中根本鲜有讨论——包括从社群在极紧迫情况下依赖的即时性的"相互扶助仪式"，到千禧年主义的大规模爆发和拉德党的直接行动，等等。从这个意义来看，《英国工人阶级的形成》与 20 世纪 50 年代末 60 年代初的另两部重要研究一样，用新的方法看待大众政治，这两部书是霍布斯鲍姆的《原始的叛乱》和乔治·吕德的《历史上的群众》。

正是在此处，汤普森的史学研究直接与我所尽力描述的时代之更广阔特征相联系。他在这个特定方面的成就，既与 20 世纪 60 年代发生的文化动乱的风起云涌密切相关，也与第一代左派发起的独特政治反思脱不开关系。社会史的全盛时期即将到来，汤普森的研

究功劳卓著，他预示了一种激进的对政治的去制度化解读，研究者
们不再从政党、上流社会和议会的角斗场寻找人民反抗浪潮的原因，
59　而是从各种非制度性的情境里寻找可能的原因。从街头暴力、骚乱、
犯罪、工人消极怠工，到各种形式的精神疾病，对社会规则的蔑视，
等等，都被用来表达人民的政治异议，甚至表达他们对政治本身的
"冷漠"和毫不关心。⑫这一扩展了的"政治"概念，后来在对家庭、
性和个人生活的女性主义批评中被进一步扩大，是 1968 年动荡的最重
要且持久的产物之一。汤普森的影响是其中很重要的一个原因。

结　论

本章的标题"乐观主义"到底有哪些含义？居于首位，也是最
简单直接的，是对知识的信念，这意味着希望通过史学研究使世界
变得可知的愿望，虽然这愿望可能充满急躁和固执，但也可能是满
怀热情的。这种热烈的愿望最早可以回溯到 19 世纪中期开拓性的社
会科学研究，随后在 20 世纪初奠基性的学科整合中继续，其中一些
整合（比如在《年鉴》的前史中）与几位充满革新精神的史学家们
的合作明确相关。这一共同的热望强有力地影响了 20 世纪五六十年
代的社会史研究，关于这一点，我想将三个不同的源头联系起来，

⑫　参见汤普森在第一代新左派高潮时期为《新左派评论》（*New Left Review*）编著的
《出于冷漠》（*Out of Apathy*）一书，书中收录了他最好的一篇辩论文《在鲸之外》（Outside
the Whale）。他在文中指出，始于 20 世纪 30 年代的责任伦理框架下形成的民族国家文化和
北约体制文化要求人们遵循意识形态制约下行为的一致，汤普森以社会主义人本主义之名提
出异议，呼吁打破这种强制的规约。到 60 年代末，第二代新左派将这种"冷漠"本身视作
腐朽的政治体制的政治表达。汤普森这篇论文后来收录到他的《理论的贫瘠》（*Poverty of
Theory*）一书中再版重印，见该书第 1—33 页。

有英国马克思主义史学家、法国年鉴学派、查尔斯·蒂利等英美社会学家，这三股力量汇合起来成就了 20 世纪 50 年代和 60 年代的社会史研究。其次，这些思想史的变化离不开一系列政治活动对史学研究方向和重点的影响。60 年代的激进政治与史学的故事密不可分。如果没有 20 世纪 60 年代后半期政治可能性的召唤，没有对开始开启的新政治世界感到兴奋，社会史的突破也是不可能实现的。至少，对我来说，那个时代必须把历史和政治放在一处思考。好的历史意味着好的政治，而糟糕的政治必定产生糟糕的历史。

所有这些加起来成就了一种独特的思想敏锐性，深入来看，也成就了 1968 年的思想敏锐性。关于汤普森，最重要的一点就是，他是那些没有背叛信仰的英国左翼知识分子一代的领军人物，他们继续忠诚地恪守理想——事实上就汤普森个人的情况来说尤其如此——非常值得人们效仿。虽然汤普森自大得有些无可救药，偶尔也有举止不当的时候，但他的确坚韧地执着于自己的思想追求，如灯塔般照亮后人。他是位杰出的史学家。他雄辩滔滔，毫不畏惧拥有权力和威望的阶层，对于权力等级系统迫使人们遵守规则、举止得体的要求敢于不服从，还闹出些乱子，因为这些，他在史学界确有一席之地。作为当时正在成长中的年轻一代史学家，主张学习研究历史的新方法的我们，真是极其有幸能遇见汤普森这样一位前辈。

61

第三章　失　落

跨越北海

下面来谈谈我在德国的情况。1970 年 10 月，我来到苏塞克斯大学攻读德国史研究生学位。本科阶段，我花费了大量时间来研究 20 世纪早期德国的情况，这也为我研究生阶段专业方向的选择奠定了基础。我最好的老师——哈特穆特·波格·冯·施特兰德曼（Hartmut Pogge von Strandmann）——是位德国历史学家，现在他在苏塞克斯大学担任讲师。①但更早的时候，我对德国的兴趣便已然萌芽，我成长于 20 世纪 50 年代，对近代德国那段辉煌的过去和骇人听闻的暴行印象深刻。第二次世界大战的炮火伴随着我的孩童时光。不论是政客还是知识分子，普通民众还是上层精英，整个英国文化界都受到了二战的影响。在前往牛津大学读书之前，我读的最

---

① 参见 Geoff Eley and James Retallack，eds.，*Wilhelminism and Its Legacies*：*German Modernities*，*Imperialism*，*and the Meanings of Reform*，1890—1930；*Essays for Hartmut Pogge von Strandmann*（New York：Berghahn Books，2003）。

多的历史书就是关于二战起源及其发展历程的。②不过，促使我做出
这一决定的还有一个偶然的因素。在贝利奥尔学院学习的最后一年里，
我草拟了几个未来博士阶段的可能研究方向，涵盖 19 世纪英国社会
史、英国革命中的平权派等内容。③最后，我追随哈特穆特·波格老师
的脚步，将研究方向转向了德国。我必须从各方面让自己心悦诚服。作
为一个仅有学士学位、对传统职业路径满心疑虑的"六八分子"，选择攻
读历史博士对我来说需要充分的理由——德国史比较简单。德国这片土
地见证了众多重要的历史事件，是研究历史的最佳对象。④

　　我刚到研究院时，脑海中充斥着当时德国史研究的老生常谈，例
如二战起源，军国主义与德国政治中军队的作用，以及德国社会民主
党的优劣之处，等等。之前在英国，作为一名本科生，我的资源有限，
很难拓展思维，想到其他问题。回望过去，我惊讶地发现，我本科时
期的论文对于德国历史学家关于纳粹时代与德国早期历史连续性的争
论是多么无知。这些论文也甚少显露我所感兴趣的社会史方面的内容。

　　情况很快发生了转变。在研究生阶段，我所读的第一本德文书
是汉斯·乌尔里希·韦勒（Hans-Ulrich Wehler）的最新力作，主

62

---

　　②　尽管有些尴尬，我还是要承认，在阅读丘吉尔的二战回忆录、阿兰布鲁克（Alan-
brooke）的战争日记以及其他各种回忆录时，我觉得十分吃力。参见 Winston Churchill，*The
Second World War*，2nd ed.，6 vols.（London：Cassell，1948—54）；Arthur Bryant，*The Turn of
the Tide*，*1939—1943*（London：Collins，1957）and *Triumph in the West*：*A History of the
War Years Based on the Diaries of Field-Marshall Lord Alanbrooke*，*Chief of the Imperial
General Staff*（London：Collins，1959）。另参见 Julia Stapleton，*Sir Arthur Bryant and Na-
tional History in Twentieth-Century Britain*（Lanham，Md.：Lexington Books，2005）。

　　③　我也考虑过研究英国足球社会史，甚至写信给曼彻斯特大学人类学家麦克斯·格
卢克曼（Gluckman Max）。几年前，他在接受 BBC 电台采访时谈到了足球民族志，让我
想到我所支持的格卢克曼和曼联。参见 Eric Hobsbawm，*Interesting Times*：*A Twenti-
eth-Century Life*（New York：Pantheon，2003），347。

　　④　出于个人原因，我也曾前往德国。1964 年的德国之旅是我第一次离家远行，我
很享受这种自由的感觉。因此，"德国"是我成长中的重要部分。

题是俾斯麦的帝国主义思想。⑤这本著作知识之丰富、实证研究之繁复（布满了密密麻麻的注脚）、参考文献之广博（资料来自 24 份独立档案，65 份私人文件，约 2300 则篇目）以及理论框架之开放，都给我留下了深刻的印象。该书将经济理论、案例分析、政治叙事以及全方位的阐释结合起来，令读者望而生畏。除了提出一个具挑战性的理论框架，它还全面分析了 19 世纪末德国的全球贸易及殖民扩张情况，对俾斯麦政策制定的过程进行了详细描述。我记得我当时在想，英国的历史学家从没写过这种书。

事实上，《俾斯麦与帝国主义》（*Bismarck und der Imperialismus*）的作者在 20 世纪 60 年代开始崭露头角，自此之后，他一直孜孜不倦地推动着西德历史研究的现代化。在韦勒看来，这意味着将该学科转变为"历史社会科学"。尽管马克思主义史学家和年鉴学派共同推动了英法两国社会历史学科的早期发展，但严格说来，西德的历史学家们并没有从他们那里汲取养分，这一点令人惊讶。当时社会上的确存在着一些先驱式的人物，但 20 世纪 50 年代保守的学科态度及主流意识形态扼杀了学科的创新。经济历史学家沃尔弗拉姆·费希尔（Wolfram Fisher，1928— ）和致力于大众文学研究的历史学家罗尔夫·恩格尔辛（Rolf Engelsing，1930— ）均在当时出版了重要的研究著作。他们同少数专业领域内的学者，如农史学家威廉·埃布尔（Wilhelm Abel，1904— ）和人口学家沃尔夫冈·克尔曼（Wolfgang Kollmann，1925— ）一样，并没有受到广泛的效仿。

---

⑤　Hans-Ulrich Wehler, *Bismarck und der Imperialismus*（Cologne：Kiepenheuer und Witsch，1969）.

回想起来，奥托·布鲁纳（Otto Brunner，1898—1982）和维尔纳·塞泽（Werner Conze，1910—1986）都可被视作"结构史学"概念的推动者。"结构史学"与年鉴学派的思想一脉相承，但在当时的社会没有引起更大的共鸣。⑥只有在 20 世纪 60 年代，在外界的影响之下，社会史研究才有所突破。

相较于英法两国，1945 年后的西德社会历史学起步发展不足，原因并不难找到。纳粹时期，社会生活诸多方面受到了重创，文化领域一片贫瘠。但颇为讽刺的是，在纳粹之前，20 世纪早期德国社会学已取得开拓性成果，18 世纪 90 年代后的劳工运动建立了制度优势，魏玛文化学术一派蓬勃景象，这些社会史研究的基石已得到进一步巩固。在德国，就像在北海对岸一样，重要学术研究初见端倪。但纳粹主义阻断了这些潜力的发展，阻止大学历史学科跨越北海，对英国的研究产生影响。毫无疑问，这一差异的产生来自第三帝国剧烈的政治紊乱，绝非仅是一些独特且根深蒂固的德国历史保守主义所造成的（正如 20 世纪 60 年代西德进步人士所坚称的那样）。

英德两国都将社会史学挡于主流历史学科之外。在第二章，通过对马克思主义史学家和相关个人及趋势的分析，我研究了 20 世纪 30 到 60 年代的英国社会史学的发展轨迹。事实上，英国在此方面的研究早已开始。20 世纪初就出现了一批先锋人士，包括费边社会主

---

⑥ 特别参见 Werner Conze, *Die Strukturgeschichte des technischindustriellen Zeitalters als Aufgabe für Forschung und Unterricht*（Cologne：Westdeutscher Verlag，1957）。另参见 Irmline Veit-Brause，"Werner Conze（1910—1986）：The Measure of History and the Historian's Measures，"以及 James Van Horn Melton，"From Folk History to Structural History：Otto Brunner（1898—1982）and the Radical-Conservative Roots of German Social History，"in Hartmut Lehmann and James Van Horn Melton, eds., *Paths of Continuity：Central European Historiography from the 1930s to the 1950s*（Cambridge：Cambridge University Press，1994），299—343，263—92。

义研究者韦伯夫妇，即比阿特丽斯·韦伯（Beatrice，1858—1943）
和西德尼·韦伯（Sidney Webb，1859—1947），早期的现代经济历
史学家 R. H. 托尼（R. H. Tawney，1880—1962），激进的记者伉
俪，即约翰·哈蒙德（John Hammond，1872—1949）和芭芭拉·哈
蒙德（Barbara Hammond，1873—1961），以及牛津社会主义学者
G. D. H. 科尔（G. D. H. Cole，1889—1959）。韦伯夫妇关于地方政
府、工联主义及职场关系的历史研究，成果多达数卷，为 1945 年后
的社会史学家研究提供了主要题材。而哈蒙德夫妇对工业革命的人
力成本进行了史诗般的叙述，这成为汤普森的《英国工人阶级的形
成》一书的灵感来源。在科尔众多关于劳工和社会主义历史的著作
中，他与雷蒙德·波斯特盖特（Raymond Postgate）合著的
《1746—1938 年的人民群众》（*The Common People，1746—1938*）
即使在 20 世纪 60 年代之后，仍然是"从底层出发"对英国社会史
所做出的最为精彩的总体性论述。⑦

　　这些学者也成为了一些机构的创始人。1895 年，韦伯夫妇创建
了伦敦政经学院（London School of Economics，LSE）。自建校初

64

---

　　⑦　请详细参阅这些学者的重要学术成果，他们巨大的个人魅力及深远影响绝非寥寥
几句脚注所能承载。韦伯夫妇（The Webbs）最著名作品包括《工会历史》（*The History
of Trade Unionism*）（1894）、《工业民主》（*Industrial Democracy*）（1897）和九卷《英国
地方政府从革命到市政法人法》（*English Local Government from the Revolution to the
Municipal Corporations Act*）（1906—29）；托尼（Tawney）的主要作品是《宗教与资本主
义的兴起》（*Religion and the Rise of Capitalism*）（1926）；哈蒙德夫妇三部曲包括
《1760—1832 年的乡村劳工》（*The Village Labourer*）（1911）、《1760—1832 年的城镇劳
工》（*The Town Labourer，1760—1832*）（1917）和《1760—1832 年的技术劳工》（*The
Skilled Labourer，1760—1832*）（1919）。科尔后期作品包括多卷《社会主义思想史》
（*History of Socialist Thought*）（1953—60），颇具国际影响。我对相关思想史有更详细的
描绘，见于 Geoff Eley，"The Generations of Social History," in Peter N. Stearns，ed.，
Encyclopedia of European Social History：From 1350 to 2000（New York：Charles
Scribner's Sons，2001），1：3—29。有关完整引用，请参阅本书第二章注 50。

期，该校就侧重于社会科学及政治科学研究。1926 年至 1927 年，当时在伦敦政经学院执教的托尼为经济史学会的创立及其期刊的出版出谋划策。⑧更重要的是，这些人都是积极的政治左翼分子。不过，他们具体的政治倾向不同：托尼是基督教社会主义者，工党议员候选人和工人教育协会的支持者。同时，他也是一位颇有影响力的公共知识分子。不论从事学术研究还是政治工作，他都谨遵自己的道德准则。⑨韦伯夫妇则受"必然且循序渐进的"改革思想所影响，支持合理税收、社会条款和公共财产等高尚的行政理念。这些理念最终促成了工党在选举中取得成功。1920 年代至 1930 年代，英国进步主义政治文化广泛开展，这些学者积极投身于其中。二战时期，该政治文化与工党的结合愈加紧密，并发挥了一定作用。无论是在道德还是政治层面上，他们对工业化带来的社会后果都持批判态度。

我认为，在 20 世纪初，社会史的出现得益于左翼政党的支持。⑩

---

⑧ 埃里克·霍布斯鲍姆（Eric Hobsbawm）在《有趣的时代》（*Interesting Times*，115）进行了简单的总结："伦敦政经学院由伟大的费边·西德尼（Fabians Sidney）和比阿特丽斯·韦布（Beatrice Webb）共同创立，专注于政治和社会科学领域研究，且由英国社会保障体系后期建造者威廉·贝弗里奇（William Beveridge）和优秀的教师团队所领导。这些教师独具魅力且声名远播，是全国知名的社会主义者，其中就包括了哈罗德·拉斯基（Harold Laski）和 R. H. 托尼（R. H. Tawney）。该校在一定程度倾向左派，吸引了英国内外的求学者。假设这不是英国学生的关注点，不被那些来自工人或中低收入家庭靠奖学金求学的学生所关注，那么等他们来到学校学习，也很可能受到影响。"

⑨ 特别参见托尼（Tawney）的《营利社会》（*The Acquisitive Society*［1921］）和《平等》（*Equality*［1931］）。

⑩ 20 世纪后期，专业化进程轻易消除了左翼政治影响，将社会历史学科起源完全归功于大学内部的科研发展。一些从事社会历史研究的英国学者，其中包含一些女性研究人员消失在历史记录之中，例如中古史学家艾琳·鲍威尔（Eileen Power，1889—1940）、17 世纪史学家爱丽丝·克拉克（Alice Clark，1874—1934），比阿特丽斯·韦伯（Beatrice Webb），芭芭拉·哈蒙德（Barbara Hammond）和艾丽丝·斯托普福德·格林（Alice Stopford Green，1847—1929）。《英民族简史》（Short History of the English People, London: Macmillan, 1874）的作者 J. R. 格林（J. R. Green）英年早逝，留下妻子爱丽丝·格林（Alice Green）。爱丽丝·格林出版了一系列爱尔兰历史丛书，广受欢迎。这反映出 20 世纪初女性的社会地位的提升和教育进步，以及主张妇女权益的政治斗争。他们与费边主义、工党和女性投票权等政治活动一直息息相关。特别参见 Billie Melman, "Gender, History, and Memory: The Invention of Women's Past in the Nineteenth and Early Twentieth Centuries," *History and Memory* 5（1993），5—41。

尽管有所争议，但在 20 世纪 20 年代，这些支持对德国社会史研究产生的积极影响比英国更大。1914 年之前，德国社会民主党已经积累了自己的史学传统，魏玛共和国的自由化政治营造了良好氛围，特别是通过文化机构与国家活动在工人运动中的不断推进，社会历史学得到进一步发展。恩格斯传记的作者古斯塔夫·迈耶（Gustav Mayer，1871—1949）就是个很好的例证。他的一些关于劳工与自由主义早期关系的经典论文在 1914 年之前就已经出版，但他在柏林的大学执教时，其事业发展仍为保守派人士所束缚。1918—1919 年期间情况仍是如此，之后周围制度发生了变化。1922 年，迈耶获得民主社会主义和政党史方面的新职位。德国的经验主义社会学也以类似的方式得到蓬勃发展。在这方面，汉斯·施派尔（Hans Speie，1905—　　）是个典型。魏玛共和国后期，他率先开始了对白领阶层的研究，但直到 1977 年，其文章才得以发表。他曾与埃米尔·莱德（Emil Lederer，1882—1939）共同在海德堡学习，后者早在 1912 年就开始了这方面研究。之后，施派尔担任柏林出版社的编辑，与德国社会民主党的劳工教育部以及柏林的社会服务部门有所接触，并与一位市医院的儿科医生结了婚。⑪

换句话说，直到 1933 年，英德两国的史学发展才大体得以并行。鉴于社会史具有大众普及和政治分歧的双重涵义，两个国家的大学历史系都没有向社会史敞开大门。正如我之前所说，德国在这

---

⑪　参见 Gustav Mayer，*Radikalismus*，*Sozialismus und bürgerliche Demokratie*，ed. Hans-Ulrich Wehler（Frankfurt am Main：Suhrkamp，1969），以及 *Arbeiterbewegung und Obrigkeitsstaat*，ed. Hans-Ulrich Wehler（Bonn：Verlag Neue Gesellschaft，1972）；Hans Speier，*German White-Collar Workers and the Rise of Hitler*（London and New Haven：Yale University Press，1986）。

方面的情况甚至稍好一些。在全国劳工运动中，马克思主义思想和其他进步主义得到了额外的支持。德国社会学的繁荣也对此起到积极推进作用。[12]但在 1933 年至 1945 年期间，纳粹主义带来的灾难使这些进步潜力主要散布到英美。1945 年后，当西德的历史专业仍固步于保守主义观点时，英国的社会史正在构建自身的学科基础。20 世纪 70 年代前，西德社会史几乎没有得到什么发展。因此，两国在历史学科创新方面产生差距，这与 20 世纪初的情况截然相反。在英国，因第二次世界大战而生的民主爱国主义使一些历史学家摆脱了过去的狭隘观点，在此之前，他们关注的是以国家为中心的政治和外交史。而德国学者还在走这条老路。长期以来，西德移民加剧国家之间的差距：移民离开德国，带走了其学术研究成果，丰富了他国历史学科，因此进一步扩大了差距。[13]

西德社会史：学科现代化

20 世纪 60 年代情况有所变化，这是多重复杂原因造成的：某些个人的长期影响，个别机构的有力推动，某个巨擘的无心插柳，一

---

[12] 特别参见 M. Rainer Lepsius, ed., *Soziologie in Deutschland und Österreich 1918—1945*: *Materialien zur Entwicklung*, *Emigration und Wirkungsgeschichte*, *Kölner Zeitschrift für Soziologie und Soizialpsychologie*, Sonderheft 23/1981 (Opladen: Westdeutscher Verlag, 1981)。另参见 Volker Meja, Dieter Misgeld, and Nico Stehr, eds., *Modern German Sociology* (New York: Columbia University Press, 1987)。

[13] 这对未来的大学预科生进入本专业学习仍大有裨益。埃里克·霍布斯鲍姆 (Eric Hobsbawm, 1917—) 16 岁时离开柏林。西德尼·波拉德 (Sidney Pollard, 1925—1998) 在 20 世纪 50 年代和 60 年代社会史研究发展中扮演重要角色并参与创办劳动史研究学会。1938 年他借助一次儿童运输离开维也纳。西德尼毕业于伦敦政经学院，大半光阴都奉献给了谢菲尔德大学的讲台。1980 年，他在西德社会科学史研究主要中心——比勒费尔德担任职务，1990 年退休后回到谢菲尔德。参见 Colin Holmes, "Sidney Pollard, 1925—1998," *History Workshop Journal* 49 (spring 2000), 277—78。

次趣味横生的讲课或是一本引起广泛共鸣的出版物。[14]但主导因素还
是 60 年代那些颇具戏剧性的政治事件。西德的政治事件包括：阿登
纳时代和冷战时期政治联盟的逐渐解体，高等教育广泛普及其影响，
等等。随着所谓的"CDU 国家"（CDU-state，对联邦共和国内基督
教民主联盟单一党派统治的简称）的凝聚力在 20 世纪 60 年代中期
瓦解，各大高校也一蹶不振，学生数量增多，正统学术动摇，而
1968 年激进主义蓄势待发。当然，很多历史学家直接卷入由此产生
的纷争之中，他们不仅要与自己的学生进行艰难的斗争，还要回应
新左派的要求，即必须最终面对第三帝国尚未解决的残余问题。早
在 60 年代初，西德历史学家就对一个话题颇有争议，该话题很大程
度上为取得早期社会史的成就开辟了道路。

　　这就是著名的"费希尔之争"。"费希尔之争"源于弗里茨·费
希尔（Fritz Fischer，1908—1999）的一部著作，该著作讨论了一战
时德国的战争目的。[15]这里我不会详细评论其复杂细节，我只需强调它
是如何戏剧性地将德国现代历史的连续性问题带入轰轰烈烈的讨论之
中的。通过比对 1914 到 1918 年间的德国扩张主义与后来纳粹帝国主
义的相似之处，费希尔将纳粹主义植根于更深层的德国历史中。对于

66

---

　　[14]　我并未否定细节性的知识史和制度史的重要性。一个明显的例子就是康策·沃纳
（Werner Conze），无论是在海德堡大学，还是在西德学界研究机构和学术讨论中，他都有
广泛的影响。

　　[15]　弗里茨·费希尔（Fritz Fischer）在出版《德意志民族主义者第一次世界战争》
（*Germany's Aims in the First World War*．London：Chatto and Windus，1967；orig. pub.，
in German，1961）之后，又出版了《幻影战争：1911 年至 1914 年的德国政策》（*War of
Illusions*：*German Policies*，*1911—1914*，London：Chatto and Windus，1975；orig. pub.，
in German，1969）。另参见 Fritz Fischer，*From Kaiserreich to Third Reich*：*Elements of
Continuity in German History*，*1871—1945*（London：Allen and Unwin，1986）；John
A. Moses，*The Politics of Illusion*：*The Fischer Controversy in German Historiography*
（London：George Prior，1975）。

1933 年的一系列事件，西德解释为一种作业失误（Betiebsunfall）或是"操作事故"。尽管这一说法被广为接受，但是费希尔并不赞同。通过研究纳粹主义的产生，他将视线聚焦于社会发展的长期模式。

费希尔迅速将研究重点放在 1871 年至 1918 年之间的德意志帝国（Kaiserreich）的社会政治制度上。费希尔及其盟友从唯物主义角度分析当前社会经济利益，就独裁主义的存在形式及其如何反对民主或自由主义提出了论点。这一论点认为，同样都是发达的工业国家，只有德国产生了法西斯来应对 1929 年后的世界经济危机，这反映了其政治文化的深层脆弱性，只能通过社会角度进行分析。从这个角度，德国特有的"落后"可归因于统治的利益群的政治连续性——"铁和黑麦的同盟"，即重工业和大型农业联合的政治集团。早在 19 世纪 70 年代，他们就在俾斯麦的领导下结缔同盟。在 1914 年以前，这一联盟阻碍了自由民主制度的发展，但它撑过了 1918 年的革命，默默等待着荣光再现。联盟动摇了魏玛共和国的根基，并将纳粹推上了权力的宝座。

围绕这一解释所开展的各种辩论，推动了西德历史研究取得可喜的转型。"费希尔之争"所带来的影响远超过费希尔本人相当直白的政治史类型，并为德国历史学科内开展全面彻底的自省扫清了道路。将德国 20 世纪对外扩张的连续性与国内统治利益的连续性联系起来，这促进了一个概念创新的密集时期。主要成果是形成了一种强有力的社会解释的逻辑。这一逻辑对政治过程的独特理解——认为其主要由组织利益的相互作用所构成——是一笔长期遗产，对帝国和魏玛共和国都带来了影响。"费希尔之争"的流行与"国内政策优先论"的大力提倡相伴而生，而这一"国内政策优先论"的提出，原本是出于进一步反对古老的地缘政治决定论的意图。地缘政治决定论者认为，德国地处欧洲中心，地理位置所带来的安全隐患促使其推行相关政策。总而言之，这些辩论通过关注经济、政治、社会结构之间的相互关系，不断围绕连续性问题进行探究，为提升外界对社会史的兴趣起到了决定性的驱动作用。

在这一背景下，汉斯·乌尔里希·韦勒对社会历史学科现代化的推动也日渐成形。正如我前文所叙述的，德国本土缺乏英法两国那样的社会史发展谱系，换言之，缺乏英国马克思主义历史学家和"年鉴"学派那样的研究著作以及因讨论而产生的思想积淀。韦勒在德国开创了这一领域，并为此制定了两条路线。

在第一条路线中，韦勒系统地回顾了 20 世纪初期那些被边缘化或不被人所认可的学术先驱们的作品。由于当时德国业内盛行保守主义（批评者称之为 *Zunft* 或"公会"），这些人的学术研究在被纳粹取缔前就不受重视或被禁止，其中包括一些关键人物：埃卡特·凯尔（Eckart Kehr，1902—1933），乔治·哈尔加滕（George W. F. Hall-garten，1901—1974），阿尔弗雷德·瓦茨（Alfred Vagts，1892—1986）及汉斯·罗森伯格（Hans Rosenberg，1904—1988）。他们坚持一种基于不同激进主义的自由观点，坚持以利益为基础的社会因果性模型。他们组成一个松散的学者网络，20 世纪 30 年代时在美国找到了发展空间。马克思主义者亚瑟·罗森伯格（Arthur Rosenberg，1889—1943）、左翼自由主义者维特·瓦伦丁（Veit Valentin，1885—1947）和古斯塔夫·迈耶（本章前文已提及）后来也加入了他们。他们离

68

开了纳粹掌权的德国，大都决定 1945 年后不再回来。在韦勒再次发现他们之前，这些人在"公会"内部仍是得不到认可。20 世纪 60 年代中期到 70 年代初，韦勒将他们的作品出版发行。他还编辑了一系列平装书——德国历史学家系列，认可了这些"前朝异见者"，将他们奉入"万神殿"，让世人了解他们的思想⑯。

正如英国的马克思主义者挑战国家历史的权威版本，为充满斗争精神的反叙事付出了诸多努力一样，韦勒利用前人作品，创造出一个兼顾自由与社会的民主的反传统。大约在 1960 年代中期到 70 年代初期的这段时间里，这一传统维持了较为广泛的政治优势——尤其是在勃兰特·谢尔政府当权期间（1969—1974）格外明显。此时所谓的"东方政策"（旨在推动西德与德意志民主共和国和东欧的关系正常化）是左翼知识分子公共参与的聚焦点。在此期间，大学里的左翼学生对相关性和民主化的需求日渐上涨，这与进步史学家对学科发展的不满相关。在韦勒的著作中，很多内容是关于"解放""批判性的历史科学"和学科的知识相关性的。这鼓舞了理论参考上大量选择折中主义，设立创新课题（特别是社会史方向的），努力进行实验的普遍

---

⑯　参见汉斯-乌尔里希·韦勒（Hans-Ulrich Wehler）所编辑的下列文集：Eckart Kehr, *Der Primat der Innenpolitik：Gesammelte Aufsätze zur preußischdeutsche Sozialgeschichte im 19. Jahrhundert*（Berlin：W. de Gruyter，1965）；Arthur Rosenberg, *Demokratie und Klassenkampf：Ausgewählte Studien*（Frankfurt am Main：Ullstein，1974）；Mayer, *Radikalismus, Sozialismus und bürgerliche Demokratie* and *Arbeiterbewegung und Obrigkeitsstaat*。另参见 Hans-Ulrich Wehler，"Staatsgeschichte oder Gesellschaftsgeschichte? Zwei Außenseiter der deutschen Historikerzunft：Veit Valentin und Ludwig Quidde," in Helmut Berding et al., eds., *Vom Staat des Ancien Régime zum modernen Parteienstaat：Festschrift für Theodor Schieder*（Munich：Oldenbourg，1978），349—68。韦勒的此类作品都收集于 Hans-Ulrich Wehler, *Historische Sozialwissenschaft und Geschichtsschreibung：Studien zu Aufgaben und Traditionen deutscher Geschichtswissenschaft*（Göttingen：Vandenhoeck und Ruprecht，1980）。另参见 Hans-Ulrich Wehler, ed., *Deutsche Historiker*，9 vols.（Göttingen：Vandenhoeck und Ruprecht，1971—82）。

情绪。总而言之，这一时期受"清除历史污点"（即与过去妥协）这一不可动摇的目标驱使，暴露出了深埋于德国历史中的纳粹主义的劣根性。新诞生的"批判性历史"的最大特征可能就是带有强烈的教育政治目的，坚持一种原则性的决心来坦然面对让人不安的德国过去。

69 　　20世纪70年代的德国史学就是在这个高度政治化的环境下形成的。我也是在此时走进了这门学科。历史学的特征是将不同的思想倾向汇集于"持续性问题"这一共同基础上。社会科学史倡导者（如韦勒）与许多学者一起工作，这些学者的研究涉及与历史人类学、"英国马克思主义"（他们这样称呼）相近的社会史领域。20世纪60年代后期，西德新左派的更广泛潮流表现在对法西斯主义的深入讨论。根本而言，"历史社会科学"的观念的影响最为深入。这种"西方"取向缓和了英美两国年龄和背景相似的德国历史学家之间的关系。韦勒说到自己的团队（"1960年左右积极活跃在西德历史系的研究生、博士研究生、助教和讲师"）时表示："对他们来说，对西欧和美洲世界持一种感兴趣和赞成的开放态度是不言而喻的，对自由民主的观点也是如此。"[17]

　　韦勒的第二路线是什么？他利用谱系来解释他的新的社会史（Gesellschaftsgeschichte）理念。理论的新的开放性之核心是更精确的关系，使西德社会历史学家与美国社会科学的主流相统一。韦勒（1931— ）和他的助手尤尔根·科卡（Jürgen Kocka，1941— ）基于理论的准确应用，制定了项目。该项目要求具备量化的方法以及经验分析型社会科学的专业能力，且始终具有比对性。自18世纪

---

　　[17]　Hans-Ulrich Wehler，"Historiography in Germany Today，" in Jürgen Habermas，ed.，*Observations on the Spiritual Situation of the Age*（Cambridge：MIT Press，1984），230—31.

晚期民主革命以来，"现代性"这一概念的潜在含义就是对时代的典型"辉格式"*解读，也是对时代的以进步为导向的解读（progress-oriented reading）。现代性的含义对公开指导知识分子或"科学"项目——它的 erkenntnisleitende Interessen，或者"知识构成之兴趣"（这是当时的"护身符"）——的价值观，以及寻求进一步解释德国历史都具有重要意义。韦勒和科卡在社会史上的实践反映了认识论和实质野心的二元性。启蒙运动的基础价值观（普遍主义、理性主义、文明和个人解放）不仅对现代化理论中的美好社会进行了理想化描述，也是一杆标尺，可以用来衡量德国在俾斯麦和纳粹政权交替期间实际上所经历的灾难性的"不良发展"。

　　韦勒和科卡将自己在"社会历史科学"方面的实践经验运用到纲领性著作和各自的历史学作品中，同时借鉴了源自韦伯和马克思的理论传统，为与社会不公、工业化及经济波动等问题相关的经验社会科学研究提供了丰富资料。⑱根据社会史的定义基础，他们偏重模式、趋势和大规模集体力量的结构性分析。科卡在他的主要著作中对 19 世纪工业化背景下西门子公司的白领工人进行研究，讨论了

70

---

　　*　Whiggish，意指选择对自己有利的历史事件，或者从历史事件中剥离出对自己有利的观点来论述和证明自己的政见。——译者注

　　⑱　关于那些最切题的纲领性著作，参见 Hans-Ulrich Wehler, *Geschichte als historische Sozialwissenschaft* (Frankfurt am Main: Suhrkamp, 1973) and *Modernisierungstheorie und Geschichte* (Göttingen: Vandenhoeck und Ruprecht, 1975); Jürgen Kocka, *Sozialgeschichte: Begriff, Entwicklung, Probleme* (Göttingen: Vandenhoeck und Ruprecht, 1977) and "Theoretical Approaches to the Social and Economic History of Modern Germany," *Journal of Modern History* 47 (1975), 101—19. 费舍尔（Fritz Fischer）的主要学生阿诺德·西沃特克（Arnold Sywottek）也发表过类似观点，参见 Arnold Sywottek, *Geschichtswissenschaft in der Legitimationskrise: Ein Überblick über die Diskussion um Theorie und Didaktik der Geschichte in der Bundesrepublik Deutschland 1969—1973* (Bonn: Verlag Neue Gesellschaft, 1974). 另参见 Jürgen Kocka, ed., *Theorien in der Praxis des Historikers: Forschungsbeispiele und ihre Diskussion* (Göttingen: Vandenhoeck und Ruprecht, 1977)。

一战期间阶级斗争的重要性，展现了韦伯式理想类型的价值。为了研究 19 世纪工业化中西门子公司的白领工人，他采用了韦伯的官僚主义类型学；为了研究一战期间阶级斗争的重要性，他采用了一个基于马克思主义阶级分析的模型，并根据德国的自身情况，做出相应调整。在科卡第三项重大研究中，他分析了 1890 年至 1940 年间美国白领的社会政治态度，使用比较法以详细说明德国白领工人意识的独特性。在研究中，科卡利用社会科学优势，展现了德国历史发展的特殊性，即所谓的"特殊道路"或 Sonderweg，解释了德国历史是如何以及为何在纳粹主义中达到了高潮。[19]

学界以"费希尔之争"为线索，开展了大量围绕 1871—1918 年德意志帝国的社会史研究工作。与之前那些关注俾斯麦统一国家的研究不同，新的作者们强调了"国家和社会领域内独裁及反民主的结构"，并声称这一结构一直植根于德国统一的进程之中，而且延续其灾难性的历史惯性直至 1933 年。[20]因此，在 20 世纪 60 年代末和 70 年代初期出现了一系列令人印象深刻的著作支持这种解释。所有这些著作都侧重描写帝国统治精英如何成功化解现代化改革的压力，并都提及了以利益为基础的社会诠释模式。此外，这些作者都非常

---

[19]　参见 Jürgen Kocka, *Unternehmensverwaltung und Angestelltenschaft am Beispiel Siemens 1847—1914：Zum Verhältnis von Kapitalismus und Bürokratie in der deutschen Industrialisierung* (Stuttgart：Klett，1969)；*Facing Total War：German Society，1914—1918* (Leamington Spa：Berg，1984；orig. pub.，in German，1973)；*White-Collar Workers in America，1890—1940：A Social-Political History in International Perspective* (London：Sage，1980；orig. pub.，in German，1977)。科卡对自己作品的论述文章被整理成集，译成《德国现代工业文化与资产阶级社会：商业，劳工和官僚主义》(*Industrial Culture and Bourgeois Society：Business，Labor，and Bureaucracy in Modern Germany*. New York：Berghahn Books，1999)。另参见沃尔克·R. 伯格翰 (Volker R. Berghahn) 在同册书中的描述，见于 "Introduction：The Quest for an Integrative History of Industrial Society," ix—viii。

[20]　Karl Dietrich Bracher, "The Nazi Takeover," *History of the Twentieth Century* 48 (London：Purnell，1969)，1339.

赞同韦勒的学科现代化项目。两股推动力紧密相关：一方面，将历史学转变成一种批判社会科学（实际上，推动"社会史"发展为新型历史学科的综合范式），另一方面，将19世纪政治发展背景下的纳粹起源视为对德国历史全新解读的一部分。

　　基于过去社会学家和政治学家之间理解方式的差异（可追溯至韦伯和马克思），新的西德历史学家坚持认为德国历史发展具有其独特性。他们将德国历史视为现代化失败、受阻或扭曲的例子。就其本身而言，它从根本上偏离了"西方"的历史。因为德国早期的历史缺乏健康的发展模式，缺乏其他国家所具备的更强大和更具适应性的民主传统，所以纳粹主义的产生是必然的。新派历史学家认为，与西方（英国和法国）政治现代化的成功案例相反，德意志帝国历史的特征是，经济高速增长的动力与政治制度的落后之间存在着极大的落差。回到所谓"特殊道路"（*Sonderweg*）的讨论，新派学术研究总是以围绕第三帝国的重大问题为导向。如果说1914年以前的独裁主义是德国社会后来滋生出纳粹主义的主要温床，那么在19世纪德国未能效仿英法两国进行自由民主革命，则使德国在1933年付出了惨痛的代价。

　　如何描述20世纪60年代末和70年代初西德社会史兴起的故事？在第二章中，我们描述了英法的情况。那么，德国社会史与英法社会史的交汇在何处？区别又是什么？

　　首先，它是多种雄心壮志的凝聚。韦勒和科卡希望将这一学科的不同领域都融入同一项目中，将经济史和商业史、劳工史、政治史、思想史等进行有序综合，实现跨学科合作，在更具技术性的学科分支意义上扩展社会史。他的目标是进一步整合关于德国历史的综合阐述。对韦勒而言，"历史的整体性"有待商榷。

72 　　在此意义上，社会史希望从经济、权力和文化这三个重要的方面对整个社会进行分析。与以往的综合概念相比，它的综合能力更能适应现实的不同层面的复杂性和关联性。[21]

　　这是西德对社会史的总体期许。韦勒的"社会史"（societal history）与霍布斯鲍姆的"社会的历史"（history of society）具有显而易见的密切关系，也和布罗代尔的"总体史"（histoire totale）关系紧密。尽管与霍布斯鲍姆的观念相比，社会史更偏向社会科学研究的方向，但在之后几年，"经济、权力和文化"三位一体的韦伯主义得到进一步宣扬。英法德三国的社会史各有差异，但它们拥有相同的决定性要素，即以物质生活为理念，以社会整体为方向，将社会阐释作为主导，寻求对社会变革的完整阐释。

　　当然，虽然科卡和韦勒代表着广大有志于发展社会史的学者，但并非所有人都参与到该项目的各个方面。在 20 世纪 70 年代，关于是否存在明确的"学派"及该"学派"对西德历史的影响有很多讨论。[22]例如，一些人受社会科学史的"经验分析"方法驱动，积极活跃于学术界，

———————————

[21]　Wehler，"Historiography in Germany Today，" 243—44.

[22]　美国顶尖的德国历史学家詹姆斯·J. 希恩（James J. Sheehan）将韦勒的想法描述为德国史学的"新正统观念"（*Journal of Modern History*，48［1976］，566—67）。各时代的韦勒支持者都被称为"凯尔派"（这在他们采用埃卡特·凯尔［Eckart Kehr］的想法之后）或"比勒费尔德学派"（在韦勒、科卡等人工作的新大学之后），或直接称为"批评史学家"。虽然在 20 世纪 70 年代中期，这个网络的凝聚力和影响力有时被夸大了，但是并不能完全否认它的存在。韦勒及其团队通过与美国顶尖的历史学家，例如詹姆斯·希恩（Sheehan）（斯坦福）、杰拉德·费尔德曼（Gerald Feldman）（伯克利）以及查尔斯·梅尔（Charles Maier）（哈佛）的交流，向大西洋的另一边传播德国史，影响很大。在 20 世纪 90 年代，两地学术交流日渐频繁。最好的讨论之一，见于 Robert G. Moeller，"The Kaiserreich Recast? Continuity and Change in Modern German Historiography，" *Journal of Social History* 17（1984），655—80. 兼具共同基础和观点多样性的范例是迈克尔·斯图尔默（Michael Stürmer）所编的《德国：1871—1918 年的政治与社会》（*Das kaiserliche Deutschland：Politik und Gesellschaft，1871—1918. Düsseldorf：Droste，1970*）。

但他们却不怎么参与讨论德意志帝国政治史及其与 1933 年事件的相关性。㉓尽管沃尔夫冈·莫姆森（Wolfgang Mommsen，1930—2004）支持社会史的发展，但他不像韦勒那样将社会史视为一种必要的范式转变。在"特殊道路"这一问题上，他也秉持怀疑态度。㉔此外，大量的学者，包括某些研究第三帝国、劳工史和工人阶级社会史的学者，并不能完全认同韦勒和科卡的项目。这些人在"特殊道路"这一主题上的看法大体一致，但对新社会史的投入，则在性质和程度上呈现出更不均衡和多样化的特点。

其次，尽管如此，到 20 世纪 70 年代中叶，韦勒已经在制度化上取得了令人瞩目的成绩。1971 年，他加入了比勒费尔德大学，在那里完成了不少研究。两年后，科卡也进入了这所大学。之前我们提到，科卡从事社会史系统性恢复工作，将前人的著作整合入一个历史学的相反传统。科卡为历史学与其他社会科学的合作建立了系统的研 73

㉓ 最好的例子就是哈特穆特·克尔布勒（Hartmut Kaelble，1940— ）。1914 年以前，他就开始对工业政治进行研究，主要站在欧洲角度对工业化过程中的社会流动性和社会不平等问题进行长期的观察：参见 *Industrielle Interessenpolitik in der Wilhelminischen Gesellschaft*：*Zentralverband Deutscher Industrieller 1895—1914*（Berlin：W. de Gruyter，1967）；*Social Mobility in the 19th and 20th Centuries*：*Europe and North America in Comparative Perspective*（Leamington Spa：Berg，1985）；*Industrialization and Social Inequality in 19th Century Europe*（Leamington Spa：Berg，1986）；*A Social History of Western Europe*，*1880—1980*（New York：Barnes and Noble，1990）. See also Hartmut Kaelble et al.，*Probleme der Modernisierung in Deutschland*：*Sozialhistorische Studien zum 19. und 20. Jahrhundert*（Opladen：Westdeutscher Verlag，1978）.

㉔ 沃尔夫冈·莫姆森（Wolfgang J. Mommsen）和汉斯·莫姆森（Hans Mommsen）这对孪生兄弟赫赫有名，沃尔夫冈·莫姆森对马克斯·韦伯（Max Weber）的思想进行开创性研究，出版了各类有关帝国主义和帝国的书籍及评论文章。1978 年至 1985 年间，他担任伦敦德国历史研究所的主任，于 1978 年在曼海姆举行了一次关于帝国史学的国际会议。参见 Wolfgang J. Mommsen，*Max Weber and German Politics*，*1890—1920*（Chicago：University of Chicago Press，1985；orig. pub.，in German，1959）；*The Age of Bureaucracy*：*Perspectives on the Political Sociology of Max Weber*（Oxford：Blackwell，1974）；*The Political and Social Theory of Max Weber*：*Collected Essays*（Chicago：University of Chicago Press，1989）.

究基础，将历史学与精神分析、社会学、经济学的一系列双边交流汇编，这也使比勒费尔德大学成为重要的跨学科研究中心。㉕1972年，韦勒在哥廷根学术出版社范登霍克和鲁普雷希特出版社（Vandenhoeck and Ruprecht）出版了一个系列丛书——"历史社会科学的批判研究"。该丛书一经出版，很快成为新史学研究成果的主要展示平台。除了出版韦勒和科卡的学生及同事们的新作，该系列丛书也再版了更早的作品，并且收集了韦勒希望继承其衣钵的其他人的论文。㉖

在 20 世纪 70 年代，韦勒在组织、编辑和出版活动上格外活跃。他和他的盟友们——包括科卡、汉斯-于尔根·普勒（Hans-Jürgen Puhle，1940— ）、赖因哈德·吕鲁普（Reinhard Rürup，1934— ）和海因里希·奥古斯特·温克勒（Heinrich August Winkler，1938— ）——占据了西德历史学的舞台中心，尤其是在两年一次的国家历史学家日和历史学家协会活动中。㉗1973 年，韦勒

㉕　汉斯-乌尔里希·韦勒（Hans-Ulrich Wehler）编辑《历史与心理分析》（*Geschichte und Psychoanalyse*，1971）、《历史与社会学》（*Geschichte und Soziologie*，1972）和《历史与经济学》（*Geschichte und Ökonomie*，1973）系列选集，从属于《新科学图书馆》系列丛书（Cologne：Kiepenheuer und Witsch）。在 20 世纪 60 年代和 70 年代，韦勒是历史总编，《新科学图书馆》（Neue Wissenschaftliche Bibliothek）成为学生首选的学术选集。他还编辑了《现代德国社会历史》（*Moderne deutsche Sozialgeschichte*，1966）和《帝国主义》（*Imperialismus*，1969）。

㉖　系列名称是科学史的批判性研究。早期作品大多是旧作再版、他人的论文等，但到 1976 年，比勒菲尔（Bielefield）学生的作品也得以出版。到 2003 年，已多达 160 多本。

㉗　参见海因里希·奥古斯特·温克勒（Heinrich August Winkler）所编的《有组织的资本主义：先决条件和起点》（*Organisierter Kapitalismus：Voraussetzungen und Anfänge*. Göttingen：Vandenhoeck und Ruprecht，1974）。该书汇集了部分 1972 年 10 月在雷根斯堡所举办的历史学家大会会议原件。韦勒（Wehler）、科卡（Kocka）、普勒（Puhle）等十位参会者为此书提供了材料。会议所讨论"有组织的资本主义"正是韦勒项目下的案例，该概念的提出对"比较社会历史"的理论形式及理论批评具有启发意义。论文涉及法国、意大利、英国、德国和美国；马克思列宁主义的"国家垄断资本主义"概念，见温克勒所编的《有机资本主义》（*Organisierter Kapitalismus*）第七卷的序言。

推出了新版的《帝国通史》，这实际上就是新派社会科学史的宣言，激起了保守的政治和外交史学家的强烈反应，成功地将西德历史学家推入了彼此敌对的阵营。[28]1974年，他编辑了一部名为《当今社会史》的多卷本著作，以纪念汉斯·罗森伯格（Hans Rosenberg）。该书的三十三位撰稿者囊括了德国社会史方面的顶尖学者。[29]1976年，他出版了一系列书籍，他自己编写了前两卷——《现代德国社会历史》（*Modern German Social History*）和《现代德国经济史》（*Modern German Economic History*）。[30]最重要的是，新杂志《历史与社会》（*Geschichte und Gesellschaft*）于1975年开始出版，韦勒是编辑团队的核心成员。该杂志副标题为"历史社会科学杂志"（*Journal for Historical Social Science*），旨在成为社会史研究的顶级刊物。正如当年英法两国的《年鉴》和《过去与现在》，这本杂志也希望为德国的社会史做出贡献。

第三，如果说德国社会史更多受到来自美国社会科学而不是英法两国的影响，那么它与马克思主义的距离则更加疏远。20世纪60年代后期的学术多元化只是昙花一现，很快马克思主义思想不再受 74

---

[28] 参见 Hans-Ulrich Wehler, *Das Deutsche Kaiserreich 1871—1918*（Göttingen：Vandenhoeck und Ruprecht，1973），英译为 *The German Empire*，*1871—1918*（Leamington Spa：Berg，1985）。主要回应包括：Andreas Hillgruber，"Politische Geschichte in moderner Sicht"（*Historische Zeitschrift* 216［1973］，529—52）；Hans-Günther Zmarzlik，"Das Kaiserreich in neuer Sicht"（222［1976］，105—26）；Lothar Gall，"Bismarck und der Bonapartismus"（222［1976］，618—37）；Klaus Hildebrand，"Geschichte oder 'Gesellschaftsgeschichte'：Die Notwendigkeit einer politischen Geschichtsschreibung von den internationalen Beziehungen"（223［1976］，328—57）。更加谨慎保守的回应来自：Thomas Nipperdey，"Wehlers Kaiserreich：Eine kritische Auseinandersetzung，" *Geschichte und Gesellschaft* 1（1975），538—60。

[29] Hans-Ulrich Wehler，ed.，*Sozialgeschichte Heute：Festschrift für Hans Rosenberg*（Göttingen：Vandenhoeck und Ruprecht，1974）.

[30] Hans-Ulrich Wehler，ed.，*Arbeitsbücher zur modernen Geschichte*（Göttingen：Vandenhoeck und Ruprecht，1976—　）.

到包容，这一点着实令人沮丧。20世纪70年代中期以来，韦勒和他的盟友们粗暴地把马克思主义与东德的无趣而教条的说教相等同，并没有创造性地借用马克思主义理论。他们援引了东方马克思列宁主义历史学家的贫乏内容，就此否定马克思主义的诸多观点。他们言辞激烈地指责马克思主义，认为它的社会分析方法是经济学的、还原论式的、草率的决定论的，并不尊重意识形态、政治和国家的自主权。讽刺的是，英语世界的马克思主义史学家已经对上述不足展开了自我批评。正如我第二章所言，这些争论反映了马克思主义传统中的不足之处，但不为韦勒和科卡所重视，他们对这些争论视若无睹。他将更有趣的挑战排除在外，并将与马克思主义思想的任何潜在对话都禁锢在德国内部交流的地方主义之内。[31]

实际上，"历史社会科学"现代化的战线是为了两线作战而制定的——不仅针对公会的保守派，而且针对东德历史学家。"社会史"的倡导者提出了一条中间道路，既揭示了其他传统历史派别的局限性，也明确了他们与东德官方历史学的区别。[32]事实上，这导致了糟糕的知识封锁。同一时期，德国公共就业领域对"激进分子"发动臭名昭著的"特定职业禁令"，这在一定程度上加剧了知识封锁。在

---

[31]　1973年，科卡在他的一本关于一战时阶级社会的书中，严肃研究了马克思主义，触及了马克思主义外缘。为了表明日渐紧张的阶级关系与1918年政治崩溃之间的关系，他巧妙地运用了马克思主义中的社会结构和社会关系的分类模型作为一种"启发手段"。但他否认这是上升阶级意识下的马克思主义目的论，否认说经济困难和政治抗议倾向之间的直接联系。他同样质疑马克思主义简单地将国家视为经济主导阶层的工具。这都没有问题的。但是，最正统的马克思列宁主义者认为，关于这两种关系的处理——阶级斗争与阶级意识，资本主义和国家——是马克思主义的方法。20世纪70年代初马克思主义者正在就这些问题进行各种辩论。参见 Geoff Eley，"Capitalism and the Wilhelmine State：Industrial Growth and Political Backwardness，1890—1918，" in *From Unification to Nazism：Reinterpreting the German Past*（London：Allen and Unwin，1986），42—58。

[32]　一个简明的例子，参见 Wehler，"Historiography in Germany Today，" 246—49。

20世纪70年代大部分时间里，这一行为可能使马克思主义思想或其他"极端思想"以充分理由被排斥于公开的职业选项之外。㉝西德的历史专业也不能幸免，且与之前参与进步政治时不同的是，新派"批判历史学家"似乎很少公开出面捍卫这一特殊的学术自由。在此，不愿相信一种独立性或批判性的马克思主义史学的可能性，开始具有非常切实的意义。与英国和法国（以及斯堪的纳维亚、地中海和北美）相比，马克思主义几乎不存在于西德新兴的社会史运动中。㉞

　　第四，正如英国一样，西德社会史的转型具有重要的政治意义。相比于其他地区，西德在这一点上表现得更加明显，上层政治冲突直接影响了社会史的吸引力，富有争议的国家历史形象也发挥了重要作用。西德社会史的修辞总是说教味十足。这是由公开的知识政治所推动的。尽管20世纪60年代末期的西德政治态势与我在英国的所见所闻有很多相似之处（特别是大学学潮活动，广泛的文化激进主义，以及周遭知识分子的积极活动），但它也需要解决德国20世纪早期所遗留下的痛苦问题。

　　在西德，对一种新型史学的追求从一开始就与当代关于历史的

75

　　㉝　特定职业禁令（Berufsverbot）是一系列政府法令和做法的通用名称，自1972年开始，就严重影响了西德的公民自由，尤其是那些具有"极端主义"政治参与记录，持有或申请公务员工作的公民。涉及行业包括教师（大学和大学层次以下），铁路和邮政工作者，国家医院的医生和护士，以及狭义上的公务员。换句话说，约占西德就业总人数的16%。因此，这些措施使公众意识形态气氛日渐紧张，取消了马克思主义和其他激进思想的合法地位。

　　㉞　有趣的是，科卡和韦勒接受了一些英国马克思主义历史学家，如埃里克·霍布斯鲍姆（Eric Hobsbawm），承认其重要性，与其交往密切。这个例外得以存在的部分原因是霍布斯鲍姆将马克思主义潜移默化于自己的文章中，而不是生硬地阐述。但E. P. 汤普森和雷蒙德·威廉姆斯则一直被忽视。某些东德历史学家因其方法新颖也得到了认可，哈特穆特·茨瓦尔（Hartmut Zwahr）就是最好的例子。特别参见 Zwahr's *Zur Konstituierung des Proletariats als Klasse：Strukturuntersuchung über das Leipziger Proletariat während der industriellen Revolution*（Berlin：Akademie-Verlag，1978）。

政治相关性的讨论联系起来。对社会史的兴趣总是与一个关于德国历史长期进程的实质性论点有关——这对当前西德民主道德情操带来了深刻的影响。一方面，西德的情况只不过是"欧洲和北美地区广泛的史学革新运动"的地方性变体。另一方面，它更具有民族性和独特性，涉及西德政治文化的缺点和脆弱性，同时该问题也涉及希望诚实面对这些问题的新一代历史学家。不过，克里斯·洛伦茨（Chris Lorenz）间接指出，韦勒、科卡以及与他们志同道合者永远专注于讨论"德国怎么可能在三十年内引起了两次世界大战以及德国是如何组织一场史无前例的大屠杀的"。洛伦茨认为："所谓的德国'特殊道路'为20世纪60年代到90年代的社会史提供了研究议程，也由此引发了争论。"㉟

社会史是对落后的批判

76　在这期间，我对这一切是怎么看的？对于由韦勒和费希尔之争所提出的新方法，我的第一反应就是兴奋。1970年秋天，在阅读了韦勒的《俾斯麦帝国主义》之后，我如饥似渴地阅读了其新作《帝国》（*Kaiserreich*）。费希尔的研究生赫尔穆特·伯丁（Helmut Böhme）写了一本大部头的书，重新阐述了德国统一的历史，将其描述为主要社会经济利益进步的历程。以前的历史所书写的都是普鲁士扩张和俾斯麦治国之策（"血与铁"），而在新版历史书中，取

　　㉟　Chris Lorenz, "Jürgen Kocka," in Kelly Boyd, ed., *Encyclopedia of Historians and Historical Writing* (London: Fitzroy Dearborn, 1999), 1: 650. 另参见 Chris Lorenz, "Beyond Good and Evil? The German Empire of 1871 and Modern German Historiography," *Journal of Contemporary History* 30 (1995), 729—67。

而代之的是国家经济的建立，国家经济的主要支撑是重工业和大型农业（"铁和黑麦"）的长期联盟。㊱汉斯·罗森伯格（Hans Rosenberg）则写了一本关于 1873 年至 1896 年经济大萧条所带来的政治后果的著作，在这本颇具影响力的书中，他阐述了自己在 20 世纪 40 年代最初提出的论点，并进一步巩固了伯梅和韦勒的解释。㊲关于农业政治、主要工业游说团体的政治影响、1914 年以前十年财政政策背后的利益、1897 年后"大海军"的政治以及同时期以利益为基础的政党政治活动，都出现了许多开创性的专著。埃卡特·凯尔（Eckart Kehr）的作品也再次焕发生机。㊳伯梅、韦勒和迈克尔·施蒂默尔所编辑的三卷本论文集在奠定基础方面有很高的影响力。㊴

　　这些作品的共同点都是从利益角度考量帝国政治的运转。他们认为，在 19 世纪 70 年代经济中最强大的农业和工业利益集团（"铁

㊱　Helmut Böhme，*Deutschlands Weg zur Großmacht：Studien zum Verhältnis von Wirtschaft und Staat während der Reichsgründungszeit 1848—1881*（Cologne：Kiepenheuer und Witsch，1966）.

㊲　Hans Rosenberg，*Große Depression und Bismarckzeit：Wirtschaftsablauf，Gesellschaft und Politik in Mitteleuropa*（Berlin：W. de Gruyter，1967）. 该观点首次出现于："Political and Social Consequences of the Great Depression of 1873—1896 in Central Europe，" *Economic History Review* 13（1943），58—73。

㊳　参见 Hans-Jürgen Puhle，*Agrarische Interessenpolitik und preußischer Konservatismus in wilhelminischen Reich 1893—1914*（Hanover：Verlag für Literatur und Zeitgeschehen，1966）；Kaelble，*Industrielle Interessenpolitik*；Peter-Christian Witt，*Die Finanzpolitik des Deutschen Reiches von 1903—1913*（Lübeck：Matthiesen，1970）；Volker R. Berghahn，*Der Tirpitz-Plan. Genesis und Verfall einer innenpolitischen Krisenstrategie unter Wilhelm II*（Düsseldorf：Droste，1971）；Dirk Stegmann，*Die Erben Bismarcks：Parteien und Verbände in der Spätphase des Wilhelminischen Deutschlands；Sammlungspolitik 1897—1918*（Cologne：Kiepenheuer und Witsch，1970）；Eckart Kehr，*Primat der Innenpolitik*，and *Schlachtfottenbau und Parteipolitik 1894—1901. Versuch eines Querschnitts durch die innenpolitischen，sozialen und ideologischen Voraussetzungen des deutschen Imperialismus*（Berlin：Matthiesen Verlag，1930）。

㊴　参见 Helmut Böhme，ed.，*Probleme der Reichsgründungszeit 1848—1879*（Cologne：Kiepenheuer und Witsch，1968）；Wehler，*Moderne deutsche Sozialgeschichte*；Stürmer，*Das kaiserliche Deutschland*.

和黑麦”）进一步与执政精英的社会力量加强联系，这成为俾斯麦主要的政治支撑，也一直是他可靠的议会基础，为他治理帝国保驾护航。在 1878 年至 1879 年，俾斯麦与自由派分道扬镳，转向右翼。伯梅将该联盟的首次稳固出现称为帝国的社会重建。尽管经过短暂的动荡，后来的政府还是坚定地回到原点。这是帝国盛行的威权主义始终存在的政治支柱。

　　作为研究这一时期政治史的方法，这种学术努力也强调了精英们是如何成功地操纵大众支持。韦勒和其他后费希尔派学者认为，1871 年宪法的不民主条款本身不足以维持现状；俾斯麦和他的继任者需要采取策略动员选民继续效忠。在所谓国家危机的压力之下，这些策略表现在以选举为目的而积极利用各种形式的大众民族主义，无论主要问题是扩充陆军军力（如 1887 年、1893 年和 1912 年的竞选活动），建设海军（1898 年），还是加强对殖民地的控制（1907年）。韦勒最大胆也最为诱人的概念创设之举之一，是为这种全民投票机制提出了通用定义，那就是“社会帝国主义”。

　　在韦勒看来，“社会帝国主义”是指“通过内部紧张局势的外移以及力量的改变来维持社会和政治的现状”，这种外移和改变同时也有助于维护一种“防御性意识形态”，以消除“工业化对德国社会经济结构的破坏性影响”。[40]韦勒以俾斯麦海外扩张的殖民政策和大众支持作为示例，阐述了一直以来俾斯麦都试图将大众民族主义视为“一个有助于稳定不合时宜的社会和权力结构的长期综合性因素”。[41]

---

　　[40]　Wehler, *Bismarck*, 115.
　　[41]　Hans-Ulrich Wehler, "Industrial Growth and Early German Imperialism," in Roger Owen and Bob Sutcliffe, eds., *Studies in the Theory of Imperialism*（London: Longman, 1972）, 89, 87.

这种社会帝国主义是俾斯麦及其主要继承人威廉二世所采取的一种有效的"统治手段",后来仍为希特勒所用,目的是击败"议会化和民主化的进步力量"。[42]它在协调工人阶级接受现状,以及遏制工人运动的兴起之中,都有着非常重要的作用。它的影响如此深远,以至于从俾斯麦到希特勒的德国历史的独特性都可以用这根"社会帝国主义的红线"来定义。[43]

韦勒的方法一针见血地重申了费希尔之争的内涵。韦勒声称,"如果德国帝国主义存在延续性",那么它将会是"从俾斯麦到希特勒的社会帝国主义中的最重要的部分"。[44]由此而来的意识形态操控体系对于帝国的统治实践来说非常普遍,主要针对各种"德意志帝国的敌人",具体表现在 20 世纪 70 年代的文化斗争中反对天主教的影响,在普鲁士东部省份采取反波兰政策,或是进行一系列针对德国社会民主党的斗争。[45]帝国的主要社会化机构一致需要持续"稳定的制度",并且这种需求的一致性变得越来越普遍;这些社会化机构包括学校、军队以及教会。[46]但同时,在韦勒看来,这不过是"二次

[42] Wehler,"Industrial Growth,"88.

[43] Wehler,"Industrial Growth,"89.

[44] Hans-Ulrich Wehler,"Probleme des Imperialismus," in *Krisenherde des Kaiser-reichs 1871—1918: Studien zur deutschen Sozial- Und Verfassungsgeschichte* (Göttingen: Vandenhoeck und Ruprecht,1970),131.

[45] 例如,1906 年 12 月,在天主教中心党和德国社会民主党领导的议会反对派对于殖民政策长期冲突之后,外交大臣伯恩哈德·冯·比洛(Bernhard von Bülow)解散了德意志帝国议会,并重新进行了选举,采用"同教皇绝对权力主义者,教皇党员,社会主义者和波兰人作斗争"为口号。"教皇绝对权力主义者"这个名字是新教民族主义者对于中央党派支持者的蔑称,暗示着对罗马主义的政治效忠。教皇党员指的是汉诺威的单一主义者,他们希望在 1866 年通过普鲁士扭转对于吞并汉诺威的局势。参见 Witt,*Finanzpolitik*,152—57.

[46] 对于这个论点的基础性论述,参见 Wolfgang Sauer,"Das Problem des deutschen Nationalstaats," in Wehler,*Moderne deutsche Sozialgeschichte*,407—36;Michael Stürmer,"Konservatismus und Revolution in Bismarcks Politik," in Stürmer,*Das kaiserliche Deutschland*,143—67;Wehler,*Das Deutsche Kaiserreich*,118—31.

78 融合"，只能暂时掩盖一些表面问题。并且，随之而来的绝望却激发
了对于外交事务的更极端诉求，最终导致了 1914 年 7 月"社会帝国
主义"的升级。这种连续性使得魏玛共和国背负起了"一长串的历
史障碍"，其中包括：

> 对威权政治的敏感性；在教育和政党政治中对民主的敌意；
> 前工业化时期的领导集体、规范和理想的影响；德国国家意识
> 形态的顽固性；官僚主义的神秘面纱；政治反犹主义的操纵。

1918 年以后，这些连续的问题"至少证明了一件事：传统的权
力精英们可以对希特勒阿谀奉承"。如果没有这些人的奉承与帮助，
"希特勒永远不会成功"。[47]

当时，这种方法很令我振奋。西德的新史学似乎与英国社会史
的出现具有相同的特点。事实上，它的倡导者比英国马克思主义者
更热衷于理论，更明确地致力于理论；相比之下，那些英国马克思
主义者对于理论的使用被严重低估了。西德人的理论意识同样是跨
学科的，且是比较性的。以"社会史"的名义，西德人同样在寻求
在工业化带来的社会变革与政治、政府以及国家的变化之间建立联
系。他们从根本上接受了唯物主义社会解释的优越性。他们的决定
模式有着严重的结构主义倾向，从对于经济运动、大规模的社会模
式和趋势的构建，到对于政治机会和约束条件的谨慎评估，都体现
了这一点。在所有的方法中，新史学与马克思主义都有着紧密的联

---

[47] Wehler，*Das Deutsche Kaiserreich*，238—39，226.

系。最重要的是，它的政治性很显然是进步的。它强调连续性问题，坚持正视纳粹的过去，这是值得钦佩的。

我很快就有了一些自己的保留意见。其中一些保留意见是关于以经典历史学家的方式进行解释的特殊性。针对其中一个主要的后费希尔论点，我在第一篇文章中提出了异议，这一论点认为"铁与黑麦"的联盟在德国政治中扮演了非常重要的作用。这篇文章深入探讨了其中一个大背景——也就是发生在 1897 到 1898 年间重要的政治调整。但令人不安的是，我在档案馆里找到的文献似乎并没有符合这个背景。[48]从那之后，我对于这项新工作的其他一些组织概念也表示怀疑，尤其是韦勒的"社会帝国主义"。[49]这种怀疑也都来自经典历史学家的担忧。这些概念究竟是怎样既在内部的逻辑中，同时又在更广阔的理论分支中发挥作用的呢？他们在做什么样的更大的解释工作？他们的解释机制究竟怎样进行评估，用哪些具体的环境来评估？有什么证据可以表明他们的有效性？如果我找到相关档案的实际证据，他们如何站得住脚呢？

韦勒和他同事持有的概念一直让我不安，这最终使我联想到"特殊道路"这个概念本身。这个概念的内涵很广阔，似乎从一开始就是喜忧参半。一方面，"特殊道路"这一概念捕捉到了吸引我的社会史的雄心——即能够将所有社会的发展道路概念化，将一些大型政治结果与社会解释联系起来，并通过明确的比较来实现这一目标。同

---

④ 参见 Geoff Eley，introduction and "*Sammlungspolitik*，Social Imperialism，and the Navy Law of 1898，" in *From Unification to Nazism*，8—11，110—53。

④ 参见 Geoff Eley，"Social Imperialism in Germany：Reformist Synthesis or Reactionary Sleight of Hand?" in *From Unification to Nazism*，154—67；"Defining Social Imperialism：Use and Abuse of an Idea，" *Social History* 1 (1976)，265—90。

样，"特殊道路"理论为纳粹主义的起源提供了深层次的结构性解释。当然，和德国其他历史学家一样，我也非常想了解纳粹主义的起源。

另一方面，意想不到的是，倡导"特殊道路"的历史学家强有力地扭转了这种深层结构的方法。在他们看来，19世纪未能像法国或英国的发展模式那样实现向自由主义的突破，这就使得旧的"前工业化精英"——例如军队、官僚以及通常被称作"容克"的大贵族（房产拥有者）——可以继续行使他们的统治。由于缺乏民主合法性，这些"精英"不得不采取压制和操纵的手段进行统治，从而阻碍了任何进步性的政治改革。最终，德国的"现代化"进程出现问题：经济的现代性与政治的落后之间存在根本冲突，这使帝国陷入反复的不稳定中，甚至陷入"永久的结构性危机"，而这种危机从"前工业化传统"的鼎盛时期就有了。结果，与西方更健康的社会轨迹相比，德国威权主义的"结构综合征"使德国"发展不良"。[50]这种持续的落后性便是纳粹主义的温床。

通过这种方式，"特殊道路"发扬了一种目的论论证，认为纳粹主义起源于19世纪，而彼时德国历史并没有实现所谓"西方式"的转弯。事实上，西德历史学家，例如韦勒，一直在寻求1933—1945年间"德国大灾难"的解释，这激发了一连串的推理，将他们带入到对帝国历史进行一种极端决定论的解读。他们认为，纳粹主义不可否认的独特性以及解决世界大战危机时极其恶劣和暴力的方法，都说明存在一个根深蒂固的病理，使得德国历史总体上与西方国家

---

[50]　参见 Ralf Dahrendorf，*Society and Democracy in Germany*（London：Weidenfeld and Nicolson，1968），404。

不同。但是，这种德国例外论——也就是德国"特殊道路"——的目的论越来越让我疑惑。

一方面来说，这似乎是从错误的时间来解释纳粹主义，将焦点从法西斯主义直接导致的 1929—1933 年和 1918—1923 年危机，转移到整个帝国更深层次的落后状态。韦勒和其他一些学者认为，这些情况才真正将德国与英国、法国或美国之间的差距拉大，同时也解释了为什么德国产生了法西斯主义，而其他国家没有。[51]然而，在我看来，这个焦点的转移绝对夸大了 1914 年以前政治系统的不稳定性。与沙皇俄国落后的状态或是不发达的欧洲边缘地区相比，德意志帝国完全不一样，甚至可以说是先进的。从好的方面来说，同时代人会认为这是现代国家最引人注目的案例，也是国家效率的典范，是由欧洲最具增长活力的资本主义所支持。此外，同样是在 1941 年之前，德国社会几乎和英国还有法国一样不稳定，暴力冲突不断。同时，在给定的宪法制度中，不和谐的力量也一样逐一被打败。因此，无论是德国社会的内部冲突或是永不停歇的对外扩张，都可以看作是其现代性的表现，是一个不断挑战自身限制的社会在现代化过程中呈现出来的症状。

---

[51] 科卡认为，应当改变麦克斯·霍克海默（Max Horkheimer）关于反资本主义的著名格言（"不想谈论法西斯主义的人应该对资本主义保持沉默"），应改成"不想谈论前工业，前资本主义和前资产阶级传统的人都应该对法西斯主义保持沉默"（"Ursachen des Nationalsozialismus," *Aus Politik und Zeitgeschichte*，21 June 1980，11）。温克勒赞同这种说法："为什么在世界经济危机期间，德国民主消失不存在，而其他发达工业国家却依然存在民主，这与危机本身关系不大，而是与这些国家不同的前工业化历史有关。法西斯主义兴起的条件至少与封建主义和绝对主义有关，这与资本主义一样。"（"Die 'neue Linke' und der Faschismus: Zur Kritik neomarxistischen Theorien über den Nationalsozialismus," in *Revolution*，*Staat*，*Faschismus*：*Zur Revision des Historischen Materialismus*［Göttingen：Vandenhoeck und Ruprecht，1978］，83）。这样，"特殊道路"论文的风险就非常高。

对于"特殊道路"的目的论的担忧，让我不禁联想起了马克思主义。对于我这一代马克思主义者来说，现代化理论提出的"现代性"和"现代化"这些特殊概念本身就有很大问题，因为它们都是非历史的、欧洲中心主义的、技术官僚主义的，并且因其与帝国主义的关联而受到极大损害。㉕这些方法是基于历史以极为程式化的单线条、必然的方式向前发展的假设。它们假定了一组功能上相互关联的急需之物，这些急需之物的发展可以按照经济、社会、政治和文化的术语进行分类，但同时在"价值观"的层面上被整合为一体。㉝现代化的理论家也暗示历史的终结，这是功能整合的一个点，在这一点上社会可以在某种逐步实现和终结的意义上变得稳定。

81　　对于现代化理论的大多数支持者——包括西德的"历史社会科学"倡导者——一个成功整合的模式是由 1945 年后的"西方"社会所提供

㉕　对于我来说，早期的批评来自诺姆·乔姆斯基（Noam Chomsky）的《美国力量和新中国普通话》（*American Power and the New Mandarins*. Harmondsworth：Penguin，1969）以及安德烈·冈德·弗兰克（Andre Gunder Frank）的《发展的社会学和社会学的不发达》（*Sociology of Development and Underdevelopment of Sociology*. London：Pluto Press，1971）。另参见 Dean C. Tipps，"Modernization Theory and the Comparative Study of Societies：A Critical Perspective，" *Comparative Studies in Society and History* 15（1973），199—266；Anthony D. Smith，*The Concept of Social Change：A Critique of the Functionalist Theory of Social Change*（London：Routledge and Kegan Paul，1973）；John G. Taylor，*From Modernization to Modes of Production：A Critique of Sociologies of Development and Underdevelopment*（London：Macmillan，1979）。关于出自这一时期的有力辩护，参见 Raymond Grew，"Modernization and Its Discontents，" *American Behavioral Scientist* 21（1977），289—312；"More on Modernization，" *Journal of Social History* 14（1981），179—87。

㉝　这种"现代性"观念以一种简单的方式表达了价值观不断上升的统一性。劳伦斯·斯通（Lawrence Stone）是一位令人尊敬的、在从事现代化理论研究的历史学家中非常具有影响力的从业者。在他的论文集序言中说道："西欧怎样以及为什么要在 16 世纪、17 世纪和 18 世纪改变自己，以为如今我们所生存的理性主义、民主、个人主义、技术工业化的社会奠定一个社会、经济、科学、政治、意识形态以及伦理基础。英国是第一个走上这条道路的国家。"（A. L. Beier，David Cannadine，and James M. Rosenheim，eds.，*The First Modern Society：Essays in English History in Honour of Lawrence Stone*［Cambridge：Cambridge University Press，1989］，vii）

的。尤其是韦勒，他认为现代理想在"过去两百年里已经在西方社会以不同的速度、以不同的强度和在不同的范围内一步一步地实现，先是在美国，然后在法国大革命之后在欧洲得以实现"。[54]它构想了一个终极乌托邦社会，这个社会由在法律上平等、受到良好教育、拥有财产、自由竞争、个人主义和有政治能力的公民组成的社会，并以促成和实现"理性的"共同利益为导向。[55]当然，1914 年以前的德国也确实是掉队的案例。德国历史处处充满遗漏和失败，充满"毁灭性的表现和病态的发展"，满是"灾难性的失败"，最终满是"资产阶级社会的背叛"。[56]的确，1933 年的德国历史告诉我们，它没有通过任何令人满意的方式创造"现代社会"，也未能走过"现代性漫长而艰辛的道路"。[57]

但是，与其将德意志帝国的威权主义——以及纳粹主义的可能性——看作是过去"封建"和"专制主义"的遗产，我更愿意将它视作 20 世纪早期资本主义动荡演变的复杂结果。我认为，对帝国时期冲突的历史认知是扭曲的和不正确的，这是由韦勒对于停滞、僵化、"落后"、"前工业传统"之统治的叙述所造成的。德国已经全力以赴进行资本主义转型。在这种情况下，德国应该改变自身，而不是让一些现状变得具体化，这样才能为连续性提供最强的保障。此外，鉴于"特殊道路"的主张明确反对马克思主义，因此在我看来，坚持把纳粹主义的起源归结于"封建"和"前工业化"的遗产的这

⑤④　Hans-Ulrich Wehler, "Geschichte und Zielutopie der deutschen 'bürgerlichen Ge-sellschaft,'" in *Aus der Geschichte Lernen? Essays* (Munich: C. H. Beck, 1988), 251.

⑤⑤　Hans-Ulrich Wehler, "Wie 'bürgerlich' war das Deutsche Kaiserreich?" in *Aus der Geschichte Lernen?* 199.

⑤⑥　Wehler, "Geschichte und Zielutopie," 252.

⑤⑦　Dahrendorf, *Society and Democracy*, 397.

种想法，就好像认为资本主义与纳粹主义完全没有任何因果关系，毋须追责。通过这些手段，资本主义被释放了。

"从底层出发"的阶级分析

82　　　我对于韦勒的怀疑还有一个更深层次的政治因素。许多历史学家，以及受到爱德华·汤普森激励的人，比如我，都认为大众的能动性信仰是至关重要的，而这种想法与韦勒所谓的历史，在两个方面都有冲突。一方面，它与韦勒的社会科学倾向有严重冲突。例如，当还没有出现像雷蒙德·威廉斯这样的人物时，毫无意外，比勒费尔德与英国的联系偏好于更加"经典唯物主义"的霍布斯鲍姆，而不是更加"文化主义"的汤普森。㊳另一方面，比勒费尔德自上而下的政治行动模式也与汤普森认为的"从底层出发的历史"的观点不一致。前者强调长期的结构性变化、强大的个人力量以及可测量的社会趋势，与后者并不矛盾。韦勒的关于大众政治的操纵模式则显得很不合适，甚至问题重重。以上两个方面的冲突已经使得大众的能动性不再有生存的余地。对于后费希尔"新正统"的早期批评指出这一特定问题，并代表我们发言：

　　　　政治进程、变革以及影响都被看作是自上而下流动——尽

　　㊳　霍布斯鲍姆一直是社会结构分析，经济史和定量方法的重要支持者。科卡和韦勒的另一个亲密合作者是来自谢菲尔德的西德尼·波拉德（Sidney Pollard），他是共产党历史学家小组的一名成员，也是霍布斯鲍姆经济史与劳工史学会的同事。在 20 世纪 80 年代，波拉德也在比勒费尔德大学教书。当然，霍布斯鲍姆和波拉德都会说德语。而像威廉姆斯、E. P. 汤普森就被完全遗忘了。

管现在是从控制国家的精英，而不是作为更模糊社会实体的国家自身向下流动——而不是从人民自下而上流动。人民群众的行为和信仰可以通过处在社会顶层的操纵性精英所施加的影响来进行解释。德意志帝国就像是在剧院表演的木偶，由德国贵族和工业家拉着线，中下阶级在历史的舞台上笨拙地跳舞，最终进入第三帝国的最后一幕。⑤

换句话说，"特殊道路"理论在所有方面都阻碍了我们认真对待德意志帝国的大众政治。如果不改变帝国的落后状态，始终让前工业精英控制整个国家，并一直捍卫威权主义的话，那么大众动员的重要性将会削弱，对大众公民权潜力的认知也会容易动摇。任何关于大众活动的证据都可以被看作操纵的结果。因此，无论是 1914 年之前大众政治充满活力的常态，还是德国社会冲突的真正意义，都无法被人们所掌握。

意识到这个问题之后，我的反应就是为 1914 年之前的大众政治参与构建一个更加复杂的图景，通过来自基层的社会和政治变化的影响，而不是通过自上而下的操纵性干预来解释一个时期的新型大众运动。通过重塑大众动员的一致性、合理性和自我激活等特点，我希望可以恢复对于大众能动性的更好理解。我现在手边的工作和大众政治有关，或者更准确地说，涉及施压的民族主义团体在 1914 年之前

---

⑤　Richard J. Evans，"Introduction：Wilhelm II's Germany and the Historians，" in Richard J. Evans，ed.，*Society and Politics in Wilhelmine Germany*（London：Croom Helm，1978），23. 由埃文斯编辑的书卷，也是我贡献的书卷，被认为是英国对新西德工作的回应，明确界定了一些独特的社会历史观。茨马尔茨利克（Zmarzlik）在"一个新视角下的德意志帝国"（Das Kaiserreich in neuer Sicht）中用到了木偶剧场的形象。

激化右翼政治的作用。⑩但毫无疑问的是，我对于韦勒的操纵模型有很多怀疑，这些怀疑大部分都源于对大众抗议的本质的认识，这也是我从汤普森、霍布斯鲍姆、吕德那里所学到的。此外，我对于德国劳工史也非常感兴趣，在德国劳工史研究中，新社会科学史的影响非常大。

从某种程度上来说，北海对岸劳工史最近的发展可以与英国劳工史的发展相媲美。《现代社会史档案》（*the Archiv für Sozialge-schichte*. Göttingen：Vandenhoeck und Ruprecht，1961）是 1961 年出版的一本年鉴，它最开始的关注点并不是社会主义传统的内部历史。但在十年之内，它逐渐具有了更加广阔的社会史视野。《德国工人运动史国际学术通信》（IWK），是创刊于 1965 年的学术通讯，包含文章、文件、档案指南以及研究目录。尽管 IWK 严格遵守英国劳工史学会《简讯》的格式，但其样式在其他方面还是有很大不同。因为有来自德国社会民主党制度资源的官方支持，每年一期的《现代社会史档案》拥有良好的政治关系，而这种政治上的益处是英国劳工史学会永远无法享受的。1969 年，德国社会民主党在巴特戈德斯贝格的档案馆正式开馆之后，这种对比被进一步证实。该档案馆与德国社会民主党的研究机构弗雷德里希·艾伯特基金会（Friedrich Ebert Foundation）有关联，而这个基金会为一系列出版和研究提供了赞助。

绝非偶然的是，西德劳工史的奠基性著作出自德国社会民主党

---

⑩　作为一个刚崭露头角的德国历史学家，我有意识地不去研究劳工运动历史中的一些方面，因为左翼历史学家似乎太容易被剥夺自己传统的历史。对于我而言，帮助找到法西斯的起源似乎是同等重要的。我的第一本书叫作《重塑德国权利：俾斯麦之后的激进民族主义和政治变革》（*Reshaping the German Right*：*Radical Nationalism and Political Change after Bismarck*. London and New Haven：Yale University Press，1980；2nd ed.，Ann Arbor：University of Michigan Press，1991）。

正式否认自身马克思主义遗产的时期。1959 年的巴特戈德斯贝格大
会上，德国社会民主党将自己称为"人民的党派"。这些关键著作包
括埃里克·马蒂亚斯（Erich Matthias）对于卡尔·考茨基（Karl
Kautsky）的影响的解读；苏珊·米勒（1915 年生）所撰写的社会
民主传统的思想史；沃纳·康策（Werner Conze）以及他在海德堡
大学的学生于 19 世纪 60 年代和 70 年代所做的一系列研究；韦伯式
社会学家冈瑟·罗特对于帝国时期德国社会民主党亚文化的详细阐
述；格哈德·里特（Gerhard A. Ritter，生于 1929 年）关于德国社
会民主党在 19 世纪 90 年代如何发展成为一个群众运动的开创性研
究。[61]随着《戈德斯贝格纲领》肯定了德国社会民主党通过西德社会
现有机构向着最终目标——"负责任的政府党派"的行进，一种新
的学术史学出现并为这些主张提供依据。在 1963 年劳工运动的一百
周年庆典中，这种融合表现得尤为明显。[62]

84

---

[61]　Erich Matthias, "Kautsky und der Kautskyanismus: Die Funktion der Ideologie in
der deutschen Sozialdemokratie vor dem Ersten Weltkrieg," *Marxismusstudien*, 2nd ser.,
vol. 2, 1957, 151—97; Susanne Miller, *Das Problem der Freiheit im Sozialismus: Freiheit,
Staat und Revolution in der Programmatik der Sozialdemokratie von Lasalle bis zum Revisionis-
musstreit* (Frankfurt am Main: Europäische Verlaganstalt, 1964); Werner Conze and Dieter
Groh, *Die Arbeiterbewegung in der nationalen Bewegung: Die deutsche Sozialdemokratie vor,
während und nach der Reichsgründung* (Stuttgart: Klett Cotta, 1966); Guenther Roth, *The So-
cial Democrats in Imperial Germany* (New York: Arno Press, 1963); Gerhard A. Ritter, *Die
Arbeiterbewegung im Wilhelminischen Reich: Die Sozialdemokratische Partie und die Freien
Gewerkschaften 1890—1900* (Berlin: Colloquium, 1959).

[62]　参见由格奥尔格·埃克特（Georg Eckert）编辑的优秀纪念性作品《1863—
1963：德国社会民主百年的图片和文件》（1863—1963: *Hundert Jahre deutsche Sozialde-
mokratie: Bilder und Dokumente*. Hanover: J. H. W. Dietz Nachf., 1963），这本书还提及
了康策以及他早期的一个学生，弗罗林德·巴尔泽（Frolinde Balser）。康策学派是一个重要
的学术小组，强调劳工运动与 19 世纪中叶德国统一的"民族运动"有着历史亲密关系。康
策这一代人中还有一个重要人物，那就是西奥多·席德尔（Theodor Schieder），他对德国
社会民主党的关注较少，但也分享了自己的观点。参见 *Das deutsche Kaiserreich von 1871
als Nationalstaat* （Cologne: Westdeutscher Verlag, 1961）。更重要的是，席德尔还审查了
韦勒的博士论文，论文是有关于社会民主对民族问题的态度。该论文于 1914 年前德国社
会民主党的第一波学术研究报告中发表。参见 Hans-Ulrich Wehler, *Sozialdemokratie und
Nationalstaat: Die deutsche Sozialdemokratie und die Nationalitätenfragen in Deutschland
von Karl Marx bis zum Ausbruch des Ersten Weltkrieges* （Würzburg: Holzner-Verlag, 1962）。

康策学派的导师是西德社会史专业领域的一位重要先驱，因此从当前研究的角度来审视康策学派是非常有趣的。[63]争论主要围绕着19世纪60年代中期劳工阶层与自由主义之间的分裂所造成的致命后果展开，当时正值关于统一的冲突时期或古斯塔夫·梅耶（Gustav Mayer）于1912年所说的"无产阶级与资产阶级民主相分离"的时期。[64]由此引发的指责使得德国社会民主党不再处于全国一致认同的正统民主派的位置，这一处境也使它变得更像1867年后格莱斯顿联盟中的英国自由党。对于康策来说，这意味着一个"独立的劳工党派，与民主人士结盟，但有独特的组织机构，对国家没有革命性敌意，并且致力于制定为人们普遍接受的民主—君主宪法。"[65]事实上，他解释说："直到1871年，德国的劳工运动一直是全国运动的一部分。"[66]工人们只有在自由党愿意与俾斯麦妥协时，才会疏离其爱国主义精神。自由党对民主的轻视剥夺了工人们"在国家和社会中合作的意愿"。随着他们的民主希望遭到摒弃，社会主义者退回到了单

---

[63] 除了重要的《技术工业时代的结构历史》（*Die Strukturgeschichte des technisch-industriellen Zeitalters*）（详见上文注释6），康策还于1954年发表了一篇关于新型语言与工业化社会变迁之间关系的突破性文章：参见 Werner Conze，"From 'Pöbel' to 'Proletariat'：The Socio-Historical Preconditions of Socialism in Germany," in Georg Iggers，ed.，*The Social History of Politics：Critical Perspectives in West German Historical Writing since 1945*（New York：St. Martin's Press，1985），49—80。1957年，他成立了现代社会历史工作组，在历史学家、社会学家、经济学家、律师和人类学家这样一个紧凑的跨学科网络中定期举行会议，最终赞助大型会议。自1962年起，他还赞助了韦勒工业化的系列书籍。到1970年，这些活动还与韦勒的网络有所重合。

[64] 参见 Gustav Mayer，"Die Trennung der proletarischen von der bürgerlichen Demokratie in Deutschland，1863—1870," in *Radikalismus，Sozialismus und bürgerliche Demokratie*，108—78。

[65] Werner Conze，"Der Beginn der deutschen Arbeiterbewegung," in Waldomar Besson and Friedrich von Gaertringen，eds.，*Geschichte und Gegenwartsbewußtsein：Historische Betrachtungen und Untersuchungen；Festschrift für Hans Rothfels zum 70. Geburtstag*（Göttingen：Vandenhoeck und Ruprecht，1963），323—38，quotation from 337—38.

[66] Conze and Groh，*Die Arbeiterbewegung in der nationalen Bewegung*，124.

纯依靠革命宣传的阶级孤立的状态。⑥⑦

康策学派的影响得到了一些著作的补充，这些著作处理的是社会民主党亚文化的团结以及《反社会主义法》（1878—1890）之下的非法性所造成的后果——二者都加重了劳工运动与社会其他部分的分离，同时提高了运动所贯彻的新马克思主义信条在整合方面的重要程度。到20世纪70年代，第一批以新"历史社会科学"为形象的专著成功出版。除了康策的下一代学生之外，专著的作者还包括：在比勒费尔德与柯克和韦勒合作的年轻学者；先是在明斯特，然后是在慕尼黑与里特合作的学者，以及在波鸿和其他中心与汉斯·莫姆森等人合作的学者。这些研究成果通过以下途径出版：克勒特-科塔（Klett-Cotta）出版的康策的"工业世界"系列；科卡、韦勒等编辑的"批判性研究"系列；以及弗里德里希·艾伯特基金会（Friedrich Ebert Foundation）的出版社。⑥⑧

即使在70年代末和80年代初期已经有了一些共识，新的批评和反抗也还是出现了。尽管在西德，影响力逐步增长的社会科学史学家已经证明在边缘化既有学术成果方面并不逊色于其他地方，但挑战仍然存在，尤其是在女性史和性别史方面。新的文化史的观点

85

---

　　⑥⑦　引自 Wolfgang Schieder，"Das Scheitern des bürgerlichen Radikalismus und die sozialistische Parteibildung in Deutschland," in Hans Mommsen，ed.，*Sozialdemokratie zwischen Klassenbewegung und Volkspartei*（Frankfurt am Main：Fischer Taschenbuchverlag，1974），21。康策关注德国的自由党和劳工党分裂的后果，而忽视了19世纪后期在欧洲其他地方可能出现的分裂。在这方面，英国比德国更特殊。

　　⑥⑧　例如，除了专著以外，康策的工业世界系列图书（由克勒特科塔在斯图加特出版）发行了一系列厚厚的会议卷，召集一小批学者研究相关主题：Werner Conze and Ulrich Engelhardt，eds.，*Arbeiter im Industrialisierungsprozeß：Herkunft，Lage und Verhalten*（1979；conference in 1978）；Werner Conze and Ulrich Engelhardt，eds.，*Arbeiterexistenz im 19. Jahrhundert：Lebensstandard und Lebensgestaltung deutscher Arbeiter und Handwerker*（1981；conference in 1980）；Ulrich Engelhardt，ed.，*Handwerker in der Industrialisierung：Lage，Kultur und Politik vom späten 18. bis ins frühe 20. Jahrhundert*（1984；conference in 1982）；Klaus Tenfelde，ed.，*Arbeiter im 20. Jahrhundert*（1991；conference in 1989）。

已经开始从更普遍的不满中出现；其最激进的西德版本则被称为"日常生活史"。我将在第四章探讨这些偏差的性质。在此，我想更多地谈谈社会史如何走近工人阶级的历史。就我自己对社会史的可能性的希冀来说，核心目标始终是在对资本主义制度下的工人阶级所展开的唯物主义分析中构建出一种能够与对国家历史的权威性论述相竞争、体现大众民主主体性的对抗性叙事，爱德华·汤普森和埃里克·霍布斯鲍姆都以不同的方式示范过这样的分析。1914 年以前的德国劳工运动更偏向于社会主义，组织更加有序，显然比温和务实的英国劳工运动更具阶级意识，为这一研究事业提供了理想的素材。那么，西德的批判历史学家们能将其发挥到何种程度呢？

或许在多卷本丛书"18 世纪末以来德国工人史和劳工运动"中可以找到一个答案。该系列丛书由弗里德里希·艾伯特基金会的格哈德·里特编辑，于 1984 年出版。这个项目为各分卷召集了西德一批最著名的学者，包括尤尔根·科卡（Jürgen Kocka，19 世纪），海因里希·奥古斯特·温克勒（Heinrich August Winkler，魏玛共和国），迈克尔·施耐德（Michael Schneider，第三帝国），克劳斯·滕费尔德（Klaus Tenfelde，德意志帝国和一战）和里特本人（Ritter，德意志帝国）。[69]自

---

　　[69]　迄今出现的所有图书都是由 J. H. W. 达茨纳赫夫（J. H. W. Datz Nachf）在波恩出版：Jürgen Kocka，*Weder Stand noch Klasse：Unterschichten um 1800*（1990）and *Arbeitsverhältnisse und Arbeiterexistenzen：Grundlagen der Klassenbildung im 19 . Jahrhundert*（1990）；Gerhard A. Ritter and Klaus Tenfelde，*Arbeiter im Deutschen Kaiserreich 1871—1914*（1992）；Heinrich August Winkler，*Von der Revolution zur Stabilisierung：Arbeiter und Arbeiterbewegung in der Weimarer Republik 1918 bis 1924*（1984），*Der Schein der Normalität：Arbeiter und Arbeiterbewegung in der Weimarer Republik 1924 bis 1930*（1985），and *Der Weg in die Katastrophe：Arbeiter und Arbeiterbewegung in der Weimarer Republik 1930 bis 1933*（1987）；Michael Schneider，*Unterm Hakenkreuz：Arbeiter und Arbeiterbewegung 1933 bis 1939*（1999）。科卡还有两卷书有待发表，书籍是有关于阶级的形成和 1875 年劳工运动的兴起；一本是由里特写的，关于 1875—1890 年间的劳工运动；还有两本由滕费尔德（Tenfelde）写的，有关于 1914 年和第一次世界大战之前的劳工运动；另外一本由施耐德（Schneider）写的，关于二战。这个系列也在 1945 年以后出版。

20 世纪 60 年代以来，这些作者坦率地承认了他们自身对于由韦勒、科卡等人所创立的历史社会科学的借鉴——如果不是作为一种充满热情的纲领性声明，那么就是一种简单明了的操作上的承诺，并且因为有了脚注而变得越来越明显，就好像现在好的史学会自明地呈现出的形式。[⑦]换句话说，这个巨大项目的公开框架，包括每一本书 **86** 章节组织的有形结构，都完全可以被 20 世纪 70 年代兴起的西德社会史所建立的话语所吸纳。那么，结果是什么呢？

　　从古典社会科学的意义来说，总体方法非常偏向于唯物主义。劳工运动历史的基础背景是通过一系列结构性分析的结合来确定的，这些结构性分析也是逐步在整个叙述中建立起来的。这些分析涵盖了劳动力迁移和雇佣人口的统计资料；劳动过程的方方面面，生产力，以及劳动分工的变化；劳动力市场的组织和动态；工资和价格的变动；生活标准和家庭的社会生活的物质条件，住户，以及邻居；住房，健康和营养；性和生育；以及获得的福利和社会保障。将框架中的这些内容结合在一起是长期发展进程的方向性逻辑，也与社会结构的变化以及大规模的周期性有关。最基本的理论参照点往往来自马克斯·韦伯。关于长期社会变革的假设则被组织成一个源自西方的现代化范式。

　　如果没有"结构史学"，这一切都是空谈，因为"结构史学"对

---

　　⑦　另参见科卡为 19 世纪德国撰写工人阶级历史的理论和方法的长篇小说，《工作和班级组成：德国工人运动 1800—1875》（*Lohnarbeit und Klassenbilding：Arbeiter und Arbeiterbewegung in Deutschland 1800—1875*. Bonn：J. H. W. Dietz Nachf.，1983），这本书为之后的全面研究提供了草图。这个论据是由东德马克思列宁主义史学批评引入和阐述的。这本书的精简版，参见 Jürgen Kocka，"Problems of Working-Class Formation in Germany：The Early Years，1800—1875," in Ira Katznelson and Aristide R. Zolberg，eds.，*Working-Class Formation：Nineteenth-Century Patterns in Western Europe and the United States*（Princeton：Princeton University Press，1986），279—351。

因果关系的理解为系列中每本书的边界和范围都提供了组织原则。[71]
在阶级形成的动态过程中，这些作者基本上都优先考虑结构和进程，
而不是人的能动性。他们聚焦不断变化的市场关系、劳动力市场的
特征、工资劳动力的扩大、工业的空间增长和集中、收入分配，以
及通过家庭、社区以及相关社会道德准则实现的"无产阶级环境的
稳定"。除此之外，以政党和工会的形式出现的劳工运动的历史本身
则被完全分离出来——要么是独立成卷，例如科卡关于 19 世纪的书
以及滕费尔德和里特为战前德意志帝国所著的书，要么就是作为一
部著作的不同部分，如温克勒关于魏玛的三部曲。[72]除了传统上被视
为结构性工人阶级环境一部分的"亚文化"俱乐部和协会之外，所
有在德意志帝国时期为德国工人阶级做出积极贡献的组织机构和事
件都被正式与日常物质生活的经验处境隔离开来。让德国工人阶级
作为一个集体力量展露在历史舞台的一切——包括德国社会民主党、
工会、合作社、主要的罢工活动、选举活动、声势浩大的示威和集
会、内部争端和有魅力的人物——都成为了工人阶级的一部分。

　　因此，政治在关于 1914 年之前的几卷中的定位是不一致的，并
且非常自相矛盾。这些作者针对常规的发展提出了一个假设模型，
即一个阶级形成的全过程——这个过程源自资本主义经济的结构条
件和关系，是从长期来看，并且如果有可能的话，德国工人将会做
出的"正常"反应，即通过组织进入合法的公共领域，从其他社会

87

---

　　[71] 　这至少适用于温克勒的三卷本巨著（参考 136 页注释 69），这三卷书更多采用整
体叙事框架。

　　[72] 　一些分析性的分离显然是不可避免的，也不需要暗示一个因果关系。从这个角度
写一部通史，在组织上是有困难的，但施耐德关于 1939 年之前的第三帝国的著作很好地
解决了这个难题。参见 Schneider, *Unterm Hakenkreuz*。

组织中获得支持，以及越来越融入政治体系。但是，帝国主义国家
和统治精英落后的反动政治阻止了其在轨道上的任何正常进化。通
过镇压德国工人的合法自治组织，政府和大雇主迫使劳工运动重新
回到防御性的激进状态。这种顽固态度加强了激进的马克思主义领
导层的领导力，如果没有这种态度，他们将会消失，也将为实用主
义者和温和的改革者让路——后者据说是英国劳工运动的一大特征。

　　在过去的几十年当中，这个批判性方法不断得到完善，尤其是
通过里特本人，他的第一本书帮助开创了这个论点。⑦但值得注意的
是，相对于看似教科书式的社会经济决定论案例，这个政治解释在
处理上有所不同。在此书的一开始，里特和滕费尔德就提出对于德
意志帝国统治下工人处境的解释。这个解释作出一个和工业经济基
本解释相同的假设：事实上，传统统治精英的反现代行为因此而摆
脱了书中的结构决定机制，还可以自主地运作，对劳工运动起作用
并阻碍了劳工运动（以阻碍其解放），将其愿望扭曲成自我隔离的激
进主义，并且限制了其能动性。然而，劳工运动本身的政治行动在
塑造工人阶级集体形象方面并没有被赋予同样的决定性作用。相反，
在后续（仍在撰写中）的各卷中，劳工政治被赋予了更多的附加意
义，很大程度上成为了作者早先所叙述的"基础"的"上层建筑"。

　　政治负担在逐步减少，同时又不断加重，也就是说有一种观点
认为政治不是阶级形成的一部分，而是其外部因素；这种观点认为
政治扭曲了集体机构和文化性格，而这些恰恰都是在阶级形成的过
程中产生的。里特和滕费尔德所代表的德国劳工史解释一直都支持

⑦　Ritter，*Die Arbeiterbewegung im Wilhelminischen Reich*.

这样的观点。然而，正是这一解释背后的社会科学唯物主义才是最令我困惑的地方。70 年代，我开始对雷蒙德·威廉斯所实践的那种文化主义式的马克思主义愈发感兴趣，认为它似乎更便于发现"政治"和"社会"之间的转移所表现出的微妙之处和间接特性。我认为，无论是在更容易接触到的工作场所或是党派中，还是在工会组织中、在家庭或街道等非正式场合，或者在动态的体验环境如竞选运动、罢工或暴动中，最有用的社会和文化理论就是在社会文化生活的多元实践环境中努力去理解意识形态和政治。但相反的是，社会科学史学家仍然将政治和意识形态视为两个相互分离的层面或领域，要么依其自身的逻辑和节奏加以分析，要么以一种功能主义或工具化的方式使其与经济和社会结构相联系——无论在何种情况下，都预设了一种派生性的、间接的反映。

换句话说，在整个社会理论中，社会史所假设的那种结构主义，认为政治脱离于经济和社会生活之外，这已经使越来越多具有自我批判精神的实践者越来越难以为之辩护。这其中涉及的程序令人高度怀疑：首先在阶级形成的讨论中不考虑政治，然后通过彻底的经验社会学分析确定经济及其社会关系在更基本和更深层意义上的决定性力量之后，才再次引入政治解释。但正如佩吉·萨默斯（Peggy Somers）所指出的那样，"政治、法律、文化实践、信仰都与经济息息相关；他们是人类生产生活的机制，他们**是**经济，但不仅仅是资本累积或是克服稀缺性的努力。"[74]政治和国家远远不是作为已经完

---

[74]　Margaret R. Somers，"Class Formation and Capitalism：A Second Look at a Classic，"*Arc hives européennes de sociologie* 38（1996），198. 这篇文章是对卡茨内尔森和佐尔伯格的《工人阶级的形成》（*Working-Class Formation*）的批评。另参见 Somers，"Workers of the World，Compare！" *Contemporary Sociology* 18（1989），325—29。

成的结构从外部影响工人阶级，它们应当被视为直接参与到工人阶 89
级形成的进程中，是阶级形成过程中每一个环节的重要且不可分割
的组成部分。

在这种情况下，我们再次回到了"特殊道路"的主要概念中。
为了支持他们在劳工史上的做法，"特殊道路"的倡导者总是指出
1914 年之前德国大型工业的压迫性劳动关系，以及与此相关的德国
社会民主党和工会被排除在合法政治国家之外的情况。通过保持这
样一个排斥系统，德意志帝国中最强大资本家的反动态度将会被视
作"前工业化"或者传统主义思想的冗余残留物。但作为回应，我
认为，我们不妨看看普遍存在于大工业家之间的非自由主义政治
观——他们对工会的禁止，对车间关系进行的专制管理，以公司为
基础提供家长式的福利。我们可以将这种非自由主义政治观视作一
种对快速、大规模、动态工业化过程中遇到的特殊劳工问题的现代
回应。事实上，帝国政治的独特威权主义和社会民主党的激进主
义形式，不应当被看作从"前工业"时代以来就应被取代的病态
残留物，而应该追溯到德国社会的极端现代性。1914 年之前，德
国没有遵循异常或"特殊"的道路，而是提供了一个特别极端的
"正常道路"。

问题的核心就在于，我们没有足够的成熟度去严肃对待历史机
制：尊重其自身的条件和时间，同时在历史定位和变化的较长时期
内遵循适当的比较标准和理论标准。我认为，只有进一步探讨 19 世
纪 60 年代至 20 世纪 30 年代不同时期政治主体内所产生的特殊冲
突，我们才能最容易理解短期和长期的历史结果（这里意味着能够

更成功地定位 1933 年事件之意义所需要的所有复杂的历史论证）。在这个方面，我在 70 年代末和 80 年代初越来越专注于面对将两个历史学家的身份更加一致地融合在一起所带来的挑战：一方面，在英国史学界，我对于工人阶级文化和大众意识形态的复杂性最感兴趣；另一方面，在西德史学界中，社会史学家的主流学派用一种无情的结构主义方式思考问题。⑦⑤这个困境尤其明显地体现在新西德工人阶级历史的研究上。这些研究强调大型结构和客观进程，狭隘地限制了大众能动性的任何空间。他们提出了一种与汤普森完全相反的解释。在科卡、里特和滕费尔德的作品中，毫无疑问，德国工人阶级在自身形成过程中是不在场的。

置身边缘

20 世纪 80 年代中期就是我所试图描述的紧张局势时期。要想准确地追溯观念史的变化，特别是我们自己所亲身经历的变化，是一件非常困难的事。如果将十几个历史学家安排在一张桌子前，他们甚至有可能会给出不同版本的解释。但是，大部分人都赞赏这个学科生活中所存在的重要分水岭：在此之前，社会史为创新提供了动力；在此之后，创新则来自文化史，尤其是来自容易引起争议的辩

90

---

⑦⑤　一种专门的德语来调和这两个理论世界。在 20 世纪 80 年代初关于"特殊道路"德国史学辩论的评论中，我和一个朋友认为，其中一个解决方案是"将个性化和解释学的方法与对历史发生的社会结构和过程进行的系统分析相结合"（David Blackbourn and Geoff Eley, *The Peculiarities of History*：*Bourgeois Society and Politics in Nineteenth-Century Germany*［Oxford：Oxford University Press，1984］，33）。沃尔夫冈·莫姆森（Wolfgang J. Mommsen）在《超越历史主义的历史科学》（*Geschichtswissenschaft jenseits des Historismus*. Düsseldorf：Droste，1971）一书中，对这一影响发表了强有力的论点。

论。关于"特殊道路"的讨论一直都高度集中于纳粹主义产生的原因，并且关注其对犹太人种族灭绝的恶劣暴行。同时，我对德国的兴趣固然有其"本地"成因，但我的思考总是受到围绕这一巨大转型而展开的更广泛辩论的启发、挑战，甚至是困扰。

变化的时间性因地而异，也因国家而异。就欧洲而言，这种变化很容易在法国史学界中出现，而不是诸如英德等其他国家的史学界，并且比起现代主义者，更容易出现在早期现代主义者当中。这种变化在美国史学界中得到了迅速发展，而在其他地方则是在边缘和夹缝中生存。在很大程度上，西德变革的主要压力来自大学历史系之外，来自历史工作坊运动的基层行动主义，而这一运动部分则模仿了英国先驱。同样地，在英国，除了大学专业，历史工作坊仍然是新想法的重要来源，并在那些最终在 1992 年获得大学地位的理工学院和其他二级机构之中建立起更强大的影响力。英国的许多文化史学家最初都是在文化研究中而非历史部门中找到了自己的定位。在大多数领域，变化需要很长时间才能渗透。在我所属的德国历史学家群体当中，我认为转变开始于我们当中的几个人，那时是 20 世纪 80 年代末。但是十年之后，"新文化史"的观点仍然遭到愤怒或者说不屑一顾的抵制。

我们慢慢感到不安，开始逐渐怀疑社会史总体要求的充分性，并对预期本能实现的东西不够乐观。早期的辩论也形成于社会史的新框架内，因为在 20 世纪 70 年代末，新框架在很大程度上已取得主导地位。人们确信，无论是哪一种特别的话题或是专长，社会解释的力量仍然可以用于建立规则。用这个时期经常使用的话语来说，

91

我们"现在都是社会历史学家"。事实上，即使我们承认——或者其实是喜爱——一些连续的困难（无论我们多么努力地面对文化和意识形态的复杂性，或需要以更复杂的方式永无止境地对政治与社会、国家与经济的关系进行理论化），我们仍然认为社会史本身的根本转向是永久性的。即使我们暂时进入了主观性和无意识的禁区，这一点仍然是正确的。"最终"，"社会"的主权将会占上风。其他的一切都还不可想象。它的合法性是付出了巨大代价才获得的——无论在思想上还是政治上，都投入了太多的希望。

在我研究 1914 年以前德国右翼政党激进化的过程中，我面临着各种新出现的棘手状况。我想阐明一下激进的民族主义意识形态的兴起，但不是屈服于聚焦于 1933 年连续性的简单论断，也不是遵循一些陈规的主张，例如"德国人的思维"或是特殊的"德国意识形态"。尽管一开始我想当然地认为大体需要某种关于爱国行动主义的社会学研究，但从我撰写论文（1974 年）到出书（1977—1978 年）的这段时间内，我发现这根本行不通。相反，我需要一个改良版的意识形态理论，比起现有社会史方法的唯物主义分析，这个理论将更好地适应激进民族主义诉求和修辞背后的经验动力、自足逻辑和独立效能。这个理论将有能力去捕捉意识形态的"相对自主性"（当时的重要用语）。

我在一些相互交织的影响中发现了这一点，其中一些影响对德国历史学家的想法造成了困扰。其中一位就是葛兰西，他的监狱笔记在 1971 年编纂成集。他之前在监狱里写的信于 1974—1975 年被翻译出来。同时，他也得到了越来越多的评论，且数量在

1977 年达到了顶峰。⑦另一位同样非常重要的历史学家是雷蒙德·威廉斯，他于 1973 年写成的文章《基础和上层建筑》（*Base and Superstructure*）给了我一个参考角度，引导我走向他在 1977 年出版的更详尽的《马克思主义与文学》。从 1975 年初开始，我努力理解路易·阿尔都塞影响的内涵，而其影响逐渐超过了英国马克思主义。比起其他因素，与阿尔都塞思想的这一搏斗使我对意识形态的思考更加摆脱了"虚假意识"之类观念的束缚，正如阅读尼科斯·普兰查斯（Nicos Poulantzas）所经历的痛苦可以让我们更深入地理解国家、政治力量以及社会阶级之间的关系一样。⑦从长远来看，最具有深远意义的，是新女性主义的后果正变得越来越不为人们所接受，也逐渐成为不断扩大的干扰来源，而这个后果仍然在这些其他讨论的表面之下运作。⑦最终，有两种影响推动了我在书中的思考：在意识形态方面，斯图亚特·霍尔和其他一些来自伯明翰当代文化研究中心的学者所出版的一本论文集，以及厄尼斯特·拉克劳（Ernesto Laclau）在《马克思主义理论中的政治与意识形态》（*Politics and Ide-*

⑦　Antonio Gramsci，*Selections from the Prison Notebooks*，ed. Quintin Hoare and Geoffrey Nowell Smith（London：Lawrence and Wishart，1971）；"Gramsci's Letters from Prison，" ed. Hamish Henderson，*New Edinburgh Review* 25（1974），3—47，and 26（1974），1—44；Lynne Lawner，ed.，*Letters from Prison*（New York：Harper and Row，1975）. 关于英语世界对葛兰西的接受情况，参见 Geoff Eley，"Reading Gramsci in English：Observations on the Reception of Antonio Gramsci in the English-Speaking World，1957—82，" *European History Quarterly* 14（1984），441—78。

⑦　特别参见 Louis Althusser，"Contradiction and Overdetermination，" in *For Marx*（London：Allen Lane，1969），87—128，以及 "Ideology and Ideological State Apparatuses，" in *Lenin and Philosophy and Other Essays*（London：NLB，1971），121—73；Nicos Poulantzas，*Political Power and Social Classes*（London：NLB，1973），*Fascism and Dictatorship*（London：NLB，1974），*Classes in Contemporary Capitalism*（London：NLB，1975），以及 *State*，*Power*，*Socialism*（London：NLB，1978）。

⑦　关于这一重要的背景，参见 Terry Lovell，ed.，*British Feminist Thought：A Reader*（Oxford：Blackwell，1990）. 这里说 "越来越不可接受"，我的意思是，挑战变得越来越难以忽视、消除或遏制。

ology in Marxist Theory）所撰写的一系列文章。⑦（这两本书都于 1977 年出版，这也预示着 20 世纪 80 年代将会有更详细的著作出现。）

这些讨论将唯物主义者的共识推向边缘，但并没有想要将他们排除在这个领域之外。他们在重新思考结构主义的马克思主义时，也看到了"基础和上层建筑"唯物主义的问题。此外，由于很多社会史学家拥有同样的思考方向，20 世纪 70 年代下半叶便对此给予了诸多审视。例如，盖瑞斯·斯特德曼·琼斯、伊丽莎白·福克斯-吉诺维斯（Elizabeth Fox-Genovese）和尤金·吉诺维斯（Eugene Genovese）在 1976 年发表的论战文章很快被认为是社会史出现"危机"的征兆。⑧但这些仍然更多是前进势头的自信表现，而不代表任何不确定的迹象。他们代表着希望重新塑造整个学科，而不仅仅是创造另一个专业。他们认为，如果实现后者却让传统的专门学科，例如政治史保持不变，那么整个学科的面貌也将不会有什么改变。因此，社会史现在需要兑现其整体化的承诺。它也应该对政治分析提出唯物主义主张，而不是满足于狭义上的"社会"范畴。

社会史学家之间的差异很大。我们首先想到的是，倾向马克思主义的汤普森等人和各种各样的社会科学史学家之间的差异，还有来自

93

---

⑦　Center for Contemporary Cultural Studies, ed., "On Ideology," *Working Papers in Cultural Studies* 10（1977）；Ernesto Laclau, *Politics and Ideology in Marxist Theory*（London: Verso, 1977）. 另参见 Göran Therborn: *Science, Class, and Society: On the Formation of Sociology and Historical Materialism*（London: NLB, 1976）；*What Does the Ruling Class Do When It Rules? State Apparatuses and State Power under Feudalism, Capitalism, and Socialism*（London: NLB, 1978）；*The Ideology of Power and the Power of Ideology*（London: Verso, 1980）。

⑧　Elizabeth Fox-Genovese and Eugene Genovese, "The Political Crisis of Social History: A Marxian Perspective," *Journal of Social History* 10（1976）, 205—20；Gareth Stedman Jones, "From Historical Sociology to Theoretical History," *British Journal of Sociology* 27（1976）, 295—305.

西德的"社会史"倡导者与北美的查尔斯 · 蒂利的崇拜者之间的差异。然而，社会史学家主要探讨的是一个共同唯物主义范式的不同版本——无论是以雷蒙德·威廉姆斯"文化唯物主义"方式推动更多受人类学影响的对社会"整体生活方式"的认知，还是在经济或生产方式中再次朝着结构主义方向进发。20 世纪 70 年代末在英国有关这一问题的讨论，也许是一场最重要的辩论，其中，阿尔都塞提出的"结构主义者"面临很多社会史学家（也称"文化主义者"）的质疑，他们与爱德华·汤普森站在同一阵线——最早提出干预政策的理查德·约翰逊认为汤普森没有认真对待经济。每一方都反对自己所看到的对方的还原论倾向，认为对方的程序正在夸大生产方式的结构决定性或夸大文化的解释范围。[51]

这些也是关于共同唯物主义目标的冲突。研究项目本身的问题也会逐渐浮现。举例来说，加雷斯·斯特德曼·琼斯利用一种明显非唯物主义的语言分析形式，抨击了对于宪章运动失败的社会解释的有效性。他对英国社会史在 19 世纪的主要核心领域之一的阶级分析正统学说提出了质疑。他的批评让人对已经接受的有关社会史的假设产生怀疑，是后来所谓"语言学转向"的先驱。虽然他的观点是在 1977—1978 年的论文中提出的，但是更大的含义直到 1982—1983 年相关主题的论文才完全显现出来。[52]同样，威廉·休厄尔（William Sewell）20

---

[51]　参见 Richard Johnson，"Thompson，Genovese，and Socialist-Humanist History，"*History Workshop Journal* 6（autumn 1978），96—119。

[52]　这篇文章有较长也有较短的版本。分别参见 Gareth Stedman Jones，"The Languages of Chartism，" in James Epstein and Dorothy Thompson，eds.，*The Chartist Experience：Studies in Working-Class Radicalism and Culture，1830—60*（London：Macmillan，1982），3—58；"Rethinking Chartism，" in Stedman Jones，*Languages of Class：Studies in English Working-Class History，1832—1982*（Cambridge：Cambridge University Press，1983），90—178.

世纪 70 年代末在普林斯顿大学高级研究所待了五年，与人类学家，还有一些志趣相投的历史学家混在一起，他显然改变了自己作为社会史学家的承诺，并正在为语言学转向做准备（如他现在所说）。这种倾向直到他 1980 年出版了《法国的工作与革命》（*Work and Revolution in France*）一书，才为众人所知。[83]

在 20 世纪 80 年代初之前，大多数人，甚至包括为数不多的先驱者们自己，也只是略微察觉到这些零散的变化迹象而已。然而，在想方设法地理解我所描述的概念性困难时，社会史学家们正面临来自一个迄今被广泛认可的项目所带来的局限性。针对文化与意识形态、意义与主观性等问题进行再思考的过程，正使得某些人走上人们通常认为的社会史所允许的边缘。为对这些问题采取非还原论的解决方法，一些人在坚持不懈地拓展唯物主义范式的边界，以至于它已有分崩离析的迹象。

例如，在西德，只有零星的几个人在追寻新的研究方向，以刻意超越社会史的结构主义，包括在哥廷根的马克斯·普朗克历史研究所的阿尔弗·吕特克（Alf Lüdtke，1943 年生）和汉斯·梅狄克（Hans Medick，1939 年生）、埃森大学的卢茨·尼特哈默尔（Lutz Niethammer，1939 年生）、柏林技术大学的卡琳·豪森（Karin Hausen，1938 年生）、汉诺威大学的阿德尔海德·冯·萨尔登（Adelheid von Saldern，1935 年生）和康斯坦茨大学的迪特尔·格罗（Dieter Groh，1932 年生）。尽管这些人从出生年代上看属于同一代人，但他们的观

---

[83]　William H. Sewell, Jr., *Work and Revolution in France*: *The Language of Labor from the Old Regime to 1848* (Cambridge: Cambridge University Press, 1980). 休厄尔最近回忆道："在 1971 年，我刚成为博士，也是我们所谓的'新社会史'的实践者；当我离开从 1975 年到 1980 年工作了五年的研究所的时候，我已经采取了'语言学转向'，那时候的写作风格后来被称为'新文化史'。"（"Whatever Happened to the 'Social' in Social History?" in Joan W. Scott and Debra Keates, eds., *Schools of Thought*: *Twenty-Five Years of Interpretive Social Science* [Princeton: Princeton University Press, 2001], 209)

点与社会科学史学家有明显差异，他们在政治立场上受到的影响更多来自学生运动和新左派、新女性主义以及很快在绿党中达到高潮的议会外激进主义的复兴，而不是来自社会民主党的现代化改革主义以及对美国自由主义民主的崇拜。

正如社会史通过新期刊《历史与社会》宣示其宗旨一样，这些另类的声音也开始被人们听到。例如，1976 年，卢茨·尼特哈默尔与弗朗茨·布吕格迈耶尔（Franz Brüggemeier，1951 年出生）一起发表了一篇关于德意志帝国时期的工人阶级住房问题的研究报告。他们提出了一种关于工人阶级团结模式贯穿于社会生活之中的观点，而社会生活处在通常与塑造工人阶级政治意识相关的政党、工会和俱乐部活动层面之下。他们提出要理解这种意识的独特形式，要更多了解它潜在的优点和缺点，就需要探索工人每天日常生活的非正式环境。后来，在 1977 年，吕特克编辑了一期《SOWI》，题为"需求、经验和行为"（Needs，Experience，and Behavior），第一次系统地表明了人们对日常生活史的兴趣可能意味着什么。1978 年，尤尔根·罗伊勒克和沃尔夫哈德·韦伯（Wolfhard Weber，1940 年出生）更进一步编辑出 14 篇关于工业时代日常生活社会史的实证研究文章，涵盖了工作时间、家庭和休闲的方方面面。[84]

95

---

[84] Lutz Niethammer and Franz Brüggemeier，"Wie wohnten Arbeiter im Kaiserreich?" *Archiv für Sozialgeschichte* 16（1976），61—134；"Bedürfnisse，Erfahrung und Verhalten，" special issue，*SOWI* 6（1977），147—96（see especially Alf Lüdtke's guide to reading，"Fundstellen zur historischen Rekonstruktion des 'Alltagslebens，'" 188—89）；Jürgen Reulecke and Wolfhard Weber，eds.，*Fabrik—Familie—Feierabend*：*Beiträge zur Sozialgeschichte des Alltags im Industriezeitalter*（Wuppertal：Hammer，1978）. 另参见 Detlev Puls，ed.，*Wahrnehmungsformen und Protestverhalten*：*Studien zur Lage der Unterschichten im 18. und 19. Jahrhundert*（Frankfurt am Main：Suhrkamp，1979）；Dieter Groh，"Base-Processes and the Problem of Organization：Outline of a Social History Research Project，" *Social History* 4（1979），265—83。

这些倡议都有一个共同点，即社会史明显偏离了当时的自身定义，而没有回归传统劳工史受旧制度或政治束缚的旧方法。目的是通过探索日常工作、家庭和娱乐的生活环境，对普通人生活有更能定性的把握，从而进入大众体验的内在世界。吕特克和其他历史学家认为，在经验和主观维度上研究社会史，能够克服"公共"与"私人"之间的传统区别，从而揭示普通人生活的内在复杂性和政治主体的可能形式，最终能用一个更优方法发现政治和文化领域之间令人难以捉摸的关系。准确地说，在社会科学史学家的著作中，那些"结构、过程和模式"的社会分析的"内部"，"人们在具体生活情境（这些情境也塑造了他们的需求）中的日常经验"，通常是被排除在外的。⑤但这些内容很适合被带入日常生活史的研究。

这些新的西德倡议出现在 20 世纪 70 年代末，是解决"基础和上层建筑"问题的激进方案，从很多方面来看，自从汤普森的《英国工人阶级诞生》出版以来，这些问题就一直困扰着我们这一代的左翼社会史学家。当然对于那些受马克思主义影响的人来说，他们在那段时期经历了一个持久的困境，他们要找到社会与政治（或者说物质生活基础与政治意识形态领域）之间更加微妙和复杂的联系方式，同时为个体和集体能动性形式的概念化提供更优解。在这个更大的理论任务之外，还有一个更为特殊的史学问题，那就是将社会史学家所产生的日益丰富的知识与传统政治史学家仍在忙碌复制的传统叙事联系起来。

当然，大多数受汤普森影响的社会史学家通过阶级意识产生的

---

⑤　Alf Lüdtke, "Zur Einleitung," *SOWI* 6（1977），147.

背后动力来研究能动性。但到了 20 世纪 70 年代末，人们对这种阶级政治能动性模式的信念变得越来越难以维系。迄今为止，对"基础和上层建筑"隐喻的疑虑与理论自身日益普遍化的骚动联系在一起，反映了对经济决定论的批判，对马克思 1859 年序言的基本唯物主义的怀疑，女性主义对阶级"一元论"的攻击以及对与阿尔都塞和葛兰西的思想相关的意识形态的重新理论化。⑧由此产生的争论让马克思主义者越来越远离决定论的思维模式，并使他们开始关注文化、意义和主体性本身。20 世纪 70 年代，英国马克思主义者讨论的整个逻辑都是针对一种或另一种反还原论批判，这当然也影响了汤普森主义者对于《英国工人阶级的形成》中阶级形成模型的看法。

此外，这些思想辩论对社会史学家的影响与政治的发展也密切相关。正如 1968 年到 1969 年的政治激情给新型历史学带来了动力（激发了对唯物主义范式解释力的巨大信心），在接下来的十年中，严重的政治挫折同样也使社会史失去了动力。1968 年所开启的新时期，让人们相信阶级的力量是政治的主要推动者，尤其是因为它还带来了 1967 年到 1976 年西欧工业激进主义的最后一次巨大的跨国浪潮，以及学术型马克思主义知识分子的空前影响力。有一段时间，这些迹象是相互矛盾的。到 1978 年，欧洲共产主义的实验可能已经陷入困境，但社会主义者仍影响着西班牙、葡萄牙和希腊的民主过渡，就像法国社会主义者第一次组建政府那样。在波兰，"团结工会"的非凡成功似乎再次证明了阶级作为一个强有力的政治力量的

---

⑧　关于马克思著名的《〈政治经济学批判〉导言》（1859），参见 Marx, *Early Writings*，424—28。

效力。但对于任何在英国书写马克思主义传统的人来说，1979—1985 年是对该体系的一次令人失望的冲击。这期间，保守党两次赢得选举胜利，新右翼的花言巧语不断升级，大批工人抛弃了工党，左翼也陷入了混乱。失业、去工业化和资本主义的重组以残酷和惊人的速度毁灭了工人阶级，而 1984 年到 1985 年的矿工大罢工的失败使旧式的阶级政治陷入了一种令人沮丧的僵局。

97

一系列著名的评论文章扩大了社会史学家的影响，这些评论对历史具有划时代的意义。⑧埃里克·霍布斯鲍姆的一篇评论文章对英国历史学家影响最深，他在 1978 年作的一场题为《工人前进步伐停止了吗？》（The Forward March of Labour Halted？）的演讲引发了广泛的争论。⑧霍布斯鲍姆认为，阶级已经决定性地改变了其作为政治结盟和动力来源的作用。通过很有说服力地将现有的碎片化证据组合在一起，他将新的解体模式与 19 世纪末阶级集中的历史进行了对比，正是后者最初维持了劳工运动的进步主义势头。旧的阶级-政治忠诚身份认同的基础分崩离析，霍布斯鲍姆断言，如果左翼想在对财富和权力不平等的阶级分析中保持自己的主要定位，就需要创造性地思考如何能够形成新的政治联合形式——无论是在新旧支持者的联盟建设层面上，还是在修辞和思想层面上。仅仅重申"工人

---

⑧　参见 Alaine Touraine, *L'après socialisme*（Paris：Grasset，1983）；André Gorz, *Farewell to the Working Class*（London：Pluto Press，1982）；Rolf Ebbighausen and Friedrich Tiemann，eds.，*Das Ende der Arbeiterbewegung in Deutschland? Ein Diskussionsband zum sechzigsten Geburtstag von Theo Pirker*（Opladen：Westdeutscher Verlag，1984）；Michael Schneider，"In Search of a 'New' Historical Subject：The End of Working-Class Culture，the Labor Movement，and the Proletariat，" *International Labor and Working-Class History* 32（fall 1987），46—58。

⑧　Eric Hobsbawm，"The Forward March of Labour Halted?" in Martin Jacques and Francis Mulhern，eds.，*The Forward March of Labour Halted?*（London：Verso，1981），1—19。

阶级的团结",依赖于其进步的集体能动性,是远远不够的。

这种关于当下的争论很快就被应用于历史畛域,迫使历史学家们更深入地思考维持不同时期的工人阶级政治能动性的形式所需要的联盟建设和力量集中的所有过程。如果现在工人阶级从其与生俱来的左翼思想中心地位上被废黜,或者说它在过去就已经被废黜了,这对我们的分析会造成什么影响呢?现在我们更容易看到,无论是在汤普森年代还是任何其他时期,工人阶级的政治能动性的形式必须经过深思熟虑和创造性的努力才能形成,而远不是从社会经济生活的物质条件中生长,然后顺理成章地进入政治当中的一个自然的或"客观的"统一体。随着时间的推移,一套特定的阶级政治传统显然从 19 世纪末就获得了持久的延续性。然而,无论在国家竞选活动中,还是在地方社区生活的微观环境中,相关政治语言的大众说服力,也就是他们能够发挥作用的能力,都不可能被认为是理所当然的。此外,如果阶级语言的共鸣可以得到增强,在其他情况下,它也可能会受到伤害。 98

在这种条件下,社会史学家的决定性问题开始发生变化。也许我们首先应该质疑阶级意识的归因模型,而不是询问一套假定的工人阶级利益在何种条件下是否可以以自然或恰当的行动和信仰形式表现出来。当那么多的工人实际上被排除在外,整个类别在阶级意识的表现形式中只是部分或不均匀地存在,这对于期望工人"作为一个阶级"行动来说意味着什么呢?哪些工人类别已经从口头上和行动上被任何形式的特定集体行动接受,而哪些又不是呢?关于工人阶级构成的主流图像和假设是如何产生的?具体的实践、观念和制度是如何鼓励或阻碍人们对工人阶级利益的特定归因和解释的？某种关于工人阶级的特定形象的复合体又是如何被接受并由另一方来巩固的？通过这类质疑，我们可以发现，工人阶级的利益似乎更多是一种偶然结果，而并非根本原因。

在同样有深远理论影响的其他政治的发展带来的冲击下，这些对阶级概念的新的质疑有所增加，同时也进入了历史学家的辩论学中。到目前为止，最主要的挑战来自女权主义。女权主义者坚持认为，大量的工作和工人不应再从工人阶级历史边缘化，社会生活的基本领域也不能被归入阶级所提供的分析性术语中；这一观点日益破坏了既定的唯物主义观点的完整性。性别混乱和困难也被纳入到其他方面的差异中，包括种族、民族、性、国家和地区、空间、世代、宗教等方面的差异。20 世纪 80 年代，随着妇女运动与和平运动、环境主义、性激进主义、反种族主义运动以及更广泛的身份认同、新的政治社会运动联系在一起，所有历史研究都受相关的进步政治议程的多元化影响。总而言之，在阶级分析及其先前被用来解释进步政治的可能性之间出现了一个楔子。

99　　在 70 年代后期，这些不确定性以各种各样的方式变得更加戏剧化。（回想起来）最有力的是，公共政治气候开始向右倾斜，这种方式有悖于人们习以为常的评论和辩论习惯，造成了政治上的过度愤怒和焦虑，而现有的阶级政治立场却无法轻易解决这些问题。1977年的"德国之秋"——极端左翼恐怖主义的徒劳无功以及国家采取的镇压反应带来了这一戏剧性事件——6 个月后，人们在意大利看到了相似的事件，阿尔多·摩洛的孩子被绑架和谋杀。这两个事件都表明，任何依赖传统唯物主义罗盘的人都面临着巨大的困难。政治显然已经超出了后者及其阶级分析的范围。随后，激进主义在英国工作场所愈演愈烈，以社区为基础的行动主义也更加激进，工党内部的左派力量增强，而这一切都被 1979 年的选举结果压倒。1975 年至 1983 年间，在撒切尔主义的庇护下，英国政治生活出现两极分化，人们开始集中对汤普森式愿景所乐观预设的基于阶级的大众民主认同的整体的基础结构进行政治攻击。

换句话说，在深受汤普森影响的年轻一代社会史学家刚刚开始巩固自己地位之时，周围的政治形势就骤然发生了变化。在 70 年代的英国，随着工业激进主义的激进化，工会的影响力越来越大，左翼在工党中力量越来越强，1968 年以来新激进主义出现，阶级分析似乎提供了一种向前的方式，既建立在战后社会民主成果和 20 世纪 60 年代公民自由加强的基础之上，又将社会冲突的种种迹象集合起来，形成一种具有说服力的反向政治叙事。但我清楚地记得从对社会危机的较乐观解读到一种不安预感的转变。1977 年到 1978 年间，新右翼言论中出现了新兴的新麦卡锡主义语调，动用"自由"的语言来反对不同的政见，加深了对工会的敌意，并打出了抵制移民的种族牌以激发民粹主义者的愤怒情绪。

我尤其清楚地记得两个片段。1977 年 9 月，我和来自各类左翼期刊的几百名代表一起——这些期刊不断涌现在各个学科和相关专业领域中——在伯明翰当代文化研究中心参加名为"左翼知识分子工作"的会议。当天安排了两场分会议，主题分别为"意识形态的问题"以及"左翼知识分子工作的问题"，但在最后的全体会议上，关于刚刚出版的所谓"古尔德报告"（Gould Report）的讨论则占据了主导地位，讨论的紧张程度可以理解，有时甚至过于焦灼。"古尔德报告"是"教育黑皮书"（Black Papers on Education）系列的最新一期，而"教育黑皮书"一直是右翼对进步教育的反击。报告题为《对高等教育的攻击：马克思主义和激进派的渗透》（*The Attack on Higher Education：Marxist and Radical Penetration*），由保守派社会学家朱利叶斯·古尔德（Julius Gould）编辑，关于大学的马克思主义者的调查中附加了各种各样的左翼会议参与者的名单，如果不是出于黑名单的目的，那么显然是为了制造恐慌。⑧几个月后，我在剑桥的一次公开会议上发表了关于《特定职业禁令》（*Berufs-verbot*）的演讲，认为它已经损害了西德的公民自由，跟古尔德现在在英国的做法无异。⑨政治机会减少的感觉——政治围绕着更有限和防御性的需求而收缩——弥漫在空气中。这两种情况都预示一种截然不同的政治气氛，其中的基调和主导条件将由右翼来决定。⑨

实际上，阶级作为一个主概念的说服力在弱化。到20世纪80年代中期，战线划得愈发清晰，社会史一代中最直率的修正主义者呼吁抛弃旧的唯物主义立场，而旧的唯物主义立场的顽固捍卫者则指责

---

⑧　参见 Julius Gould, *The Attack on Higher Education：Marxist and Radical Penetration* (London：Institute for the Study of Confict, 1977)。1977 年 9 月 17 日，伯明翰会议召开。

⑨　1978 年 2 月 23 日，由剑桥大学国王学院的雷蒙德·威廉姆斯（Raymond Williams）主持召开的这次会议，旨在抗议西德"特定职业禁令"（Berufsverbot）的政策，同时宣布成立"学术自由与民主运动"（the Campaign for Academic Freedom and Democracy）剑桥分会。

⑨　当时对我来说具有决定性意义的分析，参见 Stuart Hall, "Living with the Crisis" and "The Great Moving Right Show" (orig. pub. 1978), in *The Hard Road to Renewal：Thatcherism and the Crisis of the Left* (London：Verso, 1988), 19—38, 39—56。

前者是倒退和背叛。面对这种两极分化，大多数社会史学家发现自己
并不是完全"处于中间"，因为这个短语通常暗示着一种含糊、妥协的
温和态度或某种困惑，在困难面前无能为力或不愿表明立场。我对那
些年的记忆是相当不同的。尽管政治上的挫折让人沮丧，但确凿无疑
的失望也可能转化为一种卓有成效的不确定性，从而转换成一种对艰
难的事情进行思考的意愿。坚持以旧方式解释唯物主义的人在减少，
这开辟了一个富有潜力的不确定性空间，也可能会萌生出其他类型的
思考。随着社会的主权受到挑战，其他的主张也随之而起。

　　当然，社会史学家在忙于自己的工作的同时，还发布期刊、建立
机构，基本上都从现有的发展势头中受益。1978 年 7 月，我回到德
国，前往位于诺里奇的东安格利亚大学（University of East Anglia），
参加了由理查德·埃文斯（Richard Evans，1947 年出生）组织的德国
社会史研究研讨会小组（Research Seminar Group on German Social
History）第一次会议。小组在 1986 年举行了十场研讨会，最终出版了
七卷论文集，主题包括家庭、工人阶级、宗教、农民社会、失业、"黑
社会"和资产阶级，很好地涵盖了 70 年代社会史的新领域。㉜研讨会

㉜　参见 Richard J. Evans and W. R. Lee，eds.，*The German Family*：*Essays on the
Social History of the Family in Nineteenth- and Twentieth-Century Germany*（London：
Croom Helm，1981）；Richard J. Evans，ed.，*The German Working Class*，*1888—1933*：
The Politics of Everyday Life（London：Croom Helm，1982）and "Religion and Society in
Germany," special issue，*European Studies Review* 13（1982）；Richard J. Evans and
W. R. Lee，eds.，*The German Peasantry*：*Confict and Community in Rural Society from the
Eighteenth to the Twentieth Centuries*（London：Croom Helm，1986）；Richard J. Evans
and Dick Geary，eds.，*The German Unemployed*：*Experiences and Consequences of Mass
Unemployment from the Weimar Republic to the Third Reich*（London：Croom Helm，
1987）；Richard J. Evans，ed.，*The German Underworld*：*Deviants and Outcasts in German
History*（London：Routledge，1988）；David Blackbourn and Richard J. Evans，eds.，*The
German Bourgeoisie*：*Essays on the Social History of the German Middle Class from the Late
Eighteenth to the Early Twentieth Century*（London：Routledge，1991）。

的目的是以合作和辩论的精神，展示德国和英语世界的最新研究成果。事实上，研讨会与德国的主要联系，绕过了社会科学史的党派中心和研究日常生活的新兴历史学家的圈子，德国妇女史也没有得到明显展现。㉝世代的划分都很清楚：除了参与编写农村社会卷的东德代表之外，几乎所有的参与者都生于 20 世纪 40 年代，而且大多数都是在二战后出生的。小组会议的重要性在于：它促进了英国的德国历史学家群体的凝聚。

根据我的回忆，这个小组在最初的讨论中表现出了当时社会史所特有的探索精神和雄心壮志。㉞但它们也反映了我刚刚描述的那种变化。受研讨会第一次会议上讨论家庭史的文章的启发，我写了一篇论文，论述了为什么要把这个主题作为 1979 年 1 月关于工人阶级历史的下一次会议的中心议题。我的目的当然是出于政治考虑。在那段时间，我花了大量时间学习女权主义理论（怀着那些年读书小组文化所具有的严肃性），尤其关注对家庭和家务劳动的批判，还关注"性别主体性"理论，早期从拉康精神分析借鉴的观点，以及米

㉝　例如，埃文斯（Evans）和李（Lee）在《德国农民》（*The German Peasantry*）中编辑的诺维奇卷，以及罗伯特·莫勒（Robert G. Moeller）写的《现代德国的农民和贵族们：最近的农业历史研究》（*Peasants and Lords in Modern Germany：Recent Studies in Agricultural History*. London：Allen and Unwin, 1986）有同样的价值。然而，前者的合作者既有来自东德的，也有来自西德的，用学术术语来说，既有来自人种学和"实证文化研究"的，也有来自历史学本身的，莫勒的书只吸引了比勒费尔德的西德人。同样地，尽管有副标题，理查德·埃文斯的作品《德国工人阶级》（*The German Working Class*）却意外地发现了"日常生活史"的新兴能量和潜力（特别参见 Evans, "Introduction：The Sociological Interpretation of German Labour History," 31—33）。

㉞　我在 1979 年夏天移民到美国，所以在后来的大多数会议上，我个人都缺席了。对于前两届会议的支持，参见 David F. Crew and Eve Rosenhaft, "SSRC Research Group on Modern German Social History，First Meeting：History of the Family, U. E. A., Norwich, 7—8 July 1978," *Social History* 4（1979），103—9；Geoff Eley and Keith Nield, "Why Does Social History Ignore Politics?" *Social History* 5（1980），249—71（关于 1979 年 1 月 12—13 日第二次会议讨论的评论）。

歇尔·福柯（Michel Foucault）的思想。然而，政治与历史的关系仍然是不可分割的。召集这种讨论的全部意义在于贯彻社会史的总体主张——即把不同类型的分析整合到一部共同的社会史中。我想表明，如果我们认真对待这一主张，与社会史崛起相关的新专业就不会孤立存在。它们一旦集合在一起，将会阐明我们仍欲追求的关于政治和意识形态的更大问题。

然而，激进历史学家的整合轴心即将发生变化。例如，女权主义理论迅速偏离马克思主义关于妇女在资本主义下受物质压迫的术语（包括父权制、家务劳动、社会再生产和性别分工），转向以语言为中心的生活主体性理论，并受到精神分析、后结构主义和文学解构的影响。"女权主义和唯物主义"的预期合作，从"马克思主义和女权主义的不幸婚姻"，变成了可预见的离婚。㉟自 20 世纪 60 年代以来，女权主义者一直被旧的"基础和上层建筑"的思想困扰着，而现在许多人都完全脱离了唯物主义的框架。在这样做的时候，他们既对唯物主义思想的普遍危机作出了回应，也为其设定了一个标准。我在 1979 年的论文中仍然保留着早期的自信痕迹，追逐全面分析的理想，就在它开始崩溃的时候。这是我写的几篇重要文章之一，从未发表。近四分之一个世纪之后，它仍在我的抽屉里，就像一块巨大而奇异的漂浮物，被一股特别宽阔而强大的波浪冲上了岸，波浪令人惊奇地达到顶峰，然后走向破裂。

㉟　引自安妮特·库恩（Annette Kuhn）和安玛丽·沃尔普（AnneMarie Wolpe）编辑的《女权主义与唯物主义：女性与生产模式》（*Feminism and Materialism：Women and Modes of Production*. London：Routledge，1978）以及 Heidi Hartmann，"The Unhappy Marriage of Marxism and Feminism：Towards a More Progressive Union," *Capital and Class* 8（1979），1—33。

蒂姆·梅森

　　蒂姆·梅森（Tim Mason，1940—1990 年）是 20 世纪 70 年代研究第三帝国的主要社会史学家。1971 年，他在牛津大学发表了一篇关于纳粹对工人阶级的政策的不朽论文，他的出名是因为他出色的论文、大量的文献资料，还有对纳粹制度建立的长篇分析。对于我这一代的德国历史学家来说，他是一个鼓舞人心且令人难忘的存在。他以坚定的政治立场开创了以档案为基础的第三帝国社会史研究。他是一个独立的马克思主义者，受《英国工人阶级的形成》这本书激励，他体现了从汤普森传统中产生的社会史的精髓。《英国工人阶级的形成》一书出版的时候，蒂姆·梅森才 23 岁，他在由英国马克思主义历史学家创造的独特知识政治文化中成长。在 1967 年，他成为《过去与现在》杂志的助理编辑，直到 1971 年一直在编辑委员会任职。梅森是拉斐尔·塞缪尔和盖瑞斯·斯特德曼·琼斯的亲密朋友和合作伙伴，梅森后来成为了 20 世纪中期创办《历史工作坊》杂志的主要成员之一。

　　梅森热衷于历史的道德政治目的，为严谨的实证研究设定了最高标准。他下定决心，绝不要为了满足理论的要求或反纳粹的道德要求而将文献阐释的复杂特性牺牲掉。因此，当西德的保守派开始指责社会史学家"轻视"纳粹主义，指责他们通过复杂的解释来消除个人责任和道德谴责的必要性时，梅森直接否定了这一指控。他回应道，"复杂的历史观点并不仅仅因为它们是复杂的，就对道德问题漠不关心。"研究纳粹主义的道德禁令永远不能免除历史学家们在其他方面遭遇的困难。事实上，他认为："如果历史学家确实有公共责任，如果憎恨是他们方法的一部分，警告是他们任务的一部分，那么他们就应该准确地憎恨。"[96]

梅森是最早探讨工人阶级反抗纳粹主义问题的人之一，他的做法超越了东德正统共产主义史学所熟悉的直接颂扬或英雄化的方法。他的分析也与西方的主流观点不同，后者一直都执着于关注贵族和军方反对派——这些人与 1944 年 7 月针对希特勒的暗杀阴谋有关。除了共产党和社会民主党非法地下组织勇敢但最终孤立无援的抵抗之外，梅森还提出在往常的集体组织形式被剥夺的情况下，工人的不同政见如何概念化："当阶级的自我组织和政治教育的能力被剥夺时，在这种情况下，我们能在何种意义上谈论阶级冲突？"[97]这本身就是令人兴奋的新起点。梅森研究大众自由似乎以暴力的方式完全被剥夺的时期，试图恢复工人阶级的能动性。他的作品肯定了社会史的必要性，甚至在传统的政治、军事、传记和相关类型的历史占据了最有力主导地位的地方也是如此。他的作品通过将历史归还给第三帝国统治时期的德国工人阶级来确定某些基本的马克思主义承诺。在 20 世纪 50 年代末和 60 年代初的英国新左派看来，他的作品肯定了社会主义人文主义的某些价值观。

对于那时的德国历史学家来说，梅森的工作不啻于一种宝贵的　104

---

[96] Tim Mason，"Intention and Explanation：A Current Controversy about the Interpretation of National Socialism," in Mason, *Nazism*, *Fascism*, *and the Working Class*, ed. Jane Caplan（Cambridge：Cambridge University Press，1995），230.

[97] Tim Mason，"The Workers' Opposition in Nazi Germany," *History Workshop Journal* 11（spring 1981），121.

支持。我是 1966 年在文法学校就读的最后一年第一次读到他的作品的。在通过当时的一系列论争，并以 A. J. P. 泰勒为榜样来学习历史的过程中，我阅读了梅森在《过去与现在》上发表的《第二次世界大战的起源》和《1933 年到 1939 年第三帝国的工党》这两篇文章，当即发现了提出相关问题的新方法。[98] 我既没有在牛津大学读书时受教于他，也没有在他所研究的时代或领域工作过，但他的存在对于活跃的左翼历史本科生来说是至关重要的。他和华金·罗梅罗·莫拉、拉斐尔·塞缪尔和盖瑞斯·斯特德曼·琼斯在圣安东尼学院开设的社会史研讨会，是这所大学中另类历史的灯塔，而其官方课程鲜有涉及。它为以不同的方式做历史研究打开了一扇窗。1975 年在剑桥启动一个类似的研讨会时，我亦怀着同样的理想。蒂姆·梅森是学术研究的典范，既有批判性，又立场坚定。作为历史学家，他在自身工作领域中占据了非常重要的地位。在这一领域，20 世纪 60 年代后期困扰着我们很多人的相关问题都可以得到解决。一篇讣告称他为"同代人中的一颗彗星"。[99] 对我来说，他是为我指引方向的一颗北极星。

从某种终极意义上说，纳粹主义把我们大多数人带入了那一时期的德国历史。正是历史给予我们力量以解开这个黑暗的秘密。无论我们处在哪个时期、谈论哪种话题，它都笼罩着我们的思想和对

　　⑱　参见 Tim Mason，"Some Origins of the Second World War，" *Past and Present* 29 (December 1964)，67—87，reprinted in *Nazism，Fascism，and the Working Class*，33—52；"Labour in the Third Reich，1933—39，" *Past and Present* 33 (1966)，112—41。梅森所做的是对泰勒《第二次世界大战的起源》（*The Origins of the Second World War*. London：Hamish Hamilton，1961）的复杂批判。泰勒通过他的争议性、反体制的激进主义风格吸引到我。他被称为"喜欢煽动事情的人"（A. J. P. Taylor，*A Personal History* [London：Hodder and Stoughton，1984]）。

　　⑲　Anne Summers，"Appreciation：Tim Mason. Growing the New History，" *The Guardian*，13 March 1990.

话。我们发现自己总是反复出现在那里，直面其怪诞的道德罪恶，将其与社会解释联系起来，把它定位在更漫长的德国历史中，探究左派的失败和反对派的无能，并困惑到底是什么将德国变为第三帝国。在澄清这些问题方面，没有人的贡献比梅森大。他是左派中第一个抓住政治自主性这一棘手问题的人，并充分削弱了纳粹主义和经济之间的因果关系，让一些联系因素和媒介因素更好地进入人们的视野。[100]他是第一个提出重新阐述民众抵抗和适应问题的人，这些问题促进了关于第三帝国社会史的最好的研究得以开展。当他的同辈对此置若罔闻时，他却坚信妇女史应该被认真对待。[101]他在生命的最后一段时期，开始将纳粹主义与意大利法西斯主义进行比较。[102]

相较于他人，梅森更多地将纳粹主义置于社会史的考量下，他总 105
是尽可能仔细地展现纳粹主义一直以来是如何受制于社会的决定性力量的，而不是像其他所有学科一样将其"正常化"（剥夺纳粹意识形态的恐怖性或者纳粹恐怖的残暴性）。他坚持纳粹主义的兴起有其阶级政治背景的观点，认为它起源于 1918 年德国革命和魏玛共和国两极分化的政治文化所定义的冲突领域。他认为，纳粹主义最初的目的就是摧

---

[100] 他也几乎是唯一一个认真参与 20 世纪 60 年代东德学术研究的人。特别参见 Tim Mason，"The Primacy of Politics: Politics and Economics in National Socialist Germany," in Stuart J. Woolf，ed.，*The Nature of Fascism*（London: Weidenfeld and Nicolson，1968），165—95，reprinted in Mason，*Nazism，Fascism，and the Working Class*，53—76。

[101] 参见 Tim Mason，"Women in Germany，1925—1940: Family，Welfare，and Work," parts 1 and 2，*History Workshop Journal* 1（spring 1976），74—113，and 2（autumn 1976），5—32，reprinted in Mason，*Nazism，Fascism，and the Working Class*，131—212。1973 年 5 月 4 日至 6 日，这篇奠基性文章《历史上的女性》（Women in History）最初在牛津罗斯金学院举行的第七届年度历史研讨会上发表。

[102] 参见 Tim Mason，"The Great Economic History Show," *History Workshop Journal* 21（spring 1986），3—35；"Italy and Modernization," *History Workshop Journal* 25（spring 1988），127—47；"The Turin Strikes of March 1943," in Mason，*Nazism，Fascism，and the Working Class*，274—94。

毁德国工人阶级运动。不管纳粹主义是什么——他始终知道它远不止如此——其核心就是反社会主义。其他一切——从经济复苏的政治方式到种族-国家-人民共同体（Volksgemeinschaft）的种族化意识形态，再到向东方扩张，以及"最终解决方案"的实施过程。为获得政权的行动自由，必须摧毁和根除围绕劳工运动组织的民主力量。

梅森等社会史学家对纳粹意识形态的有效性持高度怀疑的态度。梅森称，1933 年之前德国工人在纳粹队伍中的代表性不足，而且他们坚定地效忠自己的共产主义和社会民主党，证明他们对纳粹政治信息采取相对抵抗的态度与行动。他认为，即使在 1933 年劳工运动遭到暴力破坏之后，由于工人们强烈的剩余阶级意识和防御性阶级意识，纳粹政权只能在一定的实际范围内行使政治控制。事实上，即使是在第三帝国，阶级冲突的潜力也仍然是结构性和地域性的，这是资本主义社会生活不可减损的一个永久特征，使得工人阶级文化对某些意识形态劝说展现出不透明性和不可渗透性，纳粹的镇压或宣传攻势都不能将其完全渗透或扫除。

梅森煞费苦心地区分了两个方面：一方面是劳工运动中共产党和社会民主党地下组织的非法政治抵抗，他们得不到更广泛的支持，另一方面，工业中的阶级冲突也在缓慢出现，梅森称之为工人的"反对"（opposition）。他表示，普通工人由于受到胁迫并被剥夺了历史的合法代表权，务实地接受来自第三帝国的物质改善，但他们仍拒绝表示积极的忠诚。但这种"对抗"本质上是非政治性的。这是一种对政府意识形态的无声拒绝，他们拒绝主动接受这种意识形态，要么是通过退回到私人生活中相对安全的区域，要么是通过在经济上坚持自我利益。工人阶级文化的剩余资源，使第三帝国的贪婪要求无法得到满足。然而，尽管在 1936—1940 年期间"工人的反对"对政权构成了很大的威胁，梅森却认为这不是什么明显的政治挑战："它通过自发的罢工，通过对雇主和纳粹组织施加集体压力，通过反对工作场所规则和政府法令的行动，通过怠工、旷工、休假、示威抗议等方式表现出来。"[103]

20 世纪 70 年代最具影响力的社会史研究都遵循了某种版本的梅森的逻辑。在西德的第三帝国历史学家马丁·布罗沙特（Martin Broszat）的研究中，对梅森"反对"概念的翻译是另一个更合适的词"抵制"（*Resistenz*）。布罗沙特使用这个术语，不止译出了这一真实反对政权根本目标的抗议活动的形式，这也是梅森所要说的，而且表明了这一类行为对其最终目标产生的影响十分有限。[104] 然而此举还有更深远的影响。1977—1983 年，很多优秀的社会史著作在布罗萨特·巴伐利亚项目资助下出版，这使人们将注意力从长期垄断关于德国抵抗的认识的 1944 年 7 月暗杀希特勒未遂事件上移开，将关注点重新集中在日常生活层面。布罗沙特和他的同事们坚持认为，第三帝国统治体系的效力需要通过普通公民的经验来评判，普通公民不能拥有像参与 7 月密谋的精英那样的密谋资源、社会特权和道德英雄主义的语言，但他们在工作生活、社会生活和家庭生活

---

[103] Mason，"Workers' Opposition，"120.

[104] 通常，德语中非法地下组织意义上的"抵抗"一词是"*Widerstand*"，1945 年后，该词带有道德承诺和有组织准备的含义，与 1944 年 7 月暗杀阴谋的神话密不可分。布罗沙特的"抵抗"（*Resistenz*）概念（与"*Widerstand*"明确区分开来）的含义来自医学和物理学，指的是含有"免疫"元素或阻碍电流的反作用能力。它表示社会生活（行动、实践、结构、关系）中那些"限制纳粹主义渗透并阻止其对权力和控制的全面诉求"的元素（Ian Kershaw，*The Nazi Dictatorship：Problems and Perspectives of Interpretation*，4th ed.［London：Arnold，2000］，194）。

中的道德和实践方面也面临很大的困境。布罗沙特和他的同事们声称，一种对于抵抗的更微妙的，即将其等同于不遵从传统规范和不被主流思想渗透，将使我们能够更有效地掌握有关日常社会生活的现实。它可以向我们展示"人们在纳粹独裁统治时期的行为方式，他们是如何对政权妥协的，又是如何在政府试图干涉、渗透和控制的过程中适当划清界限，甚至偶尔成功的"。[105]

107　　　这一方法显然低估了纳粹意识形态的影响力。换句话说，像梅森和布罗沙特这样的历史学家之所以承认普通民众在纳粹政权日常运作中的实际共谋，只是为了将这种共谋与德国工人对纳粹具体意识形态主张的冷漠和实际上的无动于衷（这是他们的"反对"或者"抵制"）相对立。这部作品的基调偏向左翼，并非偶然。从复杂的意义上来说，关于不可渗透性的论点似乎是对德国工人阶级正直品格的一种褒奖，同时也是对其抵制纳粹能力的表扬，与东德马克思列宁主义历史学家对反法西斯主义的颂扬形成微妙对照，也可以在实际处于受困和隔绝状态的共产党和社会民主党地下组织得到承认的时候作为一种后备立场。[106]

---

[105]　Kershaw, *Nazi Dictatorship*, 204. 在克肖的论述中，抵抗"包括对纳粹统治具体方面的一切形式的有限和部分拒绝，无论其动机如何"。克肖解释说，"抵抗不是以黑白两色的形象出现，而是以灰色阴影来描绘；抵抗是人们试图适应和应对一个政权的日常现实生活的一部分，这个政权几乎影响到日常生活的方方面面，对社会提出了全面的要求，但直接后果是，它在试图实现这一要求的过程中遇到了无数阻挠和限制"（193 页）。克肖本人曾参与巴伐利亚计划。参见 Ian Kershaw, *Popular Opinion and Political Dissent in the Third Reich, 1933—1945* (Oxford, 1983; new ed., 2002) and The *"Hitler Myth"*: *Image and Reality in the Third Reich* (Oxford, 1987)。

[106]　特别参见德特莱夫·波伊克特（Detlev Peukert）的如下著作：*Die KPD im Widerstand*: *Verfolgung und Untergrundarbeit an Rhein und Ruhr 1933 bis 1945* (Wuppertal, 1980)；*Ruhrarbeiter gegen den Faschismus*: *Dokumentation über den Widerstand im Ruhrgebiet 1933—1945* (Frankfurt am Main, 1976)；*Die Edelweissspiraten*: *Protestbewegungen jugendlicher Arbeiter im Dritten Reich* (Cologne, 1980)；*Inside Nazi Germany*: *Conformity and Opposition in Everyday Life* (New Haven, 1987)。

实际上，梅森深受汤普森《英国工人阶级的形成》一书的启发。他希望挽救德国工人阶级的荣誉和尊严，使其摆脱纳粹带来的失败和耻辱。他以"社会"这一基本范畴作为研究纳粹主义的指导思想：尽管他接受了第三帝国得到广泛社会支持的这一现实，但他希望保留这个"社会"作为一个完整且可分离的领域的存在，作为切实可行的能动性的一个来源，尽管它受到限制和损害，但仍能遏制纳粹主义的影响。从这个意义上来说，社会仍是一个受损但可恢复的资源。社会的恢复能力使其能够有效抵御、限制、削弱纳粹的统治或主张，无论个人的"动机、理由或力量"是什么。[107]梅森还从德国资本主义的连续主权和阶级的主导地位出发，将其作为塑造和限制纳粹实现其目标的决定因素，当然这是在 1933 年至 1939 年期间。即使在战争期间，军国主义扩张和种族灭绝的狂热淹没了其他一切的时候，"社会环境"（social context）的完整性虽然受到严重打击，但仍然能够在分析层面得到维持。事实上，梅森的宏伟目标是从根本上对纳粹统治进行全面分析，从阶级冲突和阶级关系不断变化的动态中推导出其自身驱动力和持续性的制约因素。

这是 20 世纪 70 年代社会史理想的巅峰。然而，20 年后，德国历史学家几乎完全抛弃了这种以微妙和潜在的方式得以保留的探索社会自主性的尝试。现在，他们将精力集中在展示社会秩序的基础是如何全面瓦解，然后再被重塑的。不同的社会群体或许对纳粹主义明确的意识形态信息进行了一定的防御，或者保护了一些隐私不 108

[107]　Martin Broszat，"Resistenz und Widerstand：Eine Zwischenbilanz des Forschung-sprojekts 'Widerstand und Verfolgung in Bayern 1933—1945，'" in Broszat，*Nach Hitler*：*Der schwierige Umgang mit unserer Geschichte*；*Beiträge von Martin Broszat*，ed. Hermann Graml and Klaus-Dietmar Henke（Munich，1987），75—76.

受纳粹的胁迫，但是随着种族化话语在日常生活的各个角落和缝隙中传播开来，他们的行为也更多地受到潜移默化的影响。此外，在政策制定和知识生产的多个地点，在国家和非国家机构，在学术和流行文化中，在不同的社会群体中，种族化思维均占据了霸权地位，所以我们只能通过回到意识形态的研究来加以认识，而这正是社会史学家们所固执地抛之脑后的。无论 20 世纪 70 年代的社会分化有多么复杂，这已然成为研究纳粹主义的历史学家们的新正统观念。

事实上，近来大多数研究第三帝国的历史学家认为，梅森赋予工人阶级一种对于纳粹影响的免疫力，但这种免疫力已经消失了。与任何其他群体相比，德国工人同样无法免于纳粹统治的影响，无论他们是否参与了在战时经济中剥削国外劳动力、在东线穿着军队制服进行种族灭绝的行动，或者普遍地投身于 20 世纪 30 年代中期到 1942—1943 年纳粹时代的"美好时光"。纳粹主义的影响可能是结构性的，存在于种族化的劳动力市场及其奖励机制中；可能是社会性的，存在于歧视性社会的新模式中；可能是文化性的，存在于新的公共道德和制裁中，但无论是哪种情形，工人阶级都难辞其咎。[108]在把工人阶级视为纳粹主义的主要对手的同时，梅森也用法西斯主义的总体框架来理解纳粹政权，而这也已过时："法西斯主义理论已被种族国家的模式所取代，其中生物范

---

[108]　特别参见 Ulrich Herbert, *Hitler's Foreign Workers: Enforced Foreign Labour in Germany under the Third Reich* (Cambridge: Cambridge University Press, 1998; orig. pub., in German, 1986); Herbert, ed., *Europa und der "Reichseinsatz": Ausländische Zivilarbeiter, Kriegsgefangene und KZ-Häftlinge in Deutschland 1938 — 1945* (Essen: Klartext, 1991); Herbert, "Labour and Extermination: Economic Interest and the Primacy of *Weltanschauung* in National Socialism," *Past and Present* 138 (February 1993), 144—95.

畴而非社会范畴占据主导地位。"[109]作为第三帝国史学的主要分类范畴，"阶级"如今被"种族"所取代。

这些新思维模式在 20 世纪 80 年代开始发展起来，同时梅森也逐渐退出德国历史学家的讨论，把注意力转向意大利法西斯主义。从 60 年代开始，那些最优秀的学者们赖以进行研究并试图对抗纳粹主义暴行的社会史基础，先是逐渐地，然后决定性地被抛弃了。这一转变与早期的社会史转向一样，都是在学科的更广泛趋势中产生的（本书第四章则围绕该转变的特征）。在德国历史学家中，这些趋势包括妇女史和性别分析的巨大影响；日常生活史（Alltagsgeschichte）的崛起；对"生物政治"（biological politics）或社会政策领域内医学化和种族化历史的浓厚兴趣；以及最后但同样重要的，大屠杀对于德国历史学家如何开始反思自身领域起到的新的核心作用。

这些发展都将意识形态重新拉回讨论中心。之前历史学家运用经典唯物主义或社会学观点分析纳粹主义不同的社会背景，并因此怀疑或相对化纳粹意识形态诉求的有效性，而从 20 世纪 80 年代开始，历史学家的主要关注点不再放在这上面。他们转而探索纳粹主

109

---

[109] Mary Nolan，"Rationalization，Racism，and *Resistenz*：Recent Studies of Work and the Working Class in Nazi Germany，" *International Labor and Working-Class History* 48（fall 1995），132. 其他关于工业"合理化"的研究强调了第三帝国与 20 世纪 20 年代和 50 年代的相似历史之间的连续性，从而进一步取代了德国工人作为主体的地位。这样的研究强调了他们的客观化和无权化，而不是梅森所感兴趣的自我主张的可能性或《抵抗》（*Resistenz*）所表达的温和谈判的空间。特别参见 Tilla Siegel，*Leis-tung und Lohn in der national-sozialistischen "Ordnung der Arbeit"*（Opladen：Westdeutscher Verlag，1989）；Rüdiger Hacht-mann，*Industriearbeit im "Dritten Reich"：Untersuchungen zu den Lohn-und Arbeitsbedin-gungen in Deutschland 1933—1945*（Göttingen：Vandenhoeck und Ruprecht，1989）；Tilla Siegel and Thomas von Freyberg，*Industrielle Rationalisierung unter dem Nationalsozialis-mus*（Frankfurt am Main：Campus，1991）；Dagmar Reese，Eve Rosenhaft，Carola Sachse，and Tilla Siegel，eds.，*Rationale Beziehungen? Geschlechterverhältnisse im Rationalisierungsprozeß*（Frankfurt am Main：Suhrkamp，1993）。

义大观念更深层、更复杂却往往隐藏着的谱系。在此过程中，他们谨记社会史的根本任务，努力推动学科的发展。他们对关于"希特勒的世界观"的持续诠释究竟能带我们走多远持怀疑态度。但他们关注更广的社会环境，那里存在着同情或有利于纳粹政策的思想。他们强调种族化思维方式的传播，研究纳粹思想在日常生活社交、机构日常运作和各种更隐蔽的意识形态扩散中的体现。这种崭新方法的有力含义是，随着纳粹意识形态在人群中的传播，安全地带将少之又少。这就开始了对梅森观点的瓦解——梅森认为，社会即使遭受破坏也依然可以保持完整，工人阶级将继续作为能动性的持续来源而幸存下来，"反对"可以从这里开始。

梅森也坚信历史学家肩负着道德责任，应当纵观大局。他认为，选择在哪里结束和开始一个特定的历史叙述是至关重要的。1945 年标志着哪些历史进程的结束，又标志着哪些可能性的落空？它们又是从何开始的？更重要的是，它们的结束有何重要意义？会带来何种经验教训？如果故事还没有结束，这些问题将愈发重要。

110　　　　　归根究底，评估整体的必要性是一种道德和政治的必要性。纳粹政权对生活造成的破坏和苦难的范围如此之广，程度如此之深，任何对其中一部分的研究如果不能正视这一核心事实，那么至少意味着对整体的轻视。如果这项对德国工人阶级的研究属于传统意义上的劳工史的分支，那么这项研究无论在细节上多么精确，都是知识、道德和政治上的一种逃避。试图通过构成部分来诠释整体的要求在根本上与所有从事主题研究的历史学家面临的要求没什么不同，只是前者更加显而易见罢了。将一块小的雕琢精美的石头投向一堆有一天可能会变成一幅马赛克的石头，这无疑是一种屈从。在其他地方，这种情况就不那么明显了。[110]

从这个观点看来，梅森曾试图通过研究工人阶级来撰写整部第三帝国通史，并非采用某种民粹主义意义上的"从底层出发"（from below）的观点。梅森这样做是为了揭示政权的驱动目标与其对阶级分化下德国社会资源的调动能力之间紧张而矛盾的辩证关系。梅森坚持认为，欧洲两次世界大战之间的政治史的共同之处是暗含着各种窘境（包括当时阶级分化导致政治局势紧张，以及相应的谈判、聚焦和缓解措施）。他将心血倾注在重构第三帝国统治下"工人阶级不服从的故事"上，他"一方面将其描述为阶级冲突的准自发表现，另一方面又认为是工人阶级政治激进传统的无声回响，这些传统甚至是纳粹在战争时期恐怖统治加强之前也无法将其消灭的"。[111]直到职业生涯结束，梅森依旧坚持认为"纳粹德国时期的阶级冲突仍然突出"。在纳粹的残酷统治下，"工人阶级的组织不受承认，因此只能将阶级冲突的表现形式看作一种分散的、动态的、关系性现象（生活经验）。"[112]汤普森十分认同这一观点。

然而，马克思主义社会史学家更强有力的观点，即"阶级关系是工业化资本主义国家历史的构成要素"，却被弃而不顾。[113]而许多 111

---

[110] Tim Mason, "Introduction to the English Edition," in *Social Policy in the Third Reich: The Working Class in the "National Community,"* ed. Jane Caplan (Providence: Berg, 1993), 3—4.

[111] Jane Caplan, introduction to Mason, *Nazism, Fascism, and the Working Class*, 5.

[112] Tim Mason, epilogue to *Social Policy*, 285. 这篇长达九十四页的后记创作于1988—1989 年间，即梅森去世前不久，距该书德文原版出版已过去十二年。

[113] Mason, epilogue to *Social Policy*, 285.

人也为此感到万分失落。历史学家倾注在阶级分析的希望逐渐破灭，左翼男性受到的打击远比女性深重，因此这种失落感带有明显的性别特征。而女权主义者已经认识到以阶级为中心的思维方式存在着不足之处，因此，他们将妇女史当作使政治与社会史相结合的替代方式。由于当时缺乏能弥补其影响的积极事件，这种挫败给他们的心灵造成了更痛苦的伤害——即便像梅森一样的男性社会主义者也渐渐转型为女权主义者。[114]虽然梅森已经证明阶级冲突对于 20 世纪 30 年代纳粹领导层的思考和政策制定的动向具有核心作用，但他意识到就某些重要目的而言，阶级分析框架远远不能满足需要。事实上，绝大多数历史学家都没有看到纳粹主义最野蛮和暴力的一面，尤其是大屠杀计划。梅森也呼吁历史学家永远不要逃避这一话题。

晚年时期，梅森对阶级分析方法的不足进行了深刻而感人的反思。他认识到自己最初关于 1939 年"国内外政策的连锁危机"（即发动战争与政权的整体危机之间的关系）的观点在许多重要方面有错误。他特别意识到，与他早期想法相悖的是，许多证据虽然表明了工业中充斥着不满情绪，但不能用来证明工人阶级中存在"对政治的普遍不满"。

> 归根究底（这种观点）是建立在一个站不住脚的假设之上的，即虽然阶级组织在 1933 年遭受摧毁，但 1938 年至 1939 年

---

[114]　梅森在历史工作坊集体中的核心参与在这些方面极大地影响了他的思想。由第 13 期（1982 年春）开始，《历史工作坊杂志》（*History Workshop Journal*）更名为"社会史学家与女权主义史学家的杂志"。参见杂志社论文章《历史工作坊杂志与女权主义》（"History Workshop Journal and Feminism"）。同一期载了一篇文章，表明梅森个人正朝着这个方向转变：Tim Mason，"Comrade and Lover：Rosa Luxemburg's Letters to Leo Jogiches，" *History Workshop Journal* 13（spring 1982），94—109。感谢弗兰克·莫特（Frank Mort）让我强调这一点。

间，依然对组织广泛存在一种被动的、潜在的忠诚。我大大低
估了 1933 年各政党和工会的政策对其支持者造成的打击，也低
估了随之产生的幻灭感和宿命论的影响，更低估了首次秘密反
抗活动的失利所带来的去政治化趋势。近来，越来越多的地方
研究和口述历史的研究表明……自 20 世纪 30 年代中期开始，
纳粹思想的某些元素深入民众意识的程度。

但是，梅森没有收回关于战争前夕纳粹面临重重政策制定困境
的观点，也没有收回针对经济失常的根源以及民众因而产生愤懑的
观点。然而，他认为"虽然纳粹的社会经济政策直接损害了人民的
物质利益，但是人们对社会经济政策的不接受并不必然意味着对政
权的完全拒绝，尽管部分拒绝往往表现得既坚决又持久"。[115]

梅森对纳粹"深入民众意识"的指涉所隐含的一切引发了极具
破坏性的疑虑。20 世纪 80 年代关于第三帝国最出色的一本著作开始
考察民众参与共谋的历史，依旧套用了梅森与布罗沙特关于协商与
适应的理论框架，但现在将勾结和合作而非"反对"和抵制视为主
旋律。在 90 年代之前，此类作品集中关注的是 1939 年至 1945 年期
间，在当时的战时经济体制下，大量外来劳工遭受奴役，而德国工
人则纷纷受到征召，加入种族屠杀的军队，工人运动旧有的带有反
抗色彩的团结性也就此遭到彻底瓦解。甚至连工人阶级内部所具有
的、体现在车间互助及工作自豪感中的阶级文化适应性，无论出于
自愿还是强制，都以适应于"民族共同体"（Volksgemeinschaft）

112

---

[115] Mason，epilogue to *Social Policy*，316.

的意识形态力量为基本前提。⑯

到了 20 世纪 80 年代末，梅森已经放弃了原定目标。他认为
"从阶级关系的'核心区域'拓展到纳粹主义和第三帝国的整个政治
社会史"已没有可能。梅森没有再研究 1939 年后的历史，因而也没
有涉及对于通史而言最关键的两个历史范畴（战时大众对政权的持
续忠诚以及当局种族大屠杀行动）。梅森的这种做法一定程度上是出
于自己的情感选择的。面对骇人听闻的生物种族主义与种族灭绝，
梅森感到"情感上的瘫痪，因而也是智力上的瘫痪"："我无法面对
这些事实，所以我也不能理解，更不能对其作出合适的定位。"⑰事
实上，他的确非常清楚地解释了自己放弃研究的原因。1988 年，梅
森在费城一次会议上作闭幕致辞，当谈到关于纳粹主义的新研究时，
他将这些研究的主题称为"生物政治"，虽然现在看来这个观点并不
陌生，但那时却是我第一次听到。⑱如果"所有杀人的生物政治"真

---

⑯　例如，参见 Alf Lüdtke，"What Happened to the 'Fiery Red Glow'? Workers'
Experiences and German Fascism," in Lüdtke, ed., *The History of Everyday Life*：*Recon-
structing Historical Experiences and Ways of Life*（Princeton：Princeton University Press，
1995），198—251；"The Appeal of Exterminating 'Others'：German Workers and the Lim-
its of Resistance," in Michael Geyer and John W. Boyer, eds., *Resistance against the Third
Reich*，*1933—1990*（Chicago：University of Chicago Press，1994），53—74。另参见 Adel-
heid von Saldern，"Victims or Perpetrators? Controversies about the Role of Women in the
Nazi State," in David Crew, ed., *Nazism and German Society*，*1933—1945*（London：
Routledge，1994），141—65；Atina Grossmann，"Feminist Debates about Women and Na-
tional Socialism," *Gender and History* 3（1991），350—58。
⑰　Mason，epilogue to *Social Policy*，275，282—83.
⑱　本次会议的论文集为《重新评价第三帝国》（*Reevaluating the Third Reich*. New
York：Holmesand Meier，1993），由托马斯·奇尔德斯（Thomas Childers）和简·卡普兰
（Jane Caplan）编辑。蒂姆·梅森对会议的书面反思——"Whatever Happened to 'Fas-
cism'?" *Radical History Review* 49（1991），89—98，这篇文章作为《重新评价第三帝国》
（253—262 页）的附录得以重印；以及梅森的《纳粹主义、法西斯主义与工人阶级》（*Na-
zism，Fascism，and the Working Class*，323—331）——都没有再现这一特殊表述在他的
会议评论中的核心地位。

的是"国家社会主义的伟大遗产",那么显然,汤普森式社会史的阶级分析观点是有局限的。梅森承认,"对于第三帝国的重要研究工作,无法用阶级冲突分析的方法展开。"事实上,纳粹主义的"构成要素"不是资本主义,也不是阶级关系,而是第三帝国本身的政治制度。⑲

113

蒂姆·梅森本打算以阶级为基础,全面分析国家社会主义与德国社会之间的关系,但这项写作计划由于上述原因流产。这是唯物主义社会史的局限所导致的一个悲惨案例。到了 20 世纪 80 年代初,梅森开始怀疑自己能否写完这本书。1984 年,他辞去牛津大学的教师职位,移居意大利,开始研究意大利法西斯主义。直到晚年,他还持续发表了许多具有启发性的重要文章。梅森的最后一部作品写的是纳粹主义,至今仍为业内最出色的作品之一。但是他再也没有将那部巨著继续写下去。1990 年 3 月,面临来自自身、学术和政治上的重重压力,梅森最终崩溃,毅然在罗马一家周末酒店的房间里结束了自己的生命。

---

⑲　Mason, epilogue to *Social Policy*, 285.

第四章　自反性

穿越大西洋

　　1979 年夏天，我离开英国，去往美国。就在几周前，玛克丽特·撒切尔率领的英国保守党在大选中获胜。虽然世界在不断地发展变化，但知识分子似乎不会受到威胁。现在看来，唯物主义的坚实基础开始崩塌和移动。正如我在第三章中提到的，1977—1978 年以及 1982—1983 年，虽然包括威廉·休厄尔、盖瑞斯·斯特德曼·琼斯在内的有影响力的人物没有彻底地否定过去，但都已开始脱离原来的队伍。当然，大多数社会史学家还没有觉察到自己的研究正面临着危机。当时，各国的制度化进程仍处于起步阶段。拿英国来说，英国社会史学会刚成立不到四年，当时三十出头的年轻一代所创办的旗舰杂志《社会史》和《历史工作坊杂志》发行也还未到四年。①到了 70 年代末，在招聘、课程设置、研究生培养以及行业整体

---

① 三条倡议均于 1976 年发起。《历史工作坊杂志》(*History Workshop Journal*) 编辑小组的十二名成员均是公开的社会主义者与女权主义者。其中两名成员与左翼英国社会史的早期阶段相关联：拉斐尔·塞缪尔 (Raphael Samuel, 1938—1996) 是共产党历史学家小组中的一名学生成员，也是第一代新左派的灵魂人物；蒂姆·梅森 (Tim (转下页)

态势方面，就社会史合法性的学科争论才刚刚展开。用新的自我批判的方式来质疑这个基础项目，对那些有争议的成果提出质疑，这些做法在当时并不是首要议程。

当然，不满也随之产生。我在第三章结尾处稍稍提到过，比如伊丽莎白·福克斯-吉诺维斯和尤金·吉诺维斯于 1976 年发表的一篇文章，同年，斯特德曼·琼斯也发表了文章。但是，他们是以社会史的名义发表言论的，并非想取代社会史。吉诺维斯夫妇认为，这似乎使阶级分析的马克思主义沦为一种基于利益层面（"谁骑在谁的头上？"）的顽固还原论形式，在故意挑衅中预期了昙花一现的美国杂志《马克思主义观点》（*Marxist Perspectives*）在未来出现。②斯特德曼·琼斯呼吁社会史学家不要一味依赖社会学家的概念和分类，要保持充足的

116

（接上页）Mason，1940—1990），1967—1971 年期间担任《过去与现在》（*Past and Present*）的助理编辑。小组第三名成员盖瑞斯·斯特德曼·琼斯（Gareth Stedman Jones，1943—　）是第二代新左派的重要人物。他们三人在 20 世纪 60 年代后期召开了牛津社会史研讨会。安娜·戴文（Anna Davin，1940—　）与萨利·亚历山大（Sally Alexander，1943—　）是英国妇女史的创始人。小组以牛津为中心，也包含了来自非大学工会赞助的鲁斯金学院的前学生（以及在那教学的塞缪尔）或在牛津接受教育的学术型历史学家。最年轻的成员只有 25 岁左右；所有成员均在 40 岁以下。《社会史》（*Social History*）编委会虽然是学术性的，但并不拘泥于牛津、剑桥和伦敦几个地区，其人员组成比较复杂，包括各类马克思主义者，研究社会政策史和教育史的非马克思主义专家，还有热情高涨的社会科学史学家。大多数委员会成员年纪在 30 至 40 岁，部分成员年纪稍长，最小的成员只有 27 岁。两本杂志在目标、内容和潜在投稿人等方面有许多关联。例如，蒂姆·梅森起初就职于《社会史》编委会，后来《历史工作坊杂志》成立，因而他离开了前者，（碰巧）由研究德国史的我接替。社会史学会是一项直截了当的专业倡议，一定程度上以哈罗德·珀金（Harold Perkin，1926—2004）为中心，他曾是英国各所大学中研究社会史的第一位讲师（1951 年于曼彻斯特大学）和第一位教授（1967 年于兰开斯特大学），著有《现代英国社会的起源，1780—1880 年》（*The Origins of Modern English Society，1780—1880. London：Routledge and Kegan Paul，1969*），该作品是从社会史视角所写的一部较早且具有影响力的通史。

②　Elizabeth Fox-Genovese and Eugene Genovese，"The Political Crisis of Social History：A Marxian Perspective，" *Journal of Social History* 10（1976），205—20.《马克思主义观点》（*Marxist Perspectives*）发行于 1978 年，发行时广受支持与期待。该杂志设想了业界马克思主义者与非马克思主义者间的对话，但经一番调整后，在 20 世纪 50 年代与《过去与现在》（*Past and Present*）杂志的宗旨大同小异。经历一系列自我毁灭的行为后，该杂志最终被其初创者完全摧毁，在发行 9 期后停刊。

勇气和坚定的信念，以构建自己的理论体系。他们必须摆脱依赖，进入一个更高、更自信的意识层面。③70 年代末，许多倡议走向了极端，如同一只愤怒的猛兽，抨击着学科中所谓的"渐进性痴呆症"（progressive dementia）。"现在社会史学家的处境十分艰难"，托尼·朱特（Tony Judt）在文章中的总结有悖常理，否定了社会史当时的上升势头。朱特含蓄地谴责了研究法国的北美社会史学家，并呼吁"那些仍对历史保持不懈追求的少数历史学家"恢复"政治学的中心地位"。他坚信，只有"反复强调政治学的首要地位"，才能真正追求"社会史"。④

这些都是对改善社会史的呼吁，而不是对社会史的抵制。1979 年秋天，我来到密歇根大学，加入了正朝此方向发展的历史系。密歇根大学历史系在研究比较社会科学时，最多带有一种善意的怀疑态度，而不是顽固不化或者公然敌对。当时，《社会与历史比较研究》在众多杂志中起着带头作用，该杂志自 1962 年起便由该系负责编辑。杂志最开始由中世纪史学者西尔维亚·思拉普（1903—1997 年）负责，后来由 19 世纪欧洲史学者雷蒙德·格鲁（Raymond Grew，1930 年生）负责。密歇根大学历史系认为，知识的交流应当跨越地理与学科界线。

---

③　Gareth Stedman Jones, "From Historical Sociology to Theoretical History," *British Journal of Sociology* 27 (1976), 295—305. 另参见斯特德曼·琼斯和拉斐尔·塞缪尔（Raphael Samuel）的一篇创刊社论《社会学与历史》（"Sociology and History"），见于 *History Workshop Journal* (1 [spring 1976], 6—8)。

④　此处的"政治"，朱特意指"组织和治理公民社会的方式和目的"。参见 Tony Judt, "A Clown in Regal Purple: Social History and the Historians," *History Workshop Journal* 7 (spring 1979), 89, 88, 68. 由于争论使用了大量不当言语，使得北美地区朱特的法国历史学家同僚间的讨论无法取得建设性成果。朱特在文章开头讲道："……社会史正遭受严重的亵渎。这一学科已沦为无知人群的聚集地，受一些缺乏敏锐思想的历史学家的摆布"（67 页）。书中同样提到："……缺乏社会或理论价值……认识论完全崩塌……可笑……完全不是学术方法……平庸……盲目信仰……胡说八道……没有学识，愚钝，历史文盲……粗劣……社会史的缓慢扼杀。"这些短语分别摘自第 74、75、77、78、79、81、86、88、88 和 89 页。朱特表示过，是我向他推荐了这篇文章的"主旨"，这篇文章的发表碰巧赶上我到达北美时，构成了一个有趣的开端。

他们高度重视西方以外其他地区的历史。在课程设置中，该系将这一观念付诸实践，在课程名称中加入了"比较"一词，同时大力鼓励并支持区域研究。密歇根大学，尤其是之下的社会研究所，在社会科学领域享有盛名，这也发挥了重要作用。对于社会史学家而言，由查尔斯·蒂利（1929 年生）领导的社会学系的社会组织研究中心是他们的主要活动场所。在历史系内部，特别是在那些对社会史感兴趣的研究生和年轻教员中间，路易斯·蒂利（Louise Tilly，1930 年生）是主要人物。蒂利夫妇组织的社会史沙龙活动于每周日晚举行，成为该系的传统，沙龙上，人们可以边享用美食边阅读文章。密歇根历史系很大程度上折射出了当时的学科风气：在系内举行的一次人气人物非正式评选中，马克·布洛赫脱颖而出，当选 20 世纪末最有影响力的历史学家。

同时，不断涌现的新鲜观点使得困难感越发强烈。80 年代初，女权主义是最重要的干扰源，而非种族/种族主义问题、后殖民主义/后殖民性、性史以及后来出现并盛行的多元文化主义和身份认同立场。然而当时，人们开始了对精神分析理论的讨论，开始小心借鉴文学批评，福柯的观点开始传播，海登·怀特（Hayden White）在《元史学》（Metahistory）中的遁词也逐渐流传，文化人类学的影响力也渐渐不再局限于克利福德·格尔茨（Clifford Geertz）的早期文章。⑤ 对我们这

117

⑤　与其他理论家，如雅克·德里达（Jacques Derrida）相比，福柯通过直接研究历史本身，使得后结构主义思想更易理解。同样地，毫不意外的是，与那些纯粹的认识论作品相比，福柯针对特定地点及行为的研究——例如精神疾病的治疗、医学实践，尤其是不断变化的惩罚和监禁形式——愈来愈受到历史学家的关注。福柯归为后一类的作品（这里引用的作品均由纽约的 Pantheon 出版社出版）有：*Madness and Civilization：A History of Insanity in the Age of Reason*（1965），*The Birth of the Clinic：An Archaeology of Medical Perception*（1973），and *Discipline and Punish：The Birth of the Prison*（1977）。归为后一类的作品有：*The Order of Things：An Archaeology of the Human Sciences*（1970），*The Archaeology of Knowledge*（1972）。另参见 Hayden V. White，*Metahistory：The Historical Imagination of Nineteenth Century Europe*（Baltimore：Johns Hopkins University Press，1973）；Clifford Geertz，*The Interpretation of Cultures*（New York：Basic Books，1973）。

些与英国有关系的人来说，雷蒙德·威廉姆斯仍处于中心地位，同时，文化研究的宏观话语逐渐趋向于体制化。斯图亚特·霍尔的文章得到更多的认同，而英国学术论争的葛兰西热也就此达到了顶峰。马克思主义在英国依然占据主流地位。另一方面，1978 年还是爱德华·萨义德（Edward Said）的著作《东方主义》（*Orientalism*）的诞生之年。⑥

　　现在看来，我们可以看到当时一系列新的亲和关系在形成。后来，我去到了安娜堡，在密歇根人类学系的米克·陶西格（Mick Taussig）的建议下，我们组织几位年轻教师和研究生成立了人类学—历史学读书小组，并在接下来几年里定期会面。⑦当时参与的教师有我的同事，德国历史学家迈克尔·盖耶（Michael Geyer），他于 1986 年离开密歇根去了芝加哥大学；有专门研究西非的英国人类学家基思·哈特（Keith Hart），他当时是到密歇根历史系访问；有和我一样刚刚来到此地的美国城市历史学家特里·麦克唐纳（Terry McDonald）；还有古巴历史学家瑞贝卡·斯科特（Rebecca Scott），同样刚刚加入历史系和密歇根研究员学会。小组的研究生成员有弗雷德里克·伦格（Friedrich Lenger），他当时是德国富布莱特访问

---

　　⑥　参见 "Two Interviews with Raymond Williams," *Red Shift* 2（1977），12—17，and 3（1977），13—15（*Red Shift* was a small local journal produced by the Cambridge Communist Party）；Raymond Williams，*Marxism and Literature*（Oxford：Oxford University Press，1977）；Stuart Hall，"Living with the Crisis" and "The Great Moving Right Show"（both orig. pub. 1978），in *The Hard Road to Renewal：Thatcherism and the Crisis of the Left*（London：Verso，1988），19—38，39—56；Edward Said，*Orientalism*（New York：Random House，1978）。关于对葛兰西的接受，参见 David Forgacs，"Gramsci and Marxism in Britain," *New Left Review* 176（July—August 1989），70—88；Geoff Eley，"Reading Gramsci in English：Observations on the Reception of Antonio Gramsci in the English-Speaking World，1957—1982," *European History Quarterly* 14（1984），441—78。

　　⑦　在此期间，陶西格（Taussig）同时教授人类学研究生课程，教学围绕 E. P. 汤普森（Edward P. Thompson）的《英国工人阶级的形成》（*Making of the English Working Class*. London：Gollancz，1963；paperbacked，Harmondsworth：Penguin，1968），我曾给他班上学生作过演讲。

学者和历史学硕士生，现于吉森大学任教；有当代法国历史学家泰茜·刘（Tessie Liu），目前在美国西北大学任教；还有罗马尼亚历史学家伊丽娜·利夫泽纽（Irina Livezeanu），目前在匹兹堡任教。我们轮流讲述自己的兴趣和研究，对我而言，那些众多的陌生领域　118令我印象十分深刻。有段时间，附属于《激进历史评论》（*Radical History Review*）的中大西洋激进史学家组织（MARHO）的当地分会也在安娜堡蓬勃发展，其主轴是研究美国文化和历史的师生。同样，跨学科理论再次成为人们关注的重点。

记得来到美国后，我感受到的最大变化是在查尔斯·蒂利和路易斯·蒂利组织的一场活动上。当时是 1979 年 10 月，正值第一届北美劳工史大会在底特律的韦恩州立大学举行。会议吸引了许多三十出头的年轻历史学家参加，他们大多从外地赶来。利用这个机会，蒂利二人也在安娜堡举行了一场为期一天的会议，旨在对社会史的现状进行一次总结。出席者除了来自密歇根大学的众多师生外，还有研究 20 世纪英国史的史学家詹姆斯·克罗宁（James Cronin），研究工业化社会史及人口史的学者大卫·莱文，研究家族史的史学家爱德华·肖特，还有三位中青年一代心中的法国史学家领军人物——约翰·梅里曼（John Merriman）、琼·斯科特以及威廉·休厄尔。为了保证讨论顺利进行，蒂利夫妇提议首先阅读吉诺维斯、斯特德曼·琼斯和朱特的近期作品（在前面提到过）以及劳伦斯·斯通的一篇探讨历史与社会科学关系的文章。⑧他们将主题定为"社

---

⑧　Fox-Genovese and Genovese, "Political Crisis"; Stedman Jones, "From Historical Sociology"; Judt, "Clown in Regal Purple"; Lawrence Stone, "History and the Social Sciences in the Twentieth Century," in Charles F. Delzell, ed., *The Future of History* (Nashville: Vanderbilt University Press, 1976), 3—42.

会史从何而来，又将何去何从？"（"Whence and Whither Social History?"）。

当天的会议分为三个阶段："社会史是否已走偏？"（"Has Social History Gone Awry?"）"我们能作何选择？"（"What Choices Face Us?"）以及"我们应当作何选择？"（"What Should We Do?"）。与会者可以发表短文（一页纸长度）以表达自己的观点。蒂利夫妇的呼吁凸显了社会史研究中现行做法遭受激烈质疑的程度：

> 自从计量经济学家登上历史舞台以来，不断有抱怨声指责那些大量借鉴社会科学的社会史学家粗鲁、傲慢和无知。最近又有了新的指责方向：某些人试图用 20 世纪 60 年代以来逐渐流行的社会学工作来取代文化分析和人类学视角；尤其在北美地区，特别是在受到社会科学的影响下，对社会史的认识论基础以及隐性政治取向的质疑不断加深；那些曾大力推动打造社会史响亮自主品牌的史学家，渐渐对其可行性和效果产生怀疑。⑨

119

---

⑨　Louise and Chuck Tilly，" To Prospective Participants in a Discussion of WHENCE AND WHITHER SOCIAL HISTORY?" Center for Research on Social Organization of the University of Michigan，7 October 1979. The conference convened on 21 October 1979. 我引用的是我自己关于这个主题的文件。其中，针对计量经济学家所带来冲击的评论，提到了 20 世纪 70 年代中期，由罗伯特·威廉·福格尔（Robert William Fogel）与斯坦利·恩格曼（Stanley L. Engerman）发表的《十字架上的岁月：美国黑奴制经济学》（Time on the Cross：The Economics of American Negro Slavery. Boston：Little，Brown，1974）引发的激烈辩论。由此引发的辩论不仅涉及关于奴隶制经济学的实质性主张，还涉及定量方法与历史学家的相关性。在 20 世纪 70 年代中期，对后者的普遍倡导达到了顶峰，有时带有传教般的热情。例如，参见 William O. Aydelotte，Allen G. Bogue，and Robert William Fogel，eds.，The Dimensions of Quantitative Research in History（Princeton：Princeton University Press，1972）；Roderick Floud，An Introduction to Quantitative Methods for Historians（London：Methuen，1973）；Floud，ed.，Essays in Quantitative Economic History（Oxford：Clarendon Press，1974）。

　　当时最令我感到震惊的是，人们事先传阅的三篇评论文章的共同点——马克思主义——保持缄默。在我写的一页长的文章中，我指出了导致目前分裂状况的真正原因是"一种更加自信和自觉的马克思主义"的兴起。虽然蒂利夫妇的呼吁表明，有人已经放弃"为社会史打造响亮的自主品牌"，但在我看来，马克思主义批评家却号召要"增强活力，加大信心，提高独立性，提高理论的连贯性——换言之，增强自主性，而不是将其减弱"。此外，这些方法与目前刚引进的"文化分析和人类学视角"相去甚远，它们一直以来都是E. P. 汤普森和其他英国马克思主义史学家所推崇的社会史的组成部分，但没有被纳入查尔斯·蒂利和路易斯·蒂利的社会科学范式。其实，我对最近发生的种种争论是否引发了一场整体危机表示非常怀疑。其所描述的是社会史学家之间"内部分歧的领域"，并不直接指向社会史本身，而是对社会史未来发展的不同愿景。马克思主义者希望社会史可以发挥其"总体潜力"，最终实现理想，成为"社会的历史"。这也就意味着要回归政治。⑩

　　当然，与十年后类似的讨论相比，这场会议少了许多内容。比如，虽然路易斯·蒂利、琼·斯科特等人参加了此次会议，但是会议中却未真正涉及女权主义和妇女史。会议也没有纳入种族议题、殖民主义与帝国研究以及非西方社会史——尽管在当天的讨论中，这些话题也和妇女史一样不时地被提及。但最让人震惊的是，活动组织者在人类学及其他类型文化分析与社会史的真正根基之间建立

---

⑩　Geoff Eley，"The State of Social History," paper presented at the conference "Whence and Whither History?" University of Michigan，Ann Arbor，October 1979.

120　了一种对立关系。蒂利夫妇明确表示，文化转向会造成严重损失，甚至是对社会科学过去二十年里在实证基础上的所有努力的一种背叛。他们坚持认为，建立在社会科学的方法、理论和程序之上的社会史才是"严谨"的，而建立在文化分析上的社会史则不是。后者十分无力、零散、难以把握，在观点和证明上不如前者严谨。

我个人非常喜欢这场会议。这是我第一次参加众多北美社会史学家的集体重要聚会。一开始很明显，大部分的能量受托尼·朱特个人化的辩论激发。但是随着讨论的进行，人们有了深思熟虑之后的自我定位，讨论再次回到"庸俗马克思主义"的不足之处。"庸俗马克思主义"似乎是社会史学家所熟悉的一个简称，用在大量日常社会关系和物质生活的量化研究中。发言者一致认为，为了弥补理解上的不足，我们需要"一种更为精深的文化史论述"。当时包括米克·陶西格和南亚学者伯纳德·科恩（Bernard Cohn）（当时从芝加哥前来访问）在内的人类学家都提出了自己的不同见解。欧洲理论以及发生在英国的阿尔都塞派与汤普森派之间的论战也被多次提到。理查德·约翰逊（Richard Johnson）在《历史工作坊杂志》中批评了汤普森和吉诺维斯，由此引发了争论，也使得这些论战跨越大西洋，再加上汤普森在《理论的贫困》（*The Poverty of Theory*）中表达了对阿尔都塞派观点的反对意见，论战愈演愈烈。[11]

由此，那些围绕英国理论的辩论即将达到高潮，难以遏制。1979 年 12 月 1 日，第十三届历史工作坊在牛津举行，汤普森于周六

---

[11]　Richard Johnson, "Edward Thompson, Eugene Genovese, and Socialist-Humanist History," *History Workshop Journal* 6（autumn 1978），79—100；Edward P. Thompson, *The Poverty of Theory and Other Essays*（London: Merlin Press, 1978）.

晚举行的全体会议上公然抨击约翰逊的观点，抨击之激烈甚至震惊
了其支持者。那次会议成果卓著，其中之一便是表明了"结构主义"
和"文化主义"之间尖锐二元对立的局限性，约翰逊曾将这种对立应
用于历史的可能性。无论是汤普森及其支持者，还是他的反对者，都
没有预见到，在即将到来的 20 世纪 80 年代，文化史将展现无限的创
造力，在认识论上也表现得更加激进，最终摆脱普遍的唯物主义问题。
新文化史学家很大程度上摒弃了唯物主义立场，所谓的文化主义者和
结构主义者则保留了唯物主义立场。约翰逊早先说过："结构主义和
文化主义都不会放弃（唯物主义）的。"前进方向的逻辑恰恰指向两
者之外的地方。在英国，20 世纪 80 年代初，撒切尔主义改变了当时
的政治氛围，加之冷战卷土重来，理论家之间的激烈论战很快就变
得相对不那么重要了。⑫

　　蒂利夫妇在安娜堡举行的那场会议，在很长一段时间内给我留
下了不确定的混乱印象。我看到的是一个表面上相当团结的社会史
学家团体，他们是以一系列代际友谊和团结（包括政治上和思想上）
为纽带，他们曾经坚信自己的抉择，但如今早已变得不确定了。人
们希望英国马克思主义和马克思主义女权主义提出可行办法，对新
出现的反还原论批判更是寄予厚望。还原论批判当时已具有一定的

121

---

⑫ 更多有关斯图亚特·霍尔（"In Defense of Theory"）、理查德·约翰逊
（"Against Absolutism"）与 E. P. 汤普森（"The Politics of Theory"）之间牛津辩论的
内容，参见拉斐尔·塞缪尔（Raphael Samuel）编：*People's History and Socialist Theory*
（London：Routledge，1981），376—408。另参见 Martin Kettle，"The Experience of Histo-
ry," *New Society*，6 December 1979, reprinted in Raphael Samuel, ed.，*History Workshop：
A Collectanea，1967—1991；Documents，Memoirs，Critique，and Cumulative Index to "His-
tory Workshop Journal"*（Oxford：History Workshop，1991），107；Susan Magarey，"That
Hoary Old Chestnut, Free Will and Determinism：Culture vs. Structure, or History vs.
Theory in Britain," *Comparative Studies in Society and History* 29（1987），626—39。

接受度，并逐渐遍及整个大西洋地区，将会最终解决现有的马克思主义难题。虽然会议整体上秉承了宽容开放的精神，但闭幕会议上查尔斯·蒂利却将矛头直指威廉·休厄尔演讲中的观点，他们在是否需要转向人类学的可取性上存在着个人的意见分歧。考虑到会议一整天营造的都是轻松幽默的气氛，查尔斯·蒂利此举实属震惊了整个会场。他坚定不移地重申了"更为硬核的社会研究"的极端重要性，这也是会议一直要捍卫的，却利用主持者一职的个人权威，打断和否定休厄尔的回答。他不断要求说："给我其他替代方案。"显然，对重大问题的讨论结果难料。[13]

转　向

回首看来，我发现蒂利夫妇组织的那场会议仅仅是个开始。那一年，休厄尔的作品《法国的工作与革命》出版；琼·斯科特离开教堂山，搬到布朗，并在那里接触到后结构主义思想；查尔斯·蒂利仍然继续坚守阵地。简单说来，三者代表了三种不同的转向。20

---

[13]　会议论文由蒂利夫妇结集出版，见于 "Problems in Social History：A Symposium," in *Theory and Society* 9（1980），667—81。论文作者包括路易斯·蒂利（Louise Tilly）、爱德华·肖特（Edward Shorter）、弗朗西斯·科瓦雷斯（Francis G. Couvares）、大卫·莱文（David Levine）以及查尔斯·蒂利（Charles Tilly）。唯独本人论文未受征用。但作品的出版未能体现事件本身带来的重大影响和结果。有关此事件，另参见 William H. Sewell, Jr., "Whatever Happened to the 'Social' in Social History?" in Joan W. Scott and Debra Keates, eds., *Schools of Thought：Twenty-Five Years of Interpretive Social Science*（Princeton：Princeton University Press, 2001），213："因此，对文化进行人类学研究对于涉足新社会史的新手来说，是振奋人心却又困难重重的一步。就我自身而言（我认为别人也是如此），迈出这一步会经历一种转变经验，感受到自身思想与道德世界的重塑。我还可以证明，转向人类学的方法和理论可能会招致曾经的新社会史同事的相当敌意——尤其在我所属的劳工史分支领域，在这里，任何与'唯心主义'挂钩的事物都会被视为政治或思想背叛。"

世纪60年代，如果斯科特与休厄尔继续跟随蒂利一道（斯科特还享有社会科学研究委员会的培训奖学金），他们或许会成为欧洲史学家中历史学与社会结合的领军后继人，但那时他们宣称新社会史已不能满足需要。社会史学家不再遵循传统的话语，开始跨越学科界线，走出之前所谓的安全地带。弗朗西斯·科瓦雷斯（Francis Couvares）在一篇关于蒂利研讨会的发表声明中讲道（用的语言缺乏对即将到来的时代的认识）："文化人类学有两个新娼妓，一是'深描'（thick description），一是符号学，他们日益造成威胁，企图转移注意力，并改变话语的用语。"⑭

然而，关于"社会史从何而来，又将何去何从"的出版物实际上并未能及时反映这一思想上的突破。查尔斯·蒂利指出，"人类学工作……心态研究……以及马克思主义分析"变得具有挑战性。但他依旧坚持这一假设：包括"集体传记、量化、社会科学方法以及对日常行为的严谨研究"在内的现有研究课题将会一如既往地继续发展。他用历史学家可以理解的语言，巧妙地将其与"既定的历史进程"联系起来。就其本身而言，蒂利对社会史"两个使命"的描述完全合情合理："我们要问自己生活的世界是如何形成的，对普通群众的日常生活有何影响；问问重大的历史抉择点对日常经验有何影响，再问这些结果如何并且为何战胜了其他可能性。"⑮然而，但凡在这些过程中忽略了文化构建，并且不考虑"日常经验"和"普通群众"等分类，那么这种构想仍将无法令人满意。同样地，路易

---

⑭ Frances G. Couvares，"Telling a Story in Context; or，What's Wrong with Social History?" *Theory and Society* 9（1980），675.

⑮ Charles Tilly，"Two Callings of Social History," *Theory and Society* 9（1980），681.

斯·蒂利对"工作"和"政治"的提问也有其益处：她认为"谈及妇女工作经历的变化时，要使用更加缜密的定义、词汇和分类"；她还提到必须重新定义政治，"这样一来我们便可以谈论没有正式权利之人的政治了。"[16]但是很显然，这种重新定义是建立在旧的唯物主义基础之上的。如此看来，路易斯·蒂利与琼·斯科特于 1978 年共同出版的著作《妇女、工作与家庭》（*Women，Work，and Family*）与斯科特后来的作品《性别研究与历史政治》（*Gender and the Politics of History*）之间的差异不仅仅是时间的差异。[17]

123　　蒂利二人组织的安娜堡会议代表了一系列范围更广、分歧更大的思想史，并且其中存在着诸多地方性差异。这表明过去 15 年达成的维持社会史繁荣发展的共识正在瓦解。随之而来的争论所蕴含的对抗性构成了专业分裂的威胁，其激烈程度堪比早期的社会史斗争。这些冲突时而超越理论本身，如之前提到过的对"结构主义的马克思主义"的激烈抨击在 20 世纪 70 年代后期主导了英国左翼分子的思想。在接下来 10 年里，福柯式理论方法以及其他后结构主义思想在美国引起了极大的恐慌与反感。更广泛地说，在跨学科创新领域，文化史转向也与政治氛围的变化息息相关。我这一代的左翼学者受自反性影响，开始重新审视自己的学术和政治选择。20 世纪 60 年代至 70 年代，高等教育普及率大大提高，我们成为其中的受益者，接受了教育与训练，同时也成为能赶在学术性工作市场饱和前谋到一

---

[16]　Louise Tilly，"Social History and Its Critics，" *Theory and Society* 9（1980），67.

[17]　Louise Tilly and Joan W. Scott，*Women，Work，and Family*（New York：Holt，Rinehart，and Winston，1978）；Joan W. Scott，*Gender and the Politics of History*（New York：Columbia University Press，1988）. 前者是安娜堡会议前一年出版，采取了强烈的社会科学方法，从女性史的角度提供了第一本关于现代欧洲社会史的综合性叙述；后者为所谓的文化转向提供了标志性的支持，采用了一种公开的后结构主义方法。

职的最后一代。到了 20 世纪 80 年代，这条职业道路让我们在学术组织里占据一席之地。渐渐地，我们开始培养学生、管理研究课题、组织会议、担任期刊编辑。

由于后继者相对减少，我们这代人的声音、语调和关注点受到极大重视。到了 20 世纪 70 年代后期和 80 年代早期，就业市场紧缩，历史学研究生人数下降，导致了那一代博士毕业生的存在感并不突出。20 世纪 80 年代后期，老一代社会史学家与新一代文化史学家在公开争论中出现了分歧，影响了新进青年可以选择的学术方向。只有那些特立独行的无畏之人或者最保守、狭隘的人才能轻松避免被划入敌对阵营。在我看来，这种情形与 20 世纪 90 年代初后辈学者的情况形成了鲜明对比。相比之下，后辈学者在跨入新世纪时均已著书立说，并在史学界占据一席之地。在语言学转向的大背景下，观点鲜明的知识政治在美国的大学中重新流行，这些历史学家在阐述自己的独特见解时，涉及许多性别研究与文化研究的相关话题。

很难精确地描绘社会史向文化史演变的过程。正如我所谈到的，吉诺维斯夫妇、斯特德曼·琼斯以及朱特的文章谈论的往往是社会史存在的"危机"，但其言论都建立在人们熟知的唯物主义基础之上。显然，他们对后结构主义及相关理论在几年后带来的创新毫不知情。同样的无知也适用于一些纲领性声明，例如《历史工作坊杂志》《社会史》（均发行于 1976 年）等新杂志的创刊词；还有 1980 年由美国历史协会组织、迈克尔·卡门（Michael Kammen）负责编辑的美国历史书写方面的论文集——《我们面前的过去》（*The Past*

before Us），书中文章均创作于 1977 年至 1978 年，当时的学术气氛
与 70 年代中期的气氛相同。所有这些例子都没有指出即将到来的动
荡，而是反映了社会史的强劲势头。一项系统性调查显示，文化转
向很快表现为文学或语言学理论影响的缺失；调查对象包括一些知
名期刊，如《过去与现在》《跨学科史学期刊》以及《社会史期刊》，
也包括含有社会史内容的综合性期刊，如《现代史杂志》（*Journal
of Modern History*）和《美国历史评论》（*American Historical Re-
view*）。80 年代末，《现代史杂志》和《美国历史评论》透过评论文
章和论坛开始注意到这一新影响，但是，较老的社会史期刊仍旧止
步不前，比如《社会与历史比较研究》（*Comparative Studies in So-
ciety and History*），先前是历史学与社会科学之间交流的先锋杂志，
当时竟也拒绝与时俱进。

　　包括《历史工作坊杂志》《社会史》与《激进历史评论》在内的
新一批期刊都体现出这一转向。我们可以将以下几篇文章放在一起
比较。一是《历史工作坊杂志》的两篇开篇社论——《女权主义史》
与《社会学和历史》（1［1976 年春］，4—8），另一篇为稍后发表的
《英国经济史和工作问题》（British Economic History and the Ques-
tion of Work）（3［1977 年春］，1—4），还有几年后发表的《语言与
历史》（Language and History）（10［1980 年秋］，1—5）。如果说前
几篇中的言论在坚持唯物主义的话（显然受汤普森、霍布斯鲍姆及
其他马克思主义史学家的影响），那么 1980 年发表的社论则与唯物主
义拉开了一定距离。后来《历史工作坊杂志》更名为《社会史学家与
女权主义史学家杂志》（*Journal of Socialist and Feminist Historians*），

同时发表了由杰弗里·威克斯（Jeffrey Weeks）撰写的指导性文章《历史学家福柯》（Foucault for Historians）（14［1982 年秋］，1，106—119）。接着，又发表了社论《文化与性别》（Culture and Gender）（15［1983 年春］，1—3）。在新女权主义文学批评领域，玛丽·奥维（Mary Poovey）和琼·斯科特撰写了一系列评论文章（22［1986 年秋］，185—192）。通过阅读莎莉·亚历山大（17［1984 年春］，125—149），劳拉·马尔维（Laura Mulvey）和 T. G. 阿什普朗特（T. G. Ashplant）（23［1987 年春］，1—19，165—173）的文章，我们就会发现其中对心理分析的逐步引入，随后发表的包括四篇文章（26［1988 年秋］，105—152）的特辑《精神分析与历史》（Psychoanalysis and History）以及由杰奎琳·罗丝（Jacqueline Rose）所撰写的回应文章（28［1985 年秋］，148—154）更是进一步证实了这一观察。[18]另一期特辑《语言和社会》（Language and History）收录了由彼得·肖特勒（Peter Schöttler）撰写的《历史学家与话语分析》（Historians and Discourse Analysis）这篇极为严肃的文章（27［1989 年春］，1—65）。同年的法国大革命二百周年纪念专刊几乎完全采用了"文化主义"的路数，作为正在形成中的、流行的文学—语言学意识的一部

---

[18] 这反映了英国女权主义者在 20 世纪 70 年代末和 80 年代初通过雅克·拉康（Jacques Lacan）对弗洛伊德和精神分析传统进行关键性的重新评估。关键文本包括：Juliet Mitchell, *Psycho analysis and Feminism*（Harmondsworth：Penguin，1974）；Juliet Mitchell and Jacqueline Rose, eds., *Feminine Sexuality*（London：Macmillan，1982）；Jacqueline Rose, "Femininity and Its Discontents," *Feminist Review* 14（1983），5—21，reprinted in *Sexuality in the Field of Vision*（London：Verso，1986），83—103。有关简要介绍，参见 Terry Lovell, ed., *British Feminist Thought：A Reader*（Oxford：Blackwell，1990），187—94。另参见 Sally Alexan- der, "Women, Class, and Sexual Difference in the 1830s and 1840s：Some Refections on the Writing of a Feminist History," *History Workshop Journal* 17（spring 1984），125—49，reprinted in *Becoming a Woman and Other Essays in Nineteenth and Twentieth-Century Feminist History*（New York：New York University Press，1995），97—125。

分（28［1989 年秋］，1—87）。[19]

在历史学界，这种趋势被过度夸张为"语言学转向"（linguistic turn）——即在修辞和行业实践方面的话语转变，一种从"社会"到"文化"的分析模式的转变。在 20 世纪 80 年代，社会史研究领域在一般认识论意义上出现了一种不确定性，这也是 20 世纪末期人文与社会科学学术思想的普遍特征。这一转变对一些学科造成的影响大于其他学科。例如，相对于"更硬的"的社会科学，如社会学，该趋势对文学研究和人类学的影响则更为集中和迅猛。最深层次的探讨出现在新兴的女性研究领域和文化研究领域，这绝非偶然。对于究竟为什么如此深刻有力的跨领域、跨学科新思潮的融合会出现在这个特殊时期，我在此提供的证据还远远不够，还需要对更多类型的文本进行仔细研究。

要强调的是，我想避免如下任何暗示：新的偏离只发生在思想领域；或者历史学家的转变某种程度上是由于理论内部的争论或一系列哲学思潮的干预。如同其他学术思想的转型历程，相关的学术

---

[19] 另注意回顾性的社论《十年之后》（"Ten Years After"，*History Workshop Journal* 20［autumn 1985］，1—4），将杂志的发展在政治上与撒切尔主义联系起来。同样的回顾还出现在《激进历史评论》（*Radical History Review*）中，从主题为英国马克思主义历史（19［winter 1978—79］），到题为"叙事的回归"（31［1985］），再到题为"语言、工作和意识形态"（34［1986］）。一篇早期的关键文章是唐纳德·里德（Donald Reid）所写的《无产阶级之夜：解构与社会历史》（The Night of the Proletarians：Deconstruction and Social History，28—30［1984］，445—63），该文对雅克·朗西埃（Jacques Rancière）展开了讨论。有趣的是，《激进历史评论》有一期题为"历史上的性"（Sexuality in History）（20［Spring—Summer 1979］），几乎没有任何新观点的痕迹。然而，当十年后后续的一期发表之时，该领域已经转型了。参见 Kathy Peiss and Christina Simmons，eds.，*Passion and Power：Sexuality in History*（Philadelphia：Temple University Press，1989）。另参见 John C. Fout and Maura Shaw Tantillo，eds.，*American Sexual Politics：Sex，Gender，and Race since the Civil War*（Chicago：University of Chicago Press，1993），书中还包括 1991 年新成立的《性史杂志》（*Journal of the History of Sexuality*）中的一些文章。

观点可从众多具体的辩论和传记、个人项目、机构场所，以及所有 126
与之相关的合作者和门徒的影响中追寻。学术思想的变迁也与政治
和教育的政策制定、政治和媒体的公共领域以及非学术类型的智识
有着错综复杂的联系。当历史以一种更完整或更恢宏的方式得到书
写时，所有这些方面都将得到重视。

　　尽管如此，这一进程还涵盖了一个具体的理论维度，历史学家
们可借此从一些学说中获得以往没有的资源和策略。正如我所描述
的，这一转变能够促成新的可能性并为其创造条件，也能提供一些
新的语言。正如我在第三章末尾指出的那样，到了 70 年代末，社会
史面临着挫折，出现了不足，并且没有办法自己解决。文化转向承
诺要摆脱这一困境，它不仅为社会史本身提供了自我反思和检查的
工具，还通过关注学科起源，提醒社会史学家们注意自身的批评实
践形式。从这一意义上来说，正因为文化转向打开了"入"口，它
才提供了"出"口。我个人对此最具发言权，我有英国血统，是当
代欧洲人，又是现居美国，并且经历了上述种种变化。

　　首先，文化转向使人们对性别有了理论层面的认识，这一影响
转变了人们思考历史的基础。无论是作为分析的一个维度还是经验
性工作的一个领域，霍布斯鲍姆在 1971 年实施的基准调查中并未研
究妇女史，只要重读这样的旧记录就能体会到如今的改变有多么重
要。1979 年的情形依然如此：他们在会议上阅读的由蒂利标记的四
篇论文（作者分别为吉诺维斯夫妇、斯特德曼·琼斯、朱特、斯
通），一篇也没有指出新兴妇女史的变革意义，尽管他们确实承认妇
女史的存在。直到 20 世纪 70 年代晚期，这一领域才开始出现大量

的专题作品。即使在那时，该领域也远远没有克服既定学科体系中的歧视惯例与偏见，新作品大多比较容易被边缘化，或者是因为其概念框架属于"独立领域"，或者是因为将妇女史划分到家庭史中。[20]对性别分析的理论转变削弱了这种自我中和的效果。直到妇女史在概念上转变为性别史，这个学科受到保护的核心领域才开始对其开放。除了由此产生的性史和性象征史外，职业史、阶级形成史、公民身份史、公共领域史以及大众文化史都在 80 年代末进行了重塑。[21]

127

---

[20]　这同样适用于蒂利和斯科特的《妇女、工作和家庭》(*Women, Work, and Family*)，以及迈克尔·卡门 (Michael Kammen) 的综合性研究《妇女与家庭》，后者见于 "Women and the Family," in Michael Kammen, ed., *The Past before Us* (Ithaca: Cornell University Press, 1980), 308—26。

[21]　此处无法提供大量的参考文献。若想了解英国的工作史，可特别参见 Sally Alexander, "Women's Work in Nineteenth-Century London" (orig. pub. 1974) and "Women, Class, and Sexual Difference," in *Becoming a Woman*, 3—55, 97—125; Sonya O. Rose, "Gender at Work: Sex, Class, and Industrial Capitalism," *History Workshop Journal* 21 (Spring 1986), 113—31, and *Limited Livelihoods: Gender and Class in Nineteenth-Century England* (Berkeley: University of California Press, 1991); "Gender and Employment," special issue, *Social History* 13 (1988)。描述中产阶级形成过程的两部关键作品分别是玛丽·赖安 (Mary P. Ryan) 的《中产阶级的摇篮：1780—1865 年的纽约州诺伊达县的家庭与社区》(*Cradle of the Middle Class: Family and Community in Oneida County, New York, 1780—1865*. Cambridge: Cambridge University Press, 1981) 以及莉奥诺·达维多夫 (Leonore Davidoff) 和凯瑟琳·霍尔 (Catherine Hall) 的《家族财富：中产阶级的男人和女人，1780—1850》(*Family Fortunes: Men and Women of the Middle Class, 1780—1850*. London: Hutchinson, 1987)。文化研究方向的新期刊推动对大众文化的崭新思考，这些杂志包括 *Media, Culture, and Society* (1978—), *Block* (1979—89), *Social Text* (1982—), *Representations* (1983—), *Cultural Critique* (1985—), *Cultural Studies* (1987—), and *New Formations* (1987—)。针对 E. P. 汤普森 (Edward Thompson)，雷蒙德·威廉斯 (Raymond Williams) 和英国"文化主义"经典作品的女性主义批评，参见 Julia Swindells and Lisa Jardine, *What's Left? Women in Culture and the Labour Movement* (London: Routledge, 1990)。当然，我们不应该夸大性别分析在 20 世纪 80 年代造成的影响。在编入国际劳工史研究手册的二十篇主要专题文章中，由克劳斯·滕费尔德 (Klaus Tenfelde) 编辑的《Arbeiter und Arbeiterbewegung im Vergleich, Berichte zur internationalen historischen Forschung》(Historische Zeitschrift Sonderheft 15 [Munich: Oldenbourg, 1986]) 没有一个条目提及一点女性劳工的内容。除了引言第二页上的一个蹩脚脚注，艾拉·卡茨内尔森 (Ira Katznelson) 和阿里斯蒂德·佐尔伯格 (Aristide R. Zolberg) 编辑的《工人阶级的形成：19 世纪西欧和美国的模式》(*Working-Class Formation: Nineteenth-Century Patterns in Western Europe and the United States*. Princeton: Princeton University Press, 1986) 也并未体现性别关系。

第二，到 20 世纪 80 年代末，米歇尔·福柯的影响已经难以避免。不应该夸大人们对其思想的接受速度。尽管他的书出版迅速，在 20 世纪 70 年代最早出版的有关犯罪、法律和监禁的社会史的开创性作品中，却完全没有任何福柯思想的痕迹。当时，英语世界对福柯的接受是在学术生活的边缘进行的，如美国的《终极》（*Telos*）和《党派评论》（*Partisan Review*）这样的期刊，以及标榜自我意识的前卫派——英国的后新左派期刊（如《经济与社会》［*Economy and Society*］、《激进哲学》［*Radical Philosophy*］、《意识形态与意识》［*Ideology and Consciousness*］ 和《*m／f*》）。[22]直到 20 世纪 80 年代初，历史学家才明确注意到这个现象。自那以后，有关监狱、医院、收容所以及其他监禁场所，社会政策、公共卫生以及所有形式管治的作品，都是通过福柯式关于权力、知识和"真理制度"的论述开始的。回顾 70 年代和 80 年代总体蓬勃发展的社会文化史领域，与其说福柯的思想是直接煽动者，不如说它是福柯自己关于话语结构转变的论点的经典阐释。例如，到了 20 世纪 90 年代，社会

---

[22]　福柯的处女作《疯癫与文明》（*Madness and Civilization*）在 1965 年被翻译成英文，随后《事物的次序》（*The Order of Things*）与《知识考古学》（*Archaeology of Knowledge*）的英文版分别于 1970 年和 1972 年相继出版。到了 20 世纪 70 年代末，除了尚未在法国出版的《性经验史》（*The History of Sexuality*）的第二卷和第三卷外，福柯的所有作品都被翻译成了英文；参见 *The History of Sexuality*，vol. 1，*An Introduction*；vol. 2，*The Use of Pleasure*；and vol. 3，*The Care of the Self*（New York：Random House，1978—1986）。另参见 Michel Foucault，*Language*，*Counter-Memory*，*Practice：Selected Essays and Interviews*，ed. D. F. Bouchard（Oxford：Blackwell，1977）；Colin Gorden，ed.，*Power／Knowledge：Selected Interviews and Other Writings*，*1972—1977*，*by Michel Foucault*（Brighton：Harvester，1980）。有关英国早期关于犯罪和监禁的社会史研究，参见本书第二章注 92。西德对福柯思想的接受遵循着类似的轨迹，最初时是在学术界边缘。参见 Uta Schaub，"Foucault，Alternative Presses，and Alternative Ideology in West Germany，" *German Studies Review* 12（1989），139—53。凯特·特里贝（Keith Tribe）的《土地、劳工和经济话语》（*Land*，*Labour*，*and Economic Discourse*. London：Routledge and Kegan Paul，1978）是记录福柯影响的早期文本，福柯的影响是通过加斯东·巴舍拉（Gaston Bachelard）以及法国史和科学哲学实现的。

犯罪史研究的早期先驱者就利用强有力的文化转向取得了卓越的成果——从彼得·莱恩博（Peter Linebaugh）的《伦敦绞刑》（*The London Hanged*），加特莱尔（V. A. C. Gatrell）的《绞刑之树》（*The Hanging Tree*），到理查德·埃文斯（Richard Evans）的巨著《报复的仪式》（*Rituals of Retribution*）。㉓在意图的层面上，福柯的观点对这些作者所研究的新方向可能并没有起到很重要的引领作用。例如，一个由埃文斯编辑的优秀的德国研究样本几乎没有显示福柯观点明确存在的痕迹。㉔但是没有福柯，他们的作品也无法写成。

　　此外，对福柯的接受极大改变了人们对权力的看法，使他们摆脱了以制度为中心的政府和国家的传统观念，也摒弃了与阶级统治相关的社会学概念，转向对权力及其"微观物理学"进行离散化和去中心化的理解。它使历史学家敏感于权力和知识之间微妙而又复杂的关系形式，特别是纪律性和行政组织形式。它提供的话语概念卓有成效，可以理论化特定知识领域的内部规范和准则（他们的"真理体系"["regimes of truth"]），也可以理论化更广泛的概念和假设结构——这些概念和假设界定了在特定的时间和地点情境下，什么可以想，什么不可以想，什么可以说，什么不可以说。它彻底挑战了历史学家对于个体和集体能动性及其利益和理性基础所作出

128

　　㉓　Peter Linebaugh，*The London Hanged*：*Crime and Civil Society in the Eighteenth Century*（London：Allen Lane，1991）；V. A. C. Gatrell，*The Hanging Tree*：*Execution and the English People*，*1770—1868*（Oxford：Oxford University Press，1994）；Richard J. Evans，*Rituals of Retribution*：*Capital Punishment in Germany*，*1600— 1987*（Oxford：Oxford University Press，1996）．

　　㉔　参见 Richard J，Evans，ed．，*The German Underworld*：*Deviants and Outcasts in German History*（London：Routledge，1988）．关于另一部未受福柯影响的合集，参见 Francis Snyder and Douglas Hay，eds．，*Labour*，*Law*，*and Crime*：*An Historical Perspective*（London：Tavistock，1987）．

的常规假设，迫使我们反过来探索主体性是如何超越古典启蒙意义上的个体意志而通过表达身份认同的语言得以形成的。

最重要的是，福柯鼓励历史学家重新思考对"档案"的理解。他试图打破历史学寻根究源的特征，以及随时间渐进的线性顺序，意欲重构被人遗忘的领域，在那里可以想象认识世界的新渠道。他的"谱系学考察"帮助历史学家们重审自身对待证据和经验的固有态度。针对现代世界起源的宏大解释设计，他试图突出那些被贬低和忽略的事物。针对揭示连续性的愿望，他重视那些中断和分散之处，"正是那些事故，微小的偏差……错误，虚假的评估和错误的计算，衍生了那些将继续存在并对我们有价值的东西。"㉕在福柯的独特用法中，谱系学从被压抑和遮蔽的"非历史"的角落中寻回了那些被传统历史学家抛弃的边缘化、弱势、低层次的事物，要求为所讲述的故事提供不同的档案材料。这可能表明：

> 事情"并非全部都是理所当然的"；疯子被视为精神病并非理所当然；对付罪犯唯一要做的事就是将他监禁起来，这并非不证自明的；诊断病因要进行体检，这并非不证自明的。㉖

如此重新定向并非易事。福柯的著作开始流行的那几年，几乎所

㉕　Michel Foucault, "Nietzsche, Genealogy, History," in *Language, Counter-Memory, Practice*, 146. 福柯还指出："以谱系为导向的历史的目的并不是要我们去重新发现身份的根源，相反，而是要去淡化它们；它并不试图帮我们找到来时唯一的家园——形而上学者向我们承诺的我们终将返回的家园；而是试图穿越我们生命中所有的非连续性。"（162 页）我这里使用了这段文字的不同译文。

㉖　Michel Foucault, "A Question of Method: An Interview with Michel Foucault," *Ideology and Consciousness* 8 (1981), 6.

有的历史学家会议都对他的"非历史"程序有所嘲笑或是不满。而对

129　那些讨厌传统史学研究中枯燥、抽象工作的人来说，长期受福柯著作的影响，对档案的研究已在认识论层面上重新焕发出生机。话语分析与旧的经验方法之间远不是取代与被抛弃的关系，而是相互补充、相依相存的关系。通过将档案作为"资料大事件"（material event），福柯提供了一种"激进的经验主义"。他不是仅仅借助批判来分析档案，而是指出了档案构建的原则。通过这一做法，他展示了思想与文化时代、知识与历史重要性之间沟通的空间。他发现了经验得以再现的"根本"基础，以及使得经验（及其权威性）能够为自己发声的结构。换句话说，如果我们了解福柯对认识论的批判本质上是对其可能性条件的审问，那么这些条件本身就成为一种物质性形式。通过重申档案问题，福柯促使历史学家们思考历史被书写的基础究竟为何。

文化转向的第三个方面涉及一种文化分析方法的命运，它是社会史学家主要使用的文化分析方法之一，即法国的年鉴传统。在20世纪70年代的大部分时间里，心态史被许多社会史学家奉为灵丹妙药。它似乎成为经典的、代表高端文化和形式化阐释类型的思想史的某种引人入胜的替代物。它承诺能够追溯过去的大众文化；它为定量方法和人类学方法的应用提供理论依据；它因"整体历史"的诱人视野而变得富有生命力。有一段时间，由几位有地位的崇拜者精心策划的对年鉴派主要作品的翻译和接受基本是不加批判的："社会史似乎围绕着《过去与现在》——《年鉴》的主轴。"㉗随后，风

㉗　Robert Darnton，"Intellectual and Cultural History，" in Kammen，*Past Before Us*，332.

气似乎开始改变。1978 年，在庆祝布罗代尔学派新期刊《评论》创刊的研讨会上，基调仍然是褒奖的，但到了 80 年代中期，开始出现了一系列显著和极其深刻的批评。㉘

伴随着年鉴学派不愿意将他们对文化的理解理论化，这些批评成功地揭露了布罗代尔和勒华拉杜里的工作核心中存在的还原论和不明确的决定论。多米尼克·拉卡普拉（Dominick LaCapra）和罗杰·夏蒂埃（Roger Chartier）的批评也恢复了思想史先前被心态史占据的领地。根据当代观念进行适当的重新思考，这些发展最终并不会对布洛赫和费弗尔的成就造成损害，或者妨碍古典年鉴学派模式的文化史潜在的持续性产出。但总的来说，历史学家对文化的讨论转移到了其他地方；或是转移到现代早期受年鉴学派影响的主要工作地点之外，或是转移到由女权主义理论家和思想史学家进行的语言研究领域，这些人要么不受年鉴学派范式的影响，要么就是直接批评它。现在，关于现代早期文化的一些更有趣的解读出现，它们不仅仅出自受《年鉴》启发的社会史学家们（他们在 20 世纪 60

130

㉘ 参见 Samuel Kinser，"Annaliste Paradigm? The Geohistorical Structure of Fernand Braudel," *American Historical Review* 86 (1981)，63—105；Patrick Hutton，"The History of Mentalities: The New Map of Cultural History," *History and Theory* 20 (1981)，413—23；Gregor McLennan，"Braudel and the *Annales* Paradigm," in *Marxism and the Methodologies of History* (London: Verso, 1981)，129—51；Stuart Clark，"French Historians and Early Modern Popular Culture," *Past and Present* 100 (August 1983)，62—99；Michael Gismondi，"'The Gift of Theory': A Critique of the *histoire des mentalités*," *Social History* 10 (1985)，211—30；Dominick LaCapra，"Is Everyone a *Mentalité* Case? Transference and the 'Culture' Concept," in *History and Criticism* (Ithaca: Cornell University Press, 1985)，71—94；Lynn Hunt，"French History in the Last Twenty Years: The Rise and Fall of the *Annales* Paradigm," *Journal of Contemporary History* 21 (1986)，209—24. For a key critique from inside the tradition, see Roger Chartier，"Intellectual History or Socio-Cultural History? The French Trajectories," in Dominick LaCapra and Steven L. Kaplan, eds., *Modern European Intellectual History: Reappraisals and New Perspectives* (Ithaca: Cornell University Press, 1982)，13—46。

年代和 70 年代开辟了这一领域），也出自对米哈伊尔·巴赫金（Mikhail Bakhtin）感兴趣的文学评论家。㉙

第四，另一种文化分析，即当代文化研究，在没有特别具体的历史学代表性著作的情况下，也造就了非凡的影响。文化研究——这一 20 世纪 80 年代才出现的跨学科研究方式，受到了一系列的混合影响：英国的社会学、文学研究和社会史（有趣的是，居然不是人类学）；美国的传播学、电影研究、文学理论和反思人类学，在美国更广泛的女性研究、美国文化、非裔美国人研究和种族研究项目也提供了强大的机构支持。人文学科的发展促进了这一势头在美国的增长，但它与流行正盛的社会科学跨学科研究没有太多交集。相比之下，英国盛行的定性社会学弱化了社会科学与人文学科之间的巨大鸿沟，发展方向恰恰与美国相反。在大西洋两岸，女权主义理论记录了那些决定性的影响，后萨义德时代对西方文化传统中殖民及种族化思维模式的批评亦然。到 20 世纪 90 年代初，英美两国的讨论趋势已经趋于一致了。

在文化研究领域开创的一系列主题，读起来就像历史学家们紧随"文化转向"之后逐渐开辟的新领域的清单。无论是从大众化还是高端化的角度，以消费和娱乐为内容的文化和经济都是被最早探索的领域之一，从 18 世纪起直到现在，产生了一批精品项目。从资金支持和批判性认可的角度，这种兴趣明显受到了 20 世纪 80 年代资本主义结构

㉙　参见 Tony Bennett, *Formalism and Marxism*（London：Methuen, 1979）；Robert Stam, "Mikhail Bakhtin and Left Cultural Critique," in E. Ann Kaplan, ed., *Postmodernism and Its Discontents：Theories，Practices*（London：Verso, 1988），116—45；Peter Stallybrass and Alon White, *The Politics and Poetics of Transgression*（Ithaca：Cornell University Press, 1986）。

重组的推动，正如对电影、摄影、视频和电视等视觉媒体技术的严肃 131

研究延伸到了商业媒体（如广告、漫画书和杂志）。㉚女权主义学者探

索了妇女与流行的阅读类型（包括爱情传奇、家庭故事和哥特式小说）

之间的关系，妇女与电视肥皂剧和情景喜剧之间的关系，以及妇女与

黑色电影、情节剧、科幻片和恐怖片等流行电影之间的关系。

　　20 世纪 90 年代之前，历史学家在这一新兴的文化研究领域中的

存在感微乎其微：在标杆式作品《文化研究》（*Cultural Studies*）

（本书的出版记录了 1990 年 4 月在厄本那香槟校区举行的该领域国

际盛会）的 44 名参与作者中，只有 4 位是历史学家，且他们都不是

历史系教员。㉛但是，这些新开拓的领域最终被许多历史学家占领。

除了已经提到的主题外，在 90 年代末期，由文学研究开创的专题研

究日益在历史学科中占据领先地位。例如使用自传和个人言论，进

行后殖民文化批评，重新开放围绕高低文化的辩论，探索大众记忆，

以及研究代表国家过去的象征物。最具体的研究最初集中在 1945 年之

后（文化研究的"漫长的现在"），但兴趣很快便转移到更早的时期。

　　㉚　在新的消费史领域，J. H. 普拉姆（J. H. Plumb）和他的学生延续了较为老式的
社会史，对工业化以来英国的经济发展和社会进步保持进步主义的理解。特别参见 Neil
McKendrick，John Brewer，and J. H. Plumb，*The Birth of a Consumer Society：The Com-
mercialization of Eighteenth-Century England*（London：Europa，1982）。Pioneering works
with similar social history derivation in other fields include Michael B. Miller's *The Bon
Marché：Bourgeois Culture and the Department Store，1869—1920*（Princeton：Princeton
University Press，1981），Rosalind Williams's *Dream Worlds：Mass Consumption in Late
Nineteenth-Century France*（Berkeley：University of California Press，1982），and Richard
Wightman Fox and T. Jackson Lears's edited volume *The Culture of Consumption：Critical
Essays in American History，1880—1980*（New York：Pantheon，1983）。

　　㉛　参见 Lawrence Grossberg，Cary Nelson，and Paula Treichler，eds.，*Cultural
Studies*（New York：Routledge，1992）。这四位历史学贡献者，其中两位（詹姆斯·克利
福德［James Clifford］和拉塔马尼［Lata Mani］）在加州大学圣克鲁斯分校"意识史"
项目中任教；凯瑟琳·霍尔（Catherine Hall）是东伦敦理工学院从事文化研究的高级讲
师；卡罗琳·斯蒂德曼（Carolyn Steedman）是沃里克大学从事艺术教育的高级讲师。

　　第五，文化转向加速了历史学与人类学的对话。这一加速，可能在 20 世纪 70 年代社会史潮流的鼎盛时期就已经出现了，特别体现在对克利福德·格尔茨所倡导的"深描"的普遍引用中，或是体现在爱德华·汤普森对"人类学与历史背景学科"（anthropology and the discipline of historical context）的反思中。[32]20 世纪 60 年代初，这种对话在《过去与现在》中就已经出现，并且也有出现在更早的较为孤立的作品，诸如霍布斯鲍姆的《原始的叛乱》。在特定的史学背景下，特别是对关于南亚、非洲、拉丁美洲的殖民主义和去殖民化的开创性研究而言，历史学和人类学的亲缘关系一向显而易见。但在 20 世纪 80 年代，人类学对"文化"的主要理解发生重大分裂，从历史学家的观点来看，这改变了与格尔茨相关的民族志认识论的定位。因此，人们开始激烈质疑仅仅"为能引起共鸣的跨文化理解做一点贡献"是否足以描述人类学家的职责。[33]此次，每个国家的情况各不相同。在美国，人类学学科的连贯性因为有关机构和行动的新思维的爆发而被打乱。受后现代主义、女权主义理论、文学理论和福柯的影响，学科的界限被完全打破。[34]

132

------

　　[32]　Geertz，"Thick Description：Toward an Interpretive Theory of Culture，"in *Interpretation of Cultures*，3—30；Edward P. Thompson，"Anthropology and the Discipline of Historical Context，"*Midland History* 1（1972），41—55.

　　[33]　Sherry B. Ortner，introduction to Ortner，ed.，*The Fate of "Culture"：Geertz and Beyond*（Berkeley：University of California Press，1999），11. 有关对格尔茨民族志的批判性阐释，参见同一卷，William H. Sewell，Jr.，"Geertz，Cultural Systems，and History：From Synchrony to Transformation，"35—55.

　　[34]　特别参见 Sherry B. Ortner，"Theory in Anthropology since the Sixties，"*Comparative Studies in Society and History* 26（1984），126—66。与奥特纳后来在作品选集引言中对文化的讨论形成比较，十年后，该文章在选集中重新出版：Nicholas B. Dirks，Geoff Eley，and Sherry B. Ortner，eds.，*Culture/Power/History：A Reader in Contemporary Social Theory*（Princeton：Princeton University Press，1995），特别是 3—6，22—27，36—39 页（参见 372—411 页奥特纳的文章）。

对于那些已经在重新思考如何看待文化的历史学家们而言，后续的争论有着重要的含义。在 19 至 20 世纪，人类学与殖民和更广泛的帝国主义关系的融合，使其成为帮助构建西方形式的现代主体性的价值观和信仰机制的一部分。它不仅以更明显的技术方式成为殖民知识的源头，而且通过提供塑造大都会西方人自我理解的理论、范畴和结构，使非西方世界在更基本的意义范畴"变得可知"。同一过程也将土著人民的实践、信仰和社会关系转化为可供比较的术语。

因此，在这些联系中，殖民主义的新人类学使欧洲殖民统治的历史学得以复兴，并对殖民地人民本身进行了受限甚小的研究。这样的工作冲击了早期从事民族志研究的理论家们的权威地位。最重要的是，新的批评使"殖民化的凝视"重新回归自身，使大都会世界对受殖民化的"他者"的构建本身成为研究的对象。随着爱德华·萨义德的洞见得到深入研究，人类学家和历史学家也开始追溯各自的学科血统。按照萨义德所谓"对位"分析的原则，帝国历史不再是这些学科表现自己的舞台，而是首先为它们创造了可能的条件。正如弗朗茨·法农（Franz Fanon）所说，"的确是欧洲创造了第三世界。"㉟

民族志学者的立场已经被彻底解构。早期最有影响力的干预无疑是 1986 年《书写文化》（*Writing Culture*）一书中收录的詹姆

㉟　引自 Nicholas B. Dirks，"Introduction：Colonialism and Culture," in Dirks, ed.，*Colonialism and Culture*（Ann Arbor：University of Michigan Press，1992），1。参见两篇代表大量文献的精彩反思文章：Fernando Coronil，"Beyond Occidentalism toward Nonimperial Geohistorical Categories"（*Cultural Anthropology* 11 [1996]，51—87），以及 Couze Venn，"Occidentalism and Its Discontents"（in Phil Cohen, ed.，*New Ethnicities，Old Racisms*？[London：Zed Books，1999]，37—62）。

斯·克利福德（James Clifford）和乔治·马库斯（George Marcus）
对人类学文本的持续性分析。在此之后，民族志学者的研究过程再
也不可能和以往一样单纯。㊱一代人开始探索研究民族志书写如何
133　"利用各种特写、文学惯例和叙事手法来建立民族志的权威地位和/
或对特定世界的某种心照不宣的愿景"。虽然田野调查一直试图表
明"'本土'范畴是如何在文化和历史上构建而成"，但人类学自
身的优势地位得以幸存下来，因为民族志学者自己所属的类别从
未受到过同样的严格审查。㊲然而，一旦民族志学者视角的客观性面
临详尽的批评（以定位和自我反思的新范式），此前受到公认的田野
调查方案就开始瓦解。

　　每一步的发展——对田野调查的质疑，对民族志研究方法的批
判以及人类学家对自身在殖民关系中所处位置的质疑——都使人类
学家将目光转向自身所处的社会。受到打破学科界限的鼓舞，人类
学家开始对当代美国进行认真的调查。同样，亲属关系、家庭、宗
教和仪式被从其在文化人类学家研究议程的自然主导地位上推翻，
取而代之的则是彻底开放的研究议程。它如今包罗万象：从拉丁美
洲国家的合法形式，安第斯大众文化的历史表达，到卢旺达和斯里
兰卡的种族灭绝暴力的当代动态；从后福特主义经济中的跨国移民
模式，20 世纪 80 年代末的电视福音派丑闻，到 20 世纪 60 年代至今

　　㊱　James Clifford and George E. Marcus，eds.，*Writing Culture*：*The Poetics and
Politics of Ethnography*（Berkeley：University of California Press，1986）；James Clifford，
The Predicament of Culture：*Twentieth-Century Ethnography*，*Literature*，*and Art*（Cam-
bridge：Harvard University Press，1988）；Clifford Geertz，*Works and Lives*：*The Anthro-
pologist as Author*（Stanford：Stanford University Press，1988）.

　　㊲　引自 Dirks，Eley，and Ortner，"Introduction，" in *Culture*／*Power*／*History*，37。

的新泽西州高中毕业班的经历。㊳

两次中断

　　20 世纪 80 年代文化转向的另外两个方面，虽没有清楚地符合任何个人和集体变革的综合性叙事，但肯定具有至关重要的意义——有时是一种富有成效的煽动，但更多的是作为一种让人不适的补充，一种持续性的事后劝告。其中一个方面涉及"种族"问题；另一个方面则涉及有关殖民主义和后殖民主义的问题。当然，历史学家们，特别是左派的历史学家，在文化转向到来之前就很痛苦地意识到了这些问题。事实上，某些领域和这些问题紧密相关，最明显的就是美国史的大部分内容，奴隶制及奴隶解放的研究，以及殖民地社会的历史。但在社会史学家们开始普遍正确地看待"种族"（首先是欧洲都市社会的研究）的重要性之前，还需要一些持续的政治交锋、一场震动或冲击，

134

　　㊳　参见 Fernando Coronil, *The Magical State*: *Nature*, *Money*, *and Modernity in Venezuela* (Chicago: University of Chicago Press, 1997); Deborah Poole, *Vision*, *Race*, *and Modernity*. *A Visual Economy of the Andean Image World* (Princeton: Princeton University Press, 1997); E. Valentine Daniel, *Charred Lullabies*: *Chapters in an Anthropology of Violence* (Princeton: Princeton University Press, 1996); Liisa H. Malkki, *Purity and Exile*: *Violence*, *Memory*, *and National Cosmology among Hutu Refugees in Tanzania* (Chicago: University of Chicago Press, 1995); Roger Rouse, "Thinking through Transnationalism: Notes on the Cultural Politics of Class Relations in the Contemporary United States," *Public Culture* 7, no. 2 (winter 1995), 353—402, and "Questions of Identity: Personhood and Collectivity in Transnational Migration to the United States," *Critique of Anthropology* 15 (1995), 353—80; Susan Harding, "The Born-Again Telescandals," in Dirks, Eley, and Ortner, *Culture/Power/History*, 539—57, and *The Book of Jerry Fallwell*: *Fundamentalist Language and Politics* (Princeton: Princeton University Press, 2000); Sherry B. Ortner, "Reading America: Preliminary Notes on Class and Culture," in Richard G. Fox, ed., *Recapturing Anthropology*: *Working in the Present* (Santa Fe: School of American Research Press, 1991), 163—89, and *New Jersey Dreaming*: *Capital*, *Culture*, *and the Class of '58* (Durham: Duke University Press, 2003)。除了普尔（Poole），这些作者都参与了密歇根大学的"人类学与历史项目"以及"社会变革比较研究项目"。

就像人们早先对"性别"的接受一样，需要一个类似的政治认可过程。

将这些关注点纳入对社会世界的形态及其运作方式的默认理解，而不是视为专家感兴趣的彼此孤立的无关主题，还是比较新的观念。对于经典唯物主义倾向的社会史学家来说，阶级一直是用于研究特定社会群体的行为和态度的主要窗口，无论对阶级地位和阶级归属的准确定义如何。在美国，种族主义的存在，在特定工人阶层的实践和观念中最易被感知，社会史学家们在努力用现行的解释框架为区分"阶级"和"种族"寻找一些根据；为了找到答案，他们无一例外地坚持在实际存在的财产和工作场所的社会关系中寻找"更有力"或"更客观"的根源。由于缺乏相当的生物学客观基础和经科学发现的差异，"种族"可以"在某种程度上被视为完全由社会和历史建构起来的意识形态产物，但阶级不可以"。种族主义意识形态所呈现的不同形式——包括其物质存在和制度化实践，以及使其成为"意识形态"类行为基础的各种方式——都可以用社会史学家熟悉的方法来解决。㉟

㉟　参见 David R. Roediger，*The Wages of Whiteness*：*Race and the Making of the American Working Class*（London：Verso，1991），7。文中引用的段落中，勒迪格转述了芭芭拉·J. 菲尔兹（Barbara J. Fields）的文章《美国历史中的意识形态与种族》（"Ideology and Race in American History"，in J. Morgan Kousser and James M. McPherson，eds.，*Region*，*Race*，*and Reconstruction*：*Essays in Honor of C. Vann Woodward*［Oxford：Oxford University Press，1982］，143—77）中的观点——这个观点再次发表于 Fields，"Slavery，Race，and Ideology in the United States of America，" *New Left Review* 181（May—June 1990），95—118。勒迪格自己对这一立场的批判，是"白人性"历史研究的先驱案例。类似的现象也出现在南非的历史学中，社会史学家们在广泛地"学习历史唯物主义传统"的同时，也发现种族本身的问题很难处理。参见 Saul Dubow，*Scientific Racism in Modern South Africa*（Cambridge：Cambridge University Press，1995），ix—x，1—5，284—91。要想了解一位素来坚持同时分析阶级与种族的杰出美国历史学家，参见罗宾·凯利（Robin D. G. Kelley）的各类著作，从对阿拉巴马州的共产主义的卓越研究开始：*Hammer and Hoe*：*Alabama Communists during the Great Depression*（Chapel Hill：University of North Carolina Press，1990）；*Race Rebels*：*Culture*，*Politics*，*and the Black Working Class*（New York：Free Press，1994）；*Yo' Mama's Disfunktional*！*Fighting the Culture Wars in Urban America*（Boston：Beacon Press，1997）；*Freedom Dreams*：*The Black Radical Imagination*（Boston：Beacon Press，2002）。

正如芭芭拉·菲尔兹（Barbara Fields）指出的（她的话是这一观点的最佳陈述之一）那样，将种族视为一种意识形态建构当然并不意味着它是"虚幻的或不真实的"。[40]菲尔兹解释说："从过去传承下来的一切，如果我们不对它不断地进行再发明和再仪式化以适应我们自身，那么它并不能使一个种族生存下来。种族能存活到今天，只是因为我们在社会生活中不断对其进行创造和重新创造。"[41]但是，尽管意识形态的社会物质性得到了承认，此类方法仍倾向于将种族意识形态视为掩盖其他方面利益的面具，作为一种旨在保护、复制利益和权威之上层结构的语言，其词汇直接反映了社会对财富和权力的不平等分配。因此，即使是在专门强调种族意识形态的"真实性"时，这些方法也隐晦地指向社会解释基础性权威。在某种决定性意义上，他们总是将"种族"与财产所有权、就业竞争、社会和文化产品的获取机会以及社区权力的分配等更关键的结构性事实联系起来。

135

大卫·勒迪格（David Roediger）注意到了这种现象："种族完全是在意识形态和历史中被创造出来的，而阶级并非完全如此，这一观点已被简化为认为阶级（或"经济"）无论是在政治上还是在历史分析层面上都比种族更真实、更根本、更基础和更重要。"[42]对

---

[40] Fields, "Ideology and Race," 165.

[41] Fields, "Slavery, Race, and Ideology," 118. 菲尔兹还认为："对于合乎规范的社会行为进行仪式性重复是为了让意识形态延续下去，而不是传承合乎规范的'态度'。这也是为什么人们可能会突然出现贬低他们曾经服从的意识形态的现象。意识形态对于人们来说，并不像感冒那样来得容易，去得也容易。人们在社会生活中，通过协商确定一定的社会领域，这个领域的地图通过社会活动的集体性和礼仪性重复，存在于人们心中，并且协商必须通过这些活动才能进行。如果领域改变了，他们的活动也必须改变，地图也必须改变"（113页）。

[42] Roediger, *Wages of Whiteness*, 7.

于研究美国劳工史的历史学家来说，这尤其是个问题。但更普遍的情况是，在处理工人阶级形成问题时，那些令人难以接受的意识形态，如种族主义或排外主义，在 20 世纪 60 年代和 70 年代期间往往趋于外部化和相对化，就像蒂姆·梅森的著作强调纳粹主义在瓦解德国工人阶级意识文化的防御上取得有限成功一样。无论其分析或经验实例是多么丰富和复杂，"基础和上层建筑"唯物主义最终还是倾向于低估意识形态分析的复杂性。即使是这类最精密的分析也往往将"种族"简化为这种或那种"意识形态工具"，强调它在某种更大的神秘系统中的起源和功能，以及它在其中所服务的"政治、经济和社会权力"的主导结构。㊸

试图通过深入研究种族思想的诉求，从而在文化上理解种族主义的功效——或者说，试图掌握"种族"是如何作为一个有生命力的身份，作为一种可信的意义来源，或作为为物质世界带来想象中秩序的令人信服的策略——这挑战了社会史现有的实践。不过，到了 20 世纪 80 年代，一些历史学家逐渐开始以类似的方式来考察种族思想。他们把它看作一种主观性类型，不仅仅需要考察它与利益和特权之间的易懂关系，也不止需要考察接受时进行的利益计算。这种方法充分认识到种族主义实践与权力相关的方面，以及维持种族不平等和剥削制度的相关暴力，同时也主张对种族差异进行文化分析。在这种观点中，种族主义依赖于明确的、部分表达的和无意识的假设和信念的结合体，与单纯的暴力胁迫相比，它能制造出形

㊸　参见 Barbara J. Fields，"Whiteness，Racism，and Identity，" *International Labor and Working-Class History* 60（fall 2001），54。

式更加隐蔽的勾结和共谋。问题中的困难一步是：能够从认知和本
体论上看到，种族化的理解形式对于帮助重塑个人对世界的归属感
方面的重要性可以与个人的社会出身和阶级地位相提并论。换句话
说，除了作为一种强制力量和暴力不平等的体系外，"种族"也需要
作为一种话语形式来理解。

到了 20 世纪 90 年代初，勒迪格的《白色工资》（*Wages of
Whiteness*）应运而生。㊹很显然，这本书是受到了跨大西洋新右翼政
治风潮的启发而写成的（是为了"回应 20 世纪 80 年代，白人男性
工人对里根主义的选票支持高得令人震惊"），它反映出对于我所描

㊹ 参见 Roediger，*Wages of Whiteness* and *Towards the Abolition of Whiteness*：
Essays on Race，*Politics*，*and Working-Class History*（London：Verso，1994）。"白人性"
概念在美国掀起了跨学科领域研究的热潮。另一部历史书籍——亚历山大·萨克斯顿
（Alexander Saxton）的《白人共和国的兴起与衰落：19 世纪美国的阶级政治与大众文化》
（*The Rise and Fall of the White Republic*：*Class Politics and Mass Culture in Nine-
teenth-Century America*. London：Verso，1990）恰好出版于勒迪格的作品之前。随后还有
人类学家鲁斯·弗兰肯伯格（Ruth Frankenberg）的《白人妇女，种族问题：白人社会的
建构》（*White Women*，*Race Matters*：*The Social Construction of Whiteness*. Minneapolis：
University of Minnesota Press，1993）以及托尼·莫里森（Toni Morrison）的《在黑暗中
的演奏：白人性与文学想象力》（*Playing in the Dark*：*Whiteness and the Literary Imagina-
tion*. Cambridge：Harvard University Press，1992）。之后的专著包括诺埃尔·伊格纳季耶
夫（Noel Ignatiev）的《爱尔兰人如何成为白种人》（*How the Irish Became White*. New
York：Routledge，1995），尼尔·福利（Neil Foley）的《白人苦难的根源：德克萨斯棉花
文化里的墨西哥人、黑人和贫穷白人》（*The White Scourge*：*Mexicans*，*Blacks*，*and Poor
Whites in Texas Cotton Culture*. Berkeley：University of California Press，1997），以及马
修·弗莱·雅各布森（Matthew Frye Jacobson）的《不同肤色的白人性：欧洲移民和种族
炼金术》（*Whiteness of a Different Color*：*European Immigrants and the Alchemy of
Race*. Cambridge：Harvard University Press，1998）。想了解更多的跨学科文献，请参见
Mike Smith，ed.，*Whiteness*：*A Critical Reader*（New York：New York University Press，
1997）；Michael Rogin，*Blackface*，*White Noise*：*Jewish Immigrants in the Hollywood Melt-
ing Pot*（Berkeley：University of California Press，1996）；Richard Dyer，*White*
（London：Routledge，1997）。埃里克·阿尼森（Eric Arnesen）指责了这一概念的有用
性，见于"Whiteness and the Historians' Imagination，"*International Labor and Work-
ing-Class History* 60（fall 2001），3—32，詹姆斯·巴雷特（James R. Barrett）、大卫·布
罗迪（David Brody）、芭芭拉·菲尔茨（Barbara J. Fields）、埃里克·福纳（Eric Foner）
和阿道夫·里德（Adolph Reed，Jr.）（33—80 页）纷纷对此回应；阿尼森的再次回应，
见于"Assessing Whiteness Scholarship"（81—92）。

述的那类社会史的有效性，作者已经丧失了作为唯物主义者的信心。[45]对于 19 世纪美国所谓的跨种族劳工团结的机会，它无疑表达了一个悲观的观点，哪怕在这个时候，围绕该问题而进行的大量细致的史学研究已经降低了争议出现的可能性。更具破坏性的是，它质疑了将 19 世纪劳工共和主义作为工人阶级一般形成过程的独特美国形式加以挽救的努力：虽然工人阶级政治文化的民主热潮可能令人印象深刻，但它的种族主义和排外特征很容易被遗忘，同样被遗忘的还有整个叙述中黑人劳工的缺席。[46]进一步探究后，勒迪格提出了工人在无产阶级化的同时获得"白人"种族身份作为精神补偿："'白肤色'（whiteness）所带来的乐趣对白人工人来说就像是'工资'。也就是说，种族所赋予的地位和特权，可以用来弥补格格不入且充满剥削的阶级关系，即贫富差异。"[47]代表种族化阶级身份认同的新语言，代表自信阳刚之气的姿态，扮演黑人和吟游说唱之类的流行娱乐所带来的暧昧乐趣——所有这些都赋予"白肤色"一系列强大的意味，其特殊的毒性来自对奴隶或自由黑人

㊺　引用自大卫·勒迪格（David Roediger）为《白人的工资》（Wages of Whiteness. London：Verso，1999）修订版做的后记（188 页）。埃里克·福纳（Eric Foner）认为，这种对白人性的新兴趣"与 20 世纪 60 年代观察到的从支持乔治·华莱士的选民到罗纳德·里根民主党人的白人工人阶级保守主义密不可分，也和歧视性法律条款废除后种族平等遇到的阻力有关"。（"Response to Eric Arnesen，" *International Labor and Working-Class History* 60［fall 2001］，59）

㊻　勒迪格重点批判的作品是：Sean Wilentz，*Chants Democratic：New York City and the Rise of the American Working Class，1788—1850*（New York：Oxford University Press，1984）。另参见 Sean Wilentz，"Against Exceptionalism：Class Consciousness and the American Labor Movement，" *International Labor and Working-Class History* 26（fall 1984），1—24，以及尼克·塞尔瓦托（Nick Salvatore）（25—30 页）和迈克尔·哈纳干（Michael Hanagan）（31—36 页）的回应。关于勒迪格对威伦茨（Wilentz）的批评，参见 *Wages of Whiteness*，43—92；*Towards the Abolition*，27—34。

㊼　Roediger，*Wages of Whiteness*，13.

的负面定义。㊽这样，勒迪格认为，"种族研究"成为北美占主导地位的主体进行自我分析的必要工具。

借助《白色工资》，我们得以再次回到社会史学家在文化、意识形态和观念方面所遭遇的旧困难上。勒迪格和同一战线的历史学家开始宣称，社会史学家现有的学说论点，没有很好地讨论工人阶级主体性形成过程中种族思想的潜在威胁。勒迪格以精神分析理论以及基于威廉姆斯和巴赫金"社会意识形态"的语言研究方法，别具匠心地将焦点转移到"文化"上来，创造性地关注民俗、流行幽默、街头语言、歌曲和流行娱乐节目等资源。最重要的是，他直接回归到对意识形态的研究，提供了一种如何分析占主导地位的意识形态的崭新视角。从这个角度来看，"白肤色"是一种对加入强势文化及其所创造利益的邀请，而这种文化的加入原则比未申明的更为行之有效。美国的公众文化如此不屈不挠地关注种族及其区分性语言，然而特权、权威和一般权势的主要术语并没有被命名和标记出来："种族"属于非白人的少数民族；作为美国人的正常状态是"白人"。如果说国家是"一种权力结构，它可以限制和塑造个人和团体所追求的身份"，那么"白肤色"就变得至关重要，不仅对于社会财富和心理健康而言是如此，对公民身份和归属感的政治能力也同样如此。㊾

这对现代欧洲历史学家的意识有何影响呢？无论一个人的阅读有多广泛，或者讨论的话题有多全面，注意到其他领域发展的重大

㊽ 勒迪格在书结尾处分析了种族主义对爱尔兰裔美国工人阶级形成的贡献，他们将自身被打上低劣种族烙印的耻辱（"爱尔兰黑人"）洗刷为比黑人更优越的意识形态，以诋毁后者作为自己过渡成白人的门票。参见 *Wages of Whiteness*，133—63。

㊾ 参见 Gary Gerstle，"Liberty，Coercion，and the Making of America，"*Journal of American History* 79（1987），556—57。

突破和将这些抽象而独立的理论应用于自己的研究是不同的。特别是在这种情况下，当其他领域是美国时，其在奴隶制、种族隔离法、迁移和移民等方面的历史和遗产似乎是如此不言而喻的不同。这段特殊的思想史在时间上也是"脱节"的，比我描述的其他发展晚了约十年：罗德格是在 20 世纪 90 年代初的时候才开始产生影响，当时文化转向已经全面蓬勃发展。那么，欧洲人是怎么看待这些问题的呢？为什么早些时候，在 20 世纪 80 年代，"种族"没有和"性别"一起站在文化转向的概念前沿呢？

实际上，自 60 年代末以来，种族主义和反种族主义运动的对抗性辩论一直让英国（以及欧洲其他地方）的公众生活烦扰不堪。1968 年 4 月，艾诺克·鲍威尔（Enoch Powell）臭名昭著的"血流成河"演说加剧了人们对移民的焦虑，使种族问题成为政治的中心话题；而 1968 年在牛津大会堂举行的反对鲍威尔的群众示威活动则成为我直接参与政治行动的开始。⑤⁰70 年代，种族和移民问题成为右翼激进化的主要考验，右翼激进化在 1979 年保守党选举大胜和撒切尔主义兴起中达到顶峰。然而现在回想起来，令我感兴趣的是，这些纷扰的政治进程与我自己的史学兴趣之间彼此独立、互不干扰。其实，两者已经持续相互渗透了相当长的时间，但意识到这个事实花了我更长的时间。

一个重要的标志是 1978 年出版了斯图亚特·霍尔和伯明翰当代文化研究中心（CCCS）的众多学者所合著的《监控危机》（*Policing the Crisis*）。⑤¹70 年代，伯明翰当代文化研究中心就英国的文化批评

---

⑤ 参见 Stuart Hall，"A Torpedo Aimed at the Boiler-Room of Consensus," *New States-man*，17 April 1998，14—19，其中也转载了艾诺克·鲍威尔（Enoch Powell）的演讲稿。

⑤ Stuart Hall, Chas Critcher, Tony Jefferson, John Clarke, and Brian Roberts, *Policing the Crisis：Mugging，the State，and Law and Order*（London：Macmillan, 1978）。

和社会史传统，与欧洲宏观理论之间进行了一次密切交流。实际上，威廉姆斯和汤普森在那里接触到了阿尔都塞、葛兰西和福柯。[32]1972年，英国汉兹沃思（Handsworth）——伯明翰一个重要的英国黑人聚居地——发生了"种族劫持"事件；从这一事件引发的道德恐慌出发，《监控危机》展示了"法律与秩序"问题如何重塑了英国的政治议程，并成为新右翼的新兴种族化想象的核心。两个多世纪以前，有关英国这个国家及其合法性的一个观点认为，英国已经失去了构建大众民主认同的能力，导致了一场政治危机，其中种族化焦虑增加了转向更具强制性和更专制的时期的可能性。但是，尽管种族主义明显是本书所诊断的危机的中心术语，"种族"仍然主要代表其他一些事物。虽然"种族文本"贯穿于这本书分析的中心，但它在某种程度上退回到了有关国家、霸权和阶级的更广泛论点中。

四年后，《帝国罢工：70年代英国的种族与种族主义》（The Empire Strikes Back：Race and Racism in 70s Britain）出版，这本由伯明翰当代文化研究中心推出的另一部合集愤怒地抗议了先前对种族问题的抹消。[33]保罗·吉尔罗伊（Paul Gilroy）和他的合著者们

---

[32] 当然，与之相比，当代文化研究中心（CCCS）的思想史更为精细。最佳导读是由斯图亚特·霍尔（Stuart Hall）、多洛特·霍布森（Dorothy Hobson）、安德鲁·洛（Andrew Lowe）、保罗·威利斯（Paul Willis）共同编辑的《文化、媒体、语言：文化研究中的工作文件，1972—1979》（Culture，Media，Language：Working Papers in Cultural Studies，1972—79. London：Hutchinson，1980），特别是斯图亚特·霍尔的导论："Cultural Studies and the Center：Some Problematics and Problems"（15—47）。

[33] Center for Contemporary Cultural Studies，ed.，The Empire Strikes Back：Race and Racism in 70s Britain（London：Hutchinson，1982）. 该书的开篇语是"本书的中心主题是，英国专制国家的建立与20世纪70年代大众种族主义的发展从根本上交织在一起"。参见同卷，John Solomos，Bob Findlay，Simon Jones，and Paul Gilroy，"The Organic Crisis of British Capitalism and Race：The Experience of the Seventies."9。

坚持认为，种族意识形态的普遍性必须成为分析当代英国政治的核心，因为对英国身份的认知（以及对他们心中的"英国性"［Englishness］的认知）是围绕种族差异的强烈主张构建的。这部分是源于帝国主义的过去，部分是源于后帝国主义时期社会对英国衰落的抗议。当代国民身份以尚未标明和言说的白人身份为中心，同时边缘化了非洲加勒比人、南亚人和其他少数民族的存在。事实上，一个群体的沉默是使另一个群体占据首位的必要条件。此外，尽管雷蒙德·威廉姆斯、爱德华·汤普森和新左派思想家对英国诸传统进行了彻底的改造，这固然具有至关重要的对立意义，但他们同样也重申了这种潜在的种族中心主义。通过公开这些假设，《帝国罢工》力图将文化研究的"不列颠性"或"英国性"强化为自我意识和心声。

139

显而易见，这一方法预示了美国即将到来的对白人化的批评。它也反映了摆脱以阶级分析为中心的旧习惯的早期迹象，人们认识到观念、身份和主体性等也能以其他方式形成。正如吉尔罗伊在其他书中所写的那样，这种分析"挑战了一些理论，这些理论坚持结构性矛盾、经济阶层和危机在决定政治观念和集体行动中的首要作用。"[54]这个论点的紧迫性源于当时的政治时代：如果 70 年代期间，更多具有自我意识的亚文化身份认同开始围绕英国黑人身份聚集起来，这将远远超过保守主义的主流趋向，后者崇尚激进排外的"英国性"和种族至上主义，试图以此为中心建立国

---

[54]　Paul Gilroy, "One Nation under a Groove: The Cultural Politics of 'Race' and Racism in Britain," in Geoff Eley and Ronald Grigor Suny, eds., *Becoming National: A Reader* (New York: Oxford University Press, 1996), 367.

家认同。⑤20 世纪 80 年代期间，种族化冲突在公共生活中的持续爆发缓慢地改变了英国史研究的学术方法，使得种族态度的早期历史逐渐成为焦点。

从长远来看，这一转变以一种新的形式肯定了帝国通过其对大众文化和主流社会政治价值观的影响，为打造现代化和都市化的不列颠提供了社会和文化凝聚力方面的基础。但出于当前目的，这一新确立的帝国中心性最引人注目之处则是作为正式成员的历史学家本身并未参与其中。关于伯明翰当代文化研究中心的作用，之前已有提及，这是一个专门成立的跨学科组织，其创新性的研究工作恰恰游离于官方历史管控之外。但更普遍的是来自文化研究边缘的挑战，例如，对新兴黑人艺术运动及其对"族裔散居美学"的兴趣的批评，或来自对完全存在于英国之外的美国的文学研究。⑤在这个时期，历史学家对"英国性"的许多标准定义，已然

---

⑤　自 20 世纪 70 年代末开始出版的一系列著作中，斯图亚特·霍尔将这一论点应用于"撒切尔主义"（Thatcherism）理论。通过这种方式，他想表达一种新形式的"专制民粹主义"，建立在 20 世纪 80 年代期间战后社会民主共识的废墟（还有连续三届选举的胜利）上。经过 1982 年的福克兰群岛/马尔维纳斯战争的洗礼，一个相当邪恶的国家话语建立起来了，之后他们开始将 1984—1985 年期间罢工的煤矿工人当做"内部敌人"展开打击，这对巩固这一成就至关重要。从古老的帝国记忆以及后帝国时代的种族主义对抗中吸取教训，重新唤起英国做派是至关重要的。特别参见霍尔的《艰难的复兴之路》（*Hard Road to Renewal*）。

⑤　例如，参见 Paul Gilroy, "Nothing But Sweat inside My Hand: Diaspora Aesthetics and Black Arts in Britain," in Institute for Contemporary Arts, ed., *Black Film*, *British Cinema*, ICA Document 7（London: ICA, 1988），44—46，以及 "It Ain't Where You're From, It's Where You're At," *Third Text* 13（winter 1990—91），3—16; Kobena Mercer, "Diasporic Culture and the Dialogic Imagination: The Aesthetics of Black Independent Film in Britain," in Mbye Cham and Claire Andrade-Watkins, eds., *Blackframes: Critical Perspectives on Black Independent Film*（Boston: MIT Press, 1988），50—61。另参见 Benita Parry, "Overlapping Territories and Intertwined Histories: Edward Said's Postcolonial Cosmopolitanism," in Michael Sprinker, ed., *Edward Said: A Critical Reader*（Oxford: Blackwell, 1992），23。

完全脱离了帝国主义的影响。⑤⑦

140　　　当然，无论是研究帝国建立的政治史、军事史和经济史，还是评估殖民地对母国的重要性，在这些方面并不缺乏相关的专题研究。20世纪70年代，大量的社会史学家开始转为研究当地的殖民历史，他们在一些特定地区考察了英国统治的建立。只要文化继续被视为"上层建筑"或人类学家特别关注的对象，这些因素就很容易被囊括在内。但是，一旦在实践和思想中重新思考文化（按照贝妮塔·帕里的原话，"文化本身就是一种创造象征和语言的物质实践，而象征和语言产生了积极的权力形式，并搭建了社会秩序"），⑤⑧没有任何作品会比爱德华·赛义德的《东方主义》更能帮助人们认识到这一点了。萨义德的著作——

---

⑤⑦　参见罗伯特·科尔斯（Robert Colls）和菲利普·多德（Philip Dodd）编辑的《英国性：政治与文化 1880—1920》（*Englishness：Politics and Culture，1880—1920*. London：Croom Helm，1986）中的序言："由于找不到合适或有意愿的贡献者，这里没有关于'帝国'或帝国的一部分如何看待英国人的记录。"另参见 Bill Schwarz，"Englishness and the Paradox of Modernity," *New Formations* 1（spring 1987），147—53。并非所有历史学家都忽视了这一点。例如，约翰·麦肯齐（John MacKenzie）开始对帝国主义的流行文化进行长期研究，"英国性……可作为历史、道德和英雄价值观的糅合体，能够证明一个帝国所拥有的财产"（引自 Parry，"Overlapping Territories," 42 n. 7）。正如帕里所说，"研究周期很短的作品如通俗小说，非精英学校使用的教科书，广告，以及关于殖民政策的官方作品等，将使人们构建一种优势语言，这种语言的优势体现在对英国性的自我定义，能够增强男性气质，鼓励'超人'观念，在种族主义中注入爱国主义，确保权力的行使和递延。"帕里 1972 年首次出版的自己的书籍《妄想和发现：英国想象中的印度，1880—1930》（*Delusions and Discoveries：India in the British Imagination，1880—1930*. London：Verso，1998），从文学角度来看，是一个早期的开创性研究（参见她的新序言，1—28 页）。参见 John M. MacKenzie，*Propaganda and Empire：The Manipulation of British Public Opinion，1880—1960*（Manchester：Manchester University Press，1984）；MacKenzie，ed.，*Imperialism and Popular Culture*（Manchester：Manchester University Press，1984）。另参见 John A. Mangan，*The Games Ethic and Imperialism*（Harmondsworth：Penguin，1986）；Michael Rosenthal，*The Character Factory：Baden-Powell and the Origins of the Boy Scout Movement*（New York：Pantheon，1986）。

⑤⑧　Parry，"Overlapping Territories," 23.

"主张文化具有至关重要且不可或缺的作用，是制度的重要补充，展示了通过军事力量扩大领土以及在殖民地行使官僚权力是如何由文化空间的意识形态入侵所维持的。在国内，帝国的身份不仅在政治辩论和经济外交政策中得到验证，而且还渗入了社会结构、知识话语和想象的生活当中。"[59]

与此同时，随着有关种族的新作品出现，殖民主义的历史也开始发生影响深远的变革。在文学批评、文化研究、人类学、地理学以及已有人类学存在的历史领域（如南亚）等方面，人们对其问题的认识都取得了最快的进展。但是，欧洲历史学家也渐渐地看到了这一点——即在欧洲以外的世界，欧洲的海外从属国所产生的社会关系、文化习俗和鲜明的种族化话语下的民族优越感，在不同程度上都被有力地再次置入欧洲的大都会框架中。

以文学、摄影、博物馆、展览、大众娱乐、商业广告以及各种流行文化等形式为代表的"殖民知识"成为了一个硕果累累的研究领域。民族身份的性别化，无论是通过军国主义及战争，还是围绕民族主义表征对男性气质和女性气质进行等级排列，也都在殖民主义的维度上为学者所探讨——例如对殖民地异族通婚产生的焦虑，以及殖民地环境下各种形式的情感依恋，包括对性行为的管理、孩子抚养的安排以及友谊的形成。这些亲密的生活领域，与殖民地治理和国家事务之间有着千丝万缕的关系。它们积累了关于性别不平等、性别特权、阶级特权和种族优势的大量论述话语，反过来，这

141

---

[59]　Parry，"Overlapping Territories，" 24.

些话语又被巧妙地重述为国内的民族主义言论。⑥

如果像萨义德和其他启蒙传统的评论家所说的那样，欧洲与"他者"之间的复杂往来关系构成了18世纪晚期以来对政治身份的可能理解，这种不平等的互惠关系，在欧洲社会内部也同样存在——在大城市和边缘文化之间，在城镇和乡村之间，在高等文化和低等文化之间，在主导民族、宗教和附属民族、宗教之间，在西部和东部之间。这也许在国家形态的感知和后果上体现得最清楚。在过去20年里，最重要的成果之一，便是意识到民族主义的消极面，意识到即使是对最慷慨、最包容的民主国家的想象也包含保护主义和排除异己的过程（通常极其微妙，但也包括直接殖民统治最暴力的方面）。在殖民世界的过程中，殖民国家也创造了可能意义上的霸权。即使是在殖民主义权力已经奠定身份基础的地方，也会出现最激进的自觉反抗，对殖民主义的反对，或是少数民族运动，从中必将积累对解放的需求。

针对这些问题而进行的最重要的史学研究工作之一是围绕"庶民研究"（Subaltern Studies）项目，该项目于20世纪70年代末由

---

⑥　经典作品有历史人类学家安·劳拉·施托勒（Ann Laura Stoler）的《性关系与帝国权力：殖民统治中的种族和亲密关系》（*Carnal Knowledge and Imperial Power：Race and the Intimate in Colonial Rule*. Berkeley：University of California Press，2002）和《种族与欲望教育：福柯的性行为史与殖民地事物秩序》（*Race and the Education of Desire：Foucault's History of Sexuality and the Colonial Order of Things*. Durham：Duke University Press，1995）。这些被纳入性教育的文章可以追溯到20世纪80年代末。尽管它们预设了在"文化转向"的标题下总结的知识激进主义，包括与富有同情心的历史学家的激烈对话，但是施托勒的分析具有严密的档案研究基础和密集的经验知识基础，两者均流行于社会史的鼎盛时期。事实上，施托勒的早期著作《资本主义与苏门答腊种植带的对抗，1870—1979》（*Capitalism and Confrontation in Sumatra's Plantation Belt，1870—1979*. New Haven and London：Yale University Press，1985）就以强烈的唯物主义政治经济视角展开。另参见 Lora Wildenthal，*German Women for Empire，1884—1945*（Durham：Duke University Press，2001）。

一群年轻的南亚历史学家发起，他们来自印度、澳大利亚以及英国，受到前辈拉纳吉特·古哈（Ranajit Guha，1922 年生）的启发，后者在萨塞克斯大学任教，是研究孟加拉殖民地农村社会的马克思主义历史学家。从 1982 年开始直到本书写作时间，"庶民研究"系列中关于南亚历史与社会的著作共有 11 册，该团体旨在从三个不同方面干预印度的史学，在每个方面都对知识政治中强力对手的影响表示质疑。首先，他们反对民族主义者的颂扬式史学，认为民族主义者将大众政治包含在对印度民族国家创立的进步主义宏大叙事之中；其次，他们反对英国南亚学家中的"剑桥学派"，该学派喜欢以利益为基础解读印度政治，强调精英派系主义，而非以群众为基础的动员；最后，他们反对印度马克思主义传统下以阶级为基础的经济决定论。⑥

该项目有意以安东尼奥·葛兰西来命名，他用"庶民"这一术

142

---

⑥　庶民研究小组的六位创始成员分别是萨伊德·阿曼（Shahid Amin），大卫·阿诺德（David Arnold），帕尔塔·沙泰伊（Partha Chatterjee），大卫·哈迪曼（David Hardiman），吉亚南德拉·庞迪（Gyanendra Pandey），和古哈（他编辑了最开始的六卷，在 1982 到 1989 年之间）。迪佩什·查卡拉巴提（Dipesh Chakrabarty）和高塔姆·巴拓罗（Gautam Bhadra）随后加入了小组，参与《庶民研究 II》（Subaltern Studies II，1983）的编辑工作。除了苏米·苏卡（Sumit Sukar）在 1994 年的退出，小组成员一直没有变化，直到 1996 年，编辑成员大为增加。从《庶民研究 VII》（1992）开始，期刊的编辑工作由小组成员轮流承担。直到《庶民研究 XI：社区、性别和暴力》（Subaltern Studies XI：Community，Gender，and Violence. New York：Columbia University Press，2000），由帕尔塔·沙泰伊和普拉迪·耶那哥坦（Pradeep Jenagathan）编辑出版，之前所有的期刊都由德里的牛津大学出版社出版。该项目的更多历史细节，参见 Vinayak Chaturvedi，ed.，Mapping Subaltern Studies and the Postcolonial（London：Verso，2000）；David Ludden，ed.，Reading Subaltern Studies：Critical History，Contested Meaning，and the Globalization of South Asia（London：Anthem Press，2002）。关于古哈，参见 Shahid Amin and Gautam Bhadra，"Ranajit Guha：A Biographical Sketch," in David Arnold and David Hardiman，eds.，Subaltern Studies VIII：Essays in Honour of Ranajit Guha（Delhi：Oxford University Press，1994），222—25；Dipesh Chakrabarty，"Ranajit Guha，1922— ," in Kelly Boyd，ed.，Encyclopedia of Historians and Historical Writing（London：Fitzroy Dearborn Publishers，1999），1：494。

语描述缺乏政治组织性和自主性的附属性社会团体。该项目源于古哈早期的共产党背景，以及印度马克思主义圈子对葛兰西思想的早期讨论（要追溯到 20 世纪 50 年代晚期），这也体现了它与汤普森、霍布斯鲍姆及其他英国马克思主义历史学家的研究工作之间的紧密联系，而这些人都受到葛兰西的吸引。[62]正因如此，该项目与发展中的英国社会史浪潮所熟悉的"从底层出发的历史"有很大的共鸣。它象征着"人民政治"的价值，既有史学则以各种方式贬抑了这一点。古哈在最初的序言中宣称，对于庶民的研究喻示着"南亚社会的总体从属特征，不管是从阶级、种姓、年龄、性别、社会地位还是从其他方面表现出来"，这可以恢复民众的抗争形式并对其进行重新评估。葛兰西关于"有组织观念的知识分子"的分类对于这些参与政治的历史学家理解自身（和在情感上体验到快乐）也十分重要。

我个人早期也从事过庶民研究，就在那时，我在一份牛津目录中发现了第一卷并盲目地订购了，部分原因是受到葛兰西的影响，部分原因是来自对农民政治运动形势的兴趣。不出所料，由于该学科的通俗划分，我忽视了拉纳吉特·古哈在萨塞克斯大学的存在；该大学以世界各地区来划分跨学科组织，这使得欧洲史研究生和南亚史学家出现交集的可能性非常小。

20 世纪 70 年代晚期，我花了很多时间涉猎世界各地关于农民运动的史学研究，到 80 年代早期，我宣称对许多庶民研究作者的著作都很了解，然而，我对这一新议题的关注点和意图几乎一无所知。

---

[62] 更多细节，参见 Chaturvedi, introduction to *Mapping Subaltern Studies*, viii–ix. See also Aijaz Ahmad, "Fascism and National Culture：Reading Gramsci in the Days of *Hindutva*," in *Lineages of the Present：Ideology and Politics in Contemporary South Asia* (London：Verso，2000)，129–66。

同样地，在剑桥待的这段时间里（1975—1979 年），我对印度史学的充分了解使我能够一看见新的反对派作品便识别出来，但我对这些作品如何累积起来却知之甚少。

很久之后，事情才逐渐明朗。20 世纪 80 年代后期，美国大学的公共知识氛围发生了强烈的震动，使"西方"和"非西方"的史学以新的方式直接进行对话——有时进展顺利，有时遇到坎坷，但一直都相当激烈而持久。对话的复杂性远远超过我这里能够处理的范围。动力部分来自与多元文化主义和种族相关的当代政治，部分来自世界资本主义经济的跨国重组（现在称之为"全球化"）引起的社会文化和政治的全部后果，部分来自学术界自身跨学科讨论的自发进程。一旦某些学术辩论提上日程，并受到围绕跨文化交流和文化共存的教学的有力驱动（美国的各大高校在这方面肩负着重任），爱德华·萨义德及其他"后殖民"理论家，例如斯皮瓦克（Gayatri Chakravorty Spivak，1942 年生）和霍米·巴巴（Homi Bhabha，1949 年生）等人的影响便很快波及开来。

到了 20 世纪 90 年代早期，"后殖民主义"成为学者们进行文化研究的中心，为那些热衷于将第三世界和大都市历史联系起来的人提供了一个富有挑战性的新框架。但历史学家们又一次——尤其是欧洲史学家们——只是断断续续地参与其中。有些人在这些年里可能阅读了相关理论，但要将之转化为具体且清晰明了的研究项目，以改变关于欧洲史的书写和教学方式，并非一蹴而就。另外，对理论家来说，这一过程也更加费时。对于这些生活在欧洲的人来说，20 世纪 80 年代的主要事项——不管是从理论上，还是从政治上来说——仍然是更传统意义上的以欧洲为优先。例如，自 20 世纪 70 年代以来，斯图亚特·霍尔关于种族问题的著述很精彩也很连贯，但种族只是作为他更广泛理论储备中的一个术语且平行于他所关心的主要问题——包括与理论的连续"博弈"，对撒切尔主义的批判以及对"新时代"的参与。⑥③直到 20 世纪 80 年代末，随着政治优势的更广泛转变，以及后殖民主义话语的凝聚，"种族"才成为最重要的事。⑥④

144　　　在文化转向的初期阶段，即 20 世纪 80 年代的前半期，欧洲史学家对"种族"和殖民主义的认识逐渐清晰，超越了他们眼下的主要学术关注点。起初，对萨义德思想的积极分析几乎只在文学学者之中进行，某种程度上也包括一些人类学家。⑥⑤但在 20 世纪 80 年代晚期到 90 年代早期，融合产生了。之前彼此分离的作品开始跨越学

---

⑥③　有关理论的"挣扎"，参见霍尔于 1990 年香槟城市文化研究会议的讲话之后对于"理论收获"这一问题的本质的回答《文化研究及其理论遗产》，见于 "Cultural Studies and Its Theoretical Legacies," in Grossberg, Nelson, and Treichler, *Cultural Studies*, 289。

⑥④　除了霍尔等人编辑的《监控危机》（*Policing the Crisis*），特别参见霍尔的如下文章："Race, Articulation, and Societies Structured in Dominance," in United Nations Educational, Scientific, and Cultural Organization, ed., *Sociological Theories: Race and Colonialism* (Paris: UNESCO, 1980), 305—45; "The Whites of Their Eyes: Racist Ideologies and the Media," in George Bridges and Ros Brunt, eds., *Silver Linings* (London: Lawrence and Wishart, 1981), 28—52; "Gramsci's Relevance for the Study of Race and Ethnicity," *Journal of Communication Inquiry* 10 (1986), 5—27. 在 1988—1989 年，霍尔开始集中出版关于移民、身份认同、"新种族特征"和大迁移的著作，其中包括他自己与加勒比地区的关系。特别参见 "Diasporic Questions: 'Race,' Ethnicity, and Identity," in David Morley and Kuan-Hsing Chen, eds., *Stuart Hall: Critical Dialogues in Cultural Studies* (London: Routledge, 1996), 411—503（莫里和陈的书里包括霍尔写的和关于霍尔的文章）; "When Was 'the Post-Colonial'? Thinking at the Limit," in Iain Chambers and Lidia Curti, eds., *The Post-Colonial Question: Common Skies, Divided Horizons* (London: Routledge, 1996), 242—60. 关于霍尔写作上的转变，可以在如下这本书的详细参考文献里找到端倪：Morley and Chen, *Stuart Hall*, 504—14。

⑥⑤　关于早先案例，参见 Francis Barker et al., eds., *Europe and Its Others: Proceedings of the Essex Conference on the Sociology of Literature, July 1984* (Colchester: University of Essex, 1985), 其中包含爱德华·萨义德（Edward Said）的《重新考虑东方主义》（Orientalism Reconsidered），14—27 页。

科和国家的界限相互对话。⑯显然，这件事的发生有着特定的本地和
制度背景。⑰到 1992—1993 年，一系列重要论著——依旧没有几本是
真正学科意义上的历史学家撰写的——在欧洲主义者的史学版图上
宣告了殖民主义的到来。这些论著包括保罗·吉尔罗伊的《黑色大
西洋》（*The Black Atlantic*），通过黑人移民史对现代性进行理论重
塑；玛丽·路易斯·普拉特（Mary Louise Pratt）的《帝国之眼》
（*Imperial Eyes*），对旅行写作以及文化转变的美学的研究；《历史工
作坊》杂志的一期特辑，叫作《殖民与后殖民历史》（*Colonial and
Post-Colonial History*）；具开创性意义的著作《民族主义与性别》
（*Nationalisms and Sexualities*）；迈克尔·斯普林克（Michael Spri-
nker）关于爱德华·萨义德著作的批评选集，以及萨义德自己的新
作《文化与帝国主义》（*Culture and Imperialism*）。⑱从这个角度来

⑯　一个生动的例子是帕尔塔·沙泰伊（Partha Chatterjee）的《民族主义思想和殖
民主义世界：派生论述？》（*Nationalist Thought and the Colonial World：A Derivative Dis-
course？* London：Zed Books，for the United Nations University，1986），虽然它与研究该
课题的当代西方理论家（主要有安东尼·J. 史密斯（Anthony J. Smith），恩斯特·格尔纳
（Ernest Gellner）和本尼迪克特·安德森（Benedict Anderson））进行了直接对话，欧洲史学
家们却很少注意到；相比之下，作者之后的《国家及其组成部分：殖民与后殖民历史》（*The
Nation and Its Fragments：Colonial and Postcolonial Histories*. Princeton：Princeton University
Press，1993）成为了讨论的中心话题。出版商的转变本身就很能说明这一点。

⑰　在密歇根大学，这发生在社会转型比较研究项目的支持下，该项目于 1987 年 9
月发起，是一个新的跨学科项目，最初以历史学、人类学和社会学为基础。这一跨学科组
合很快拓展到人文院系，给文化研究带来越来越多的压力。同样至关重要的还有强烈的国
际责任，借鉴世界上大多数非西方国家的经验。我之前讨论过这一地方历史，见于 Geoff
Eley，"Between Social History and Cultural Studies：Interdisciplinarity and the Practice of the
Historian at the End of the Twentieth Century," in Joep Leerssen and Ann Rigney，eds.，*Histo-
rians and Social Values*（Amsterdam：Amsterdam University Press，2000），96—98。

⑱　Paul Gilroy，*The Black Atlantic：Modernity and Double Consciousness*（Cam-
bridge：Harvard University Press，1993）；Mary Louise Pratt，*Imperial Eyes：Travel Writ-
ing and Transculturation*（London：Routledge，1992）；"Colonial and Post-Colonial Histo-
ry," special issue，*History Workshop Journal* 36（autumn 1993）；Andrew Parker，Mary
Russo，Doris Sommer，and Patricia Yeagar，eds.，*Nationalisms and Sexualities*（New York：
Routledge，1992）；Michael Sprinker，ed.，*Edward Said：A Critical Reader*（Oxford：Blackwell，
1992）；Edward Said，*Culture and Imperialism*（New York：Knopf，1993）。

　　说，与欧洲之外的殖民世界相关的讨论反过来强有力地重塑了欧洲内部的理解。[69]

　　在这些欧洲之外史学的引进作者中，"庶民学派"构成了一个颇具凝聚力和影响力的团体。到 90 年代早期，他们的方法越来越多地在南亚领域之外为人所注意，也被应用在其他地方的直接对立性的大众史学中，在拉丁美洲的研究中最为显著。[70]追溯起来，庶民研究在其自身轨道内协商的程度十分令人惊讶，它包括从社会史过渡到文化史的所有方面，这些年里欧洲的历史学家同样经历了这些。在古哈的鼓舞下，小组成员开始主要致力于研究"从底层出发"的历史，旨在恢复印度大众在反殖民主义斗争史中的重要性。这一雄心深深植根于马克思主义传统之中，明显与英国后汤普森时代社会史的异端特征类似，发展出了对印度乡村统治形式及其局限性的同样具有创造力的分析，并且试图恢复农民行为连贯而有力的能动性。145 恢复并阐释农民在反殖民运动中的复杂存在是该小组早期工作的主

---

　　[69]　我们绝不应低估早期讨论中的分歧，以及它们各自分散的影响范围，也不应高估它们合并起来的速度。以斯图尔特·霍尔为例，我记得，1986 年春天，在密歇根，我站在一群学问很高的社会学家中间，然而没有人听说过霍尔——英国开放大学当时的社会学教授；霍尔的例子代表了我正在描述的主题上的转变：当他在社会转型比较研究项目的支持下于密歇根进行演讲时，他讨论的主题是权利的理论，从阿尔都塞（Althusser）到葛兰西（Gramsci），再到福柯（Foucault）；当他在 1999 年发表讲话时，主题成了"后殖民主义"问题。

　　[70]　参见拉丁美洲庶民研究小组的《创刊声明》，见于 "Founding Statement," *Boundary 2*，no. 20（fall 1993），110—21，以及期刊《中间性：南部观点》（*Nepantla：Views from the South*，2000—2003），该刊第一期包括了一篇题为《跨谱系和庶民知识》（Cross-Genealogies and Subaltern Knowledges，1 [2000]，9—89）的讨论，参与者有迪佩什·查卡拉巴提（Dipesh Chakrabarty）、约翰·贝弗利（John Beverley）、伊莱安娜·罗德里格斯（Ileana Rodriguez）和劳伦斯·格罗斯伯格（Lawrence Grossberg）。另参见 Florencia E. Mallon，"The Promise and Dilemma of Subaltern Studies: Perspectives from Latin American History," and Frederick Cooper，"Confict and Connection: Rethinking Colonial African History," *American Historical Review* 99（1994），1491—1515，1516—45。

题，同样的主题还有对马克思主义与反殖民情绪或"批判性民族主义"之间关系进行彻底审视。[71]

例如，和爱德华·汤普森一样，庶民学派聚焦于农村统治与反抗关系中存在的暧昧性以及不加掩饰的压迫；他们坚持葛兰西的观点，认为"庶民群体总是依附于统治阶级，即使是揭竿起义时也是这样"。他们的著作在文化方面也显示了同样的方向，不仅关注"庶民从属地位背后的历史、政治、经济和社会学"，也关注"态度、意识形态和信仰体系——简而言之，造就这一局面的文化"。[72]为了重新集合农民组织被淹没的坐标，古哈以及他的同事们在阅读殖民文献《反驳传统》（*against the grain*）时显示出惊人的创造力，扩大了社会史学家关于文学批评、梵语语言学、语言学、民俗学和结构人类学研究的通常范围。古哈自己的开创性作品引发了某种"贵族社会/平民文化"框架的形成，汤普森关于 18 世纪的论文大概在同一时间探索过这一点。[73]它假设：

"印度现代性的两大政治领域，一个是以欧洲/资产阶级宪

[71] 参见 Sanjay Seth, *Marxist Theory and Nationalist Politics: The Case of Colonial India*（London: Sage, 1995）。

[72] Antonio Gramsci, "Notes on Italian History," in Quintin Hoare and Geoffrey Nowell Smith, eds. and trans., *Selections from the Prison Notebooks of Antonio Gramsci*（London: Lawrence and Wishart, 1971）, 55, quoted by Ranajit Guha in his preface to Guha, ed., *Subaltern Studies I: Writings on South Asian History and Society*（Delhi: Oxford University Press, 1982）, vii.

[73] 参见 Ranajit Guha, *A Rule of Property for Bengal: An Essay on the Idea of Permanent Settlement*（Paris: Mouton, 1963）; "Neel Darpan: The Image of a Peasant Revolt in a Liberal Mirror," *Journal of Peasant Studies* 2（1974）, 1—46; *Elementary Aspects of Peasant Insurgency in Colonial India*（Delhi: Oxford University Press, 1983）; "The Prose of Counter-Insurgency," in Guha, ed., *Subaltern Studies II*（Delhi: Oxford University Press, 1983）, 1—42, reprinted in Dirks, Eley, and Ortner, *Culture/Power/History*, 336—71.

政和有组织公共生活为语法基础的精英领域，一个是相对来说比较自治的庶民政治的领域，两者都是印度民主的组成部分，但以对权力和统治完全不同的理解方式运行。"⑭

但到了该小组为英国和北美地区高度关注的时候（这是对 1987 年出版的第五卷《庶民研究》作出的回应），情况正在发生改变。对福柯的早期理解很快便转向殖民统治理论以及对后启蒙时代知识体系的批评，不可避免地对关于真正农民意识的早期信念产生了伤害。对"庶民"反抗自主权的质疑，以及随之产生的对历史唯物主义的怀疑，恰好与同一时期英国和北美社会史学家中累积的不确定性相一致。对文学批评、口述史和人类学的开放更加突出了其与出发点之间的遥远距离。最具探究精神的是，1988 年斯皮瓦克出版了一篇后结构主义批评文章，题为《庶民会说话吗?》（Can the Subaltern Speak?），对该小组高度性别化的预设提出质疑，反对他们的项目似乎暗含的以主权主体为中心的模型，并在这一基础上首先质疑恢复庶民政治能动性的可能性。⑮随着该小组在回应中澄清了其思想——深入研究性别，扩大了其范围，并明显采取"文本主义"（textualist）方向，同时将更多注意力集中于印度与西方差异的细枝末节上——分歧由此产生。90 年代早期，庶民研究开始成为国际焦点，与此同时，一些质疑声

---

⑭　Chakrabarty, "Ranajit Guha," 494.

⑮　Gayatri Chakravorty Spivak, "Can the Subaltern Speak?" in Cary Nelson and Lawrence Grossberg, eds., *Marxism and the Interpretation of Culture* (Urbana and Chicago: University of Illinois Press, 1988), 271—313. 这本书的 39 位撰稿人在 1983 年夏天聚集在伊利诺伊大学香槟分校参加了一个会议。该会议的后续是 1990 年春规模更大的文化研究会议，会议讨论的作品变成了的格罗斯伯格、纳尔逊和特赖希勒的《文化研究》（*Cultural Studies*）。基调的转变和这两场会议的主题本身就寓意了从"社会"到"文化"的转变运动。

也开始出现，指责该小组忘记了早期唯物主义使命所包含的政治。[76]

然而，在双重意义上，这些后起轨迹在刚开始就有迹可循。20 世纪
90 年代的文化主义既不是批评者所称的对后唯物主义的背叛，也不是其
镜像，即朝着日趋复杂或高级的反还原论认知的上升进程。一方面，驱
动文化转向的重要出发点在最早的庶民研究作品系列中表现得十分明显，
从葛兰西与福柯惊人的协同效应，到对微观史学的偏爱，再到对印度
特性的坚持以及对恢复大众能动性的困难程度的敏锐意识。在涵盖方
法多样性的同时，早期论文已与当前争论中我们熟悉的视角困境作过
斗争。古哈对历史观念与统治形式之间关系的思考，借鉴了神话与历
史时间的区别，预示了后期对本土思维习惯的关注，正如他的文章
《钱德拉的死亡》（Chandra's Death）中标出的关于片段的方法论。[77]并

---

⑯　这些分歧反映了尖锐的政治分裂，其本身与 20 世纪 90 年代早期的所谓文化战争
有关，围绕"后现代主义展开"。之后苏米・撒卡尔（Sumit Sarkar）的抨击，参见 "The
Decline of the Subaltern in Subaltern Studies," in Writing Social History（Delhi：Oxford
University Press，1996），82—108，reprinted in Chaturvedi，Mapping Subaltern Studies，
300—323；以及 "Orientalism Revisited：Saidian Frameworks in the Writing of Modern In-
dian History," in Chaturvedi，Mapping Subaltern Studies，239—55。认真的回应，见于
Dipesh Chakrabarty，"Radical Histories and Question of Enlightenment Rationalism：Some
Recent Critiques of Subaltern Studies"；Gyanendra Pandey，"Voices from the Edge：The
Struggle to Write Subaltern Histories," in Chaturvedi，Mapping Subaltern Studies，256—
80，281—99。撒卡尔在 1984—1994 年期间是庶民研究组的成员；潘迪是创始成员；查卡
拉巴提在成立之后不久加入。另参见 David Ludden，"A Brief History of Subalternity," in
Reading Subaltern Studies，1—39。

⑰　参见 Ranajit Guha，An Indian Historiography of India：A Nineteenth-Century
Agenda and Its Implications（Calcutta：K. P. Bagchi，1988），1987 年作为关于印度史的
S. G. 多伊斯卡（S. G. Deuskar）讲座的演讲稿；"Chandra's Death," in Guha，ed.，Sub-
altern Studies V（Delhi：Oxford University Press，1987），135—65。这个一般观点有许多
特定的方式可以证明。例如，在萨伊德・阿曼（Shahid Amin）的《小农商品生产和农村债
务：北方邦东部的甘蔗文化，约 1880—1920 年》（ "Small Peasant Commodity Production
and Rural Indebtedness：The Culture of Sugarcane in Eastern UP，c. 1880—1920" in
Guha，Subaltern Studies I，39—87）与作者的《圣雄甘地：戈勒克布尔地区，北方邦东
部，1921—1922》（ "Gandhi as Mahatma：Gorakhpur District，Eastern UP，1921—2" in
Guha，ed.，Subaltern Studies III：Writings on South Asian History and Society［Delhi：Ox-
ford University Press，1984］，1—61）以及《赞成者的证词、司法话语：卓里卓拉的例子》
（ "Approver's Testimony，Judicial Discourse：The Case of Chauri Chaura" in Guha，Subal-
tern Studies V，166—202）之间重新设定联系问题颇多。

非作为一个简单地从"社会"过渡到"文化"的进步模型，实现从低层次到高层次探究的进步，此类进步更多地成为了基础干预的一部分。因此，后来的讨论与其说需要否定社会史的起源，不如说需要澄清长期的明显矛盾。

另一方面，这种南亚史学既预见了西方"语言学转向"的进程，又与其并驾齐驱。90 年代庶民研究的新文化主义偏好并不像有些愤怒的反对者所暗示的那样是一种堕落，源于美国特权学院派的后殖民主义理论的过分影响。新的文化主义绝非必须向西方"学习"才能得到的东西；煽动性从一开始就是其基本组成部分。此外，虽然欧洲史学家自身在他们的思想传播得更广泛时就从庶民学派那里学到了很多东西，但是他们对早期联系也有自己的观点，然而，这一点到了 90 年代却很难看到了。正如庶民研究遭受了密集的火力攻击，西方"新文化史学家"（new cultural historians）以及自成一派的汤普森主义者之间的交战也模糊了既定的传承关系。然而，不管是在南亚还是在西部地区，20 世纪 80 年代的社会史学家已经对一系列常见问题作出了理论和道德上的紧急回应——这些问题涉及过去社会和政治未来之间的关系，物质生活和文化意义之间的关系，经验世界的结构秩序和主观性的易懂形式之间的关系，历史和政治之间的关系。在这种意义上，对我们这一代的欧洲学者来说，庶民学派提出的大部分内容通过 20 世纪 70 年代和 80 年代的辩论——经由福柯、女权主义、格拉姆斯基——与雷蒙·威廉姆斯的思想联系在一起。

这就是我以前声称的后殖民史学"重新回到"这本书一开始提到的激进创新的早期时刻。一方面，正如萨义德所承认的那样，雷蒙德·威廉姆斯在殖民主义和帝国等课题上竟然毫无建树。⑱尽管他是个越界者，却是民族思想最根深蒂固的思想家；他可能在欧洲理论范围内是坚定的国际主义者，但他并没有受到20世纪后期后殖民主义文学繁荣的启发，后殖民文学在他去世时已欣欣向荣。⑲另一方面，他后来关于现代主义的著作在新兴的大都市意识的无根性和更传统并且狭隘的民族与区域归属模式之间激烈徘徊，这引起了当代后殖民主义思想家的强烈共鸣，后者努力面对可理解的世界主义与情感上的文化民族主义之间的矛盾并与之斗争。⑳许多观点现在被认为与后殖民主义思想有诸多共同点，包括：主体立场的思想；身份定位；地点、区域以及身体的鲜明个性；实际存在的社区的"居间性"（in-betweenness）；当然，还有所有这些与更普遍的阶级形成过程之间的复杂关系——在威廉姆斯的著作中早已悄然出现过，尤其是在无与伦比的《乡村与城市》（*The Country and the City*）中，在他的小说中也出现过。㉑准确地说，普

148

---

⑱　参见 Edward W. Said, "Narrative, Geography, and Interpretation," *New Left Review* 180（March—April 1990），81—85（包含萨义德于 1989 年 10 月 10 日在伦敦第一次雷蒙德·威廉姆斯纪念讲座上的发言）；"Intellectuals in the Post-Colonial World," *Salmagundi* 70—71（spring—summer 1986），44—64；"Jane Austen and Empire," in Terry Eagleton, ed., *Raymond Williams: Critical Perspectives*（Oxford: Polity Press, 1989），150—64。另参见 Gauri Viswanathan, "Raymond Williams and British Colonialism: The Limits of Metropolitan Cultural Theory," in Dennis L. Dworkin and Leslie G. Roman, eds., *Views beyond the Border Country: Raymond Williams and Cultural Politics*（New York: Routledge, 1993），217—30。

⑲　他对后结构主义思想家，比如德里达和福柯，并不是十分感兴趣。威廉姆斯继续牢牢植根于范围极为广阔同时也更为集中的马克思主义传统。

⑳　特别参见 "When Was Modernism?" "Metropolitan Perceptions and the Emergence of Modernism," and "The Politics of the Avant-Garde," in Raymond Williams, *The Politics of Modernism: Against the New Conformists*, ed. Tony Pinkney（London: Verso, 1989），31—36, 37—48, 49—63。

㉑　Raymond Williams, *The Country and the City*（London: Chatto and Windus, 1973）。另参见 Raymond Williams and Edward Said, "Media, Margins, and Modernity," in Williams, *The Politics of Modernism*, 177—97；Edward W. Said, "Traveling Theory," in *The World, the Text, and the Critic*（Cambridge: Harvard University Press, 1983），226—47。

遍主义和文化他异性之间困难重重的关系正是庶民学派最新著作所强调的。㉒

如果我们将文化转向部分地视为一种鼓励，内容是重新考虑广泛的理论和方法论目的（而不是验证任何特定的经验和文本内容），威廉姆斯的影响在后殖民分析的第一波浪潮中就显而易见。萨义德意识到，威廉姆斯在《长期革命》（*The Long Revolution*）中关于"帝国作用"（the uses of Empire）的一两页论述，比大量闭门造车的文本分析更能告诉我们对于 19 世纪文化繁荣的见解。㉓萨义德在《东方主义》（质疑西方知识传统的开山之作）的引言末尾，援引了《文化与社会》中的内容，他坚持有必要努力实现"雷蒙·威廉姆斯所称的'忘却''固有统治模式'的过程"。㉔在这里，我肯定不是要试图保住大都市理论摇摇欲坠的朽烂旧日王座，将其作为后来的非西方思潮唯一可以效仿的杰出理论模型。相反，如果说对西方旧二元论的糟粕进行后殖民主义批评有什么意义的话，那就是捕捉文化（和理论）谱系的趋同性和偶然性，实际上就是拯救这些"不纯粹"

㉒　特别参见 Dipesh Chakrabarty，*Provincializing Europe：Postcolonial Thought and Historical Difference*（Princeton：Princeton University Press，2000）and *Habitations of Modernity：Essays in the Wake of Subaltern Studies*（Chicago：University of Chicago Press，2002）；Gyan Prakash，*Another Reason：Science and the Imagination of Modern India*（Princeton：Princeton University Press，1999）；Ranajit Guha，*History at the Limit of World History*（New York：Columbia University Press，2003）and *Dominance without Hegemony：History and Power in Colonial India*（Cambridge：Harvard University Press，1997）；Partha Chatterjee，*Nation and Its Fragments* and *A Possible India：Essays in Political Criticism*（Delhi：Oxford University Press，1997）。另参见一般来说两部最新的庶民研究作品：Gautam Bhadra，Gyan Prakash，and Susie Tharu，eds.，*Subaltern Studies X：Writings on South Asian History and Society*（Delhi：Oxford University Press，1999），以及 Partha Chatterjee and Pradeep Jeganathan，eds.，*Subaltern Studies XI：Community，Gender and Violence*（New York：Columbia University Press，2000）。

㉓　Said，*Orientalism*，14.

㉔　Said，*Orientalism*，19.

的空间作为批评性思想可能诞生的场地。⑧⑤

公共史学

我在这里试图标注出 20 世纪 80 年代历史学家之间的辩论为公共领域更广泛的知识变迁政治所掩盖的程度，这些变迁涵盖了以下方面：其他学科中的类似冲突；作家、记者和其他公共知识分子的评论；所有更广泛的社会政治分裂，被称为"文化战争"；以及所有这些交流中日益呈现出的跨国化或是"全球化"纬度。

作为一个亲欧洲派，我并未真正经历过对"种族"和"后殖民主义"争论的"静音"需求；我对两者极其敏感，这一隐喻对我不起作用。但在过去十年里的大部分时间中，这两者在我大部分的学术工作中出现得有点少。⑧⑥即使我作为历史学家的意识一直由政治塑造，这一委身投入的基础却在我身后许多重大方面发生转变。一些

149

---

⑧⑤　关于当代后殖民性的深刻反思，参见 Nicholas B. Dirks, "Postcolonialism and Its Discontents: History, Anthropology, and Postcolonial Critique," in Scott and Keates, *Schools of Thought*, 227—51。关于书写宗主国历史的深刻意义的有力证明，参见比尔·施瓦茨（Bill Schwarz）的下列文章："Not Even Past Yet," *History Workshop Journal* 57 (spring 2004), 101—15; "Crossing the Seas," in Schwarz, ed., *West Indian Intellectuals in Britain* (Manchester: Manchester University Press, 2003), 1—30; 以及 "Becoming Postcolonial," in Paul Gilroy, Lawrence Grossberg, and Angela McRobbie, eds., *Without Guarantees: In Honour of Stuart Hall* (London: Verso, 2000), 268—81。另参见施瓦茨给斯图亚特·霍尔的访谈，见于 "Breaking Bread with History: C. L. R. James and *The Black Jacobins*," *History Workshop Journal* 46 (autumn 1998), 17—31。

⑧⑥　在此方面我应该更自信的。比如，从 80 年代早期我的第一个密歇根大学博士生那里，我受益匪浅。这个学生研究 19 世纪英国社会范围内帝国观念的大众影响。参见 Susan Thorne, *Congregational Missions and the Making of an Imperial Culture in Nineteenth-Century England* (Stanford: Stanford University Press, 1999)。罗拉·维尔登塔尔（Lora Wildenthal）《德意志帝国的女性》（*German Women for Empire*）于 20 世纪 80 年代中期作为论文开始成形。

后果让我感到惊讶。另外，学术史学家正在以其他方式失去对其学科的控制。

因此，在更广泛的公共领域，我们正不断地受到各种方式的轰炸，要求借鉴历史，呼吁回到过去。所有形式的公共"记忆工作"（memory work）、回想和纪念——无论是官方的、商业的，还是私人的——都得到了极大的推动，在 20 世纪 80 年代加速发展成为一个名副其实的"记忆热潮"。对记忆的呼吁已经变得随意，不可避免地成为每个对新世纪转折点的社会变迁感兴趣之人的思想图景的特色。对历史学家而言更是如此，"历史与记忆"变成了一个热门学科。这种兴趣极大地超越了专业分析，渗透到娱乐、大众阅读、商业交流及其公共文化组成部分。这里到底发生了什么？

在弗雷德里克·詹姆森（Fredric Jameson）看来，这种对过去的强烈兴趣意味着"对当下的怀旧"。⑧它反映了对失去方向的焦虑和对变化速度与程度的担忧，作为回应，对历史的叙述和视觉化似乎提供了一个具有连续性的替代结构。过去的表象——无论是个人的和集体的，私人的和公众的，还是商业的和令人振奋的——都变得既治愈又可消遣，成为一种熟悉又可预测的资源，让人在现实情况不稳定的当下找到安慰。这种怀旧暗示人们渴望抓住熟悉的事物，即使它从视线中消逝，人们渴望与运动中的世界保持联系，恢复正在消失的地标，修复无处安放的保障性物品。

但到 20 世纪 90 年代，记忆热潮也标志着"本土"（the local）

---

⑧　"对当下的怀旧"（Nostalgia for the Present）是弗雷德里克·詹姆森（Fredric Jameson）书中聚焦于电影的一章的标题，见于 *Postmodernism，or The Cultural Logic of Late Capitalism*（Durham：Duke University Press，1991），279—96。

开始回归当代政治思想的中心地带。这次复兴部分源于 20 世纪 60 年代后期发生于欧洲和北美，基于小规模团体和民间组织的直接行动政治的复兴。但是，它也体现了绿色行动主义者和全球化反对者的宣言，"全球思维，本地行动"（Think globally，act locally），这反过来体现了当代历史的跨国化以及对以民族国家为基础的主权的挑战。这正是本章之前讨论过的后殖民主义史学的基础，该史学被定义为一种随着帝国的长殖民化和复兴形态而产生的围绕地方和种族特殊主义进行复杂斗争的史学。在每种情况下，人们无一例外都被詹姆森"对当下的怀旧"的逻辑所鼓舞，当政治前景的想象中的旧模式，尤其是社会主义模式不再使人信服时，记忆工作提供了一种将个人故事重新缝合到集体归属和成就中的方法。随着当代社会对传统政治进程的不满持续积累，这些公众自我认知的替代模式扩大了它们原本的吸引力。通过纪念活动（自传、口述历史、博物馆、纪念碑、周年纪念、媒体庆祝活动以及国家法定节假日），将个人经历映射到公众普遍熟知的事件地图上去，作为恢复历史的替代性媒介，可能会让人重温起各种不同立场的回忆。

　　记忆工作本身没有特定的政治价值。在这个意义上，皮埃尔·诺拉（Pierre Nora）关于法国国家历史广受欢迎的多卷本著作《记忆之场》（*Les lieux de mémoire*），描绘了一幅极为宏伟的近代图景。它可以被解读为一种想要转变民族身份认同的坚定愿望，从先前对民族国家的痴迷，到更倾向于欧洲一体化的精神，倾向于后民族未来，以及共同的欧洲家园的理念。但是诺拉的"记忆场"（sites of memory）范式明显地对民族问题进行了去政治化。对于过去法国共

150

和传统中高度集中的民族共识，它用各自区别和彼此分离的话题作
了替代，然而这些话题分别实现了对法国民族记忆的集中化，只是
以一种更隐蔽的种族中心主义方式。这一更加迂回的再中心化肯定
了积累中的共同文化认同，同时排除了当代法国社会中的一些部
分——穆斯林、北非人、移民——亦即那些在这个民族过去的集体
记忆中没有身份的人。⑧

　　在这种关于记忆与定位的新话语中存在着潜在的左翼利害关系，
1989 年后正值紧要关头的社会主义危机为此开辟了道路。共产主义
的结束让左翼大为震惊，使他们从原有的思考政治前景的习惯中跳
151 出来，被迫重新审视以前的历史——尤其是东欧的历史，在那里话
语的丧失、剥夺和替代可以以最直接、最痛苦的方式，通过追溯早
期真实的（有记忆的）日期、地点、名字以及历史行为的形式描画
出来。通过这种复杂的回归过程，记忆这个概念从早期的右翼的
"血与土"的贬义中脱离出来，鼓励左翼以合适的定位方式更加积极
地对民族进行思考。这类可能性与后殖民主义在特定地域和民族认
同语境下为争取独立、社会正义和人权所作斗争进行的理论化定位
相呼应。除了日渐增长的对移民、散居和异族通婚的认同，后殖民
性只在其本土化形态中为人所经历，即使它的主体发现自身被重置

---

　　⑧　参见 Pierre Nora, *Les lieux de mémoire*, 7 vols. (Paris, 1984—92), translated as
The Realms of Memory: *The Construction of the French Past*, 3 vols. (New York: Colum-
bia University Press, 1997—　　), 以及 *Rethinking France*, 4 vols. (Chicago: University of
Chicago Press, 2001—　　). 关于德国同类著述的起源, 参见 Etienne François, Hannes
Siegrist, and Jakob Vogel, eds., *Nation und Emotion*: *Deutschland und Frankreich im
Vergleich 19. und 20. Jahrhundert* (Göttingen: Vandenhoeck und Ruprecht, 1995)。相关
深入评论, 参见 Peter Carrier, "Places, Politics, and the Archiving of Contemporary
Memory in Pierre Nora's *Les lieux de mémoire*," in Susannah Radstone, ed., *Memory and
Methodology* (Oxford: Berg, 2000), 37—57.

于都市的多文化社会场景中。在这种情况下，回忆的语言可以成为认同的语言。无论是福是祸，左派对于不确定的未来的经典乌托邦设想为有具体地点和时间记忆的美好社会形象所替代，后者在历史和经验的地图上有具体说明。"记忆"为这种转变提供了语言。

在这种情况下，"回忆"为当代困局下身份认同的形成提供了关键的土壤，是一种决定我们是谁，并在时间和空间中定位我们自身的方式，这一切的背景，是巨大的结构性改变如今以极具破坏力的方式在重塑这个世界——由全球化共产主义终结以及"后福特主义转型"所定义的资本主义重组的新时代。20 世纪 90 年代，"后现代状况"成为老生常谈的话题，而另一个主张则是引起更多争议的"历史的终结"。不管这些争论的是非曲直，记忆热潮似乎以各种方式与当代转型的"文化逻辑"相关。㉟新的信息技术与电子大众媒介也被卷入。在娱乐和时尚的消费经济中，文化的商品化和商业化过程催生了后现代的符号经济，对历史意象和引文的自由使用也不可避免地泛滥成灾。同样是以这种方式，当代人的感性也变成了一种记忆性的感性。我们不断受邀，将自身置于各种类型的"过去"当

152

㉟　这一段是由当代社会理论和文化评论的流行语刻意组合而成的。特别参见 David Harvey, *The Condition of Postmodernity*（Oxford：Blackwell，1989）；Roland Robertson, *Globalization：Social Theory and Global Culture*（London：Sage，1992）；Alain Lipietz, *Towards a New Economic Order：Post-Fordism, Ecology, and Democracy*（Cambridge：Polity Press，1992）。"后现代状况"一词出于让-弗朗索瓦·莱奥塔德（Jean-François Lyotard）的《后现代主义状况》（*The Postmodern Condition*. Manchester：Manchester University Press，1984）；"历史尽头"（the end of history）一词出自弗朗西斯·福山（Francis Fukuyama）的《历史的终结与最后的人》（*The End of History and the Last Man*. New York：Free Press，1992）；"文化逻辑"（cultural logic）一词出自詹明信的《后现代主义》或《晚期资本主义的文化逻辑》（*Postmodernism, or The Cultural Logic of Late Capitalism*）。关于这些转变最好的早期评论手册是斯图亚特·霍尔（Stuart Hall）和马丁·雅克（Martin Jacques）编辑的《新时代：20 世纪 90 年代的政治面貌变化》（*New Times：The Changing Face of Politics in the 1990s*. London：Lawrence and Wishart，1991）。另参见 Ash Amin，ed.，*Post-Fordism：A Reader*（Oxford：Blackwell，1994）。

中。在这个意义上，当代公共领域在不断地刺激着记忆。⑨

　　一系列漫无止境的周年纪念活动展现了故事的另外一面。各国的参照物各不相同。1989 年，法国的大型狂欢活动试图宣示法国大革命最终“结束”的参照物，这是这类文化事件中最富有戏剧性的代表。最为壮观的跨国纪念活动则是涉及对第二次世界大战的长期且多样的纪念。它开始于 1985 年的欧洲和平四十周年纪念，并一直持续到五十周年纪念，对象按顺序包括 1939 年战争爆发、诺曼底登陆和六年后的大解放。公共日历衍生出了过量的纪念活动及其产物，过度占用了公共展示空间，特别是电视屏幕，勾起了过于丰盈的私人记忆。⑨¹

　　再次，所有这些活动的意义——这么多使人沉溺的公共纪念活动——超越了它们自身所代表的正式场合和直接内容。当然，在欧洲，无论是在国际（伴随着冷战的结束，欧盟的强化和全球国家间距离的缩小）还是在国内（战后协议的明确解除以及社会阶级的重组），对结束的感受都把我们带回到那些早期时刻。实际上，我们正重返家园，再访祖先，重启造就了当代世界的历史，即便后者已经消失不见，而这就是我们如此轻易地将过去视为“意义之域”的原因。

　　作为专业化活动以及一门学科的历史，其内部发展进一步阐述

---

　　⑨　参见詹明信关于“认知制图”（cognitive mapping）的重要观点，见于 *Postmodernism*，45—54，408—18。

　　⑨¹　特别参见 Steven L. Kaplan，*Farewell Revolution：Disputed Legacies，France，1789/1989*（Ithaca：Cornell University Press，1995）以及 *Farewell, Revolution：The Historians' Feud，France，1789/1989*（*Ithaca：Cornell University Press*，1995）；*Geoff Eley*，*"Finding the People's War：Film，British Collective Memory，and World War II,"* American Historical Review 105（2001），818—38。

了记忆作为一类主题的突出地位。在战后年代进行教学和学术研究工作发挥了其作用，所以现在历史学家们可以书写他们自身也参与其中的岁月。直到不久前，1945 年从某种意义上来说还是现代的分界线。自 20 世纪 70 年代中期起，人们逐渐接受口述史并将其纳入次级学科领域，这也带来了变化——口述史有了自己的杂志、专业协会/组织、会议、机构基础、个人名著、一致性方法、技术和演进中的传统。跨学科的力量，立足于 20 世纪 60 年代早期以及更近期的繁荣，同样也为有关记忆的成熟学术作品创造了良好的环境。在历史学家们对于人类学、心理学、精神分析学和其他理论传统的质疑变得缓和之前，关于口述资料使用问题的狭义上的技术争论仍无可避免。

　　最后一个方面，文化研究的确为记忆作为知识优先项的增长提供了主要框架和动力。将记忆视为由公共表征领域塑造并在其内部形成的复杂结构，需要通过跨学科合作的形式来研究，这一切都归功于过去三十年间文化研究中发展出的分析性语言。⑫现在，这些语言改变了我们对过去的看法，向我们指明了所有可以唤起历史记忆和解决历史问题的方式。它提醒我们，在公共领域，记忆（和遗忘）的发生，无论有意还是无意，都是通过多种多样的场所和媒介达成的，这些场所和媒介包括：电影和电视、照片和广告、广播和歌曲、戏剧、博物馆和展览、景点和主题公园、小说、仪式、学校课程、政治演讲等。这样一来，社会上有关过去的思想和假设的更广泛领

---

　　⑫　特别参见 Martin Evans and Ken Lunn，eds.，*War and Memory in the Twentieth Century*（Oxford，1997）。

域被用于历史研究。于是，历史学家的一贯坚持——即历史分析的公认边界，还有什么算作合理的资料来源，什么是可以接受的课题等定义——越来越受到质疑。

可能的结果分为两种，要么极度令人不安，要么非常令人兴奋，这取决于每个人对自身学科立场的坚定程度。它们扰乱了许多定义历史学家独特身份和实践的传统方法，放开了长期以来的学科限制，并打开了人们对更自由的指导方案的想象力，这包括大幅拓宽合理途径和方法的范围。这就产生了很大的不确定性。这种不确定性颠覆了人们对待"记忆"和"历史"之间边界的习惯方法，曾经一方在专业组织和语境化上为另一方提供直接的支持。在这种旧方法中，历史确实"训练"了人们的记忆。它塑造并教化了属于个体的原始且不可靠的记忆，因为它通过调动高级的客观性语言，使个体充满主观性和偏见的论述直面历史的真相，直面历史记载中的"现实"（reality）和"事实"（facts）。

154　　　沿着这条断层线继续分析，一种对历史知识的去专业化正在发挥作用。我们现在已经习惯于在大学历史系以外的地方进行历史思考和历史研究——部分是在学术界的其他地方，但更多是在广义上的文化内，在各种业余爱好和非专业的探索中。对于拉斐尔·塞缪尔——重新定义过程的最雄辩的编年史作者和理论家之一，这一转变使历史成为一种"有机的知识形式"，"不仅吸收现实生活中的经验，也吸收记忆和神话，幻想和欲望；不仅包括按时间顺序对过去的文献记录，而且包括'传统'中永恒的部分"。塞缪尔解释道：

历史一直是知识的一种混合形式。它融合过去和现在，记忆和神话，书面记录和口头语言。它的主题是混杂的……在公众的记忆中，只要不是高等学术界，大洪水或反常的风暴在影响力方面可能使战争、战役和政权的兴衰都黯然失色。作为一种交流方式，历史不仅出现在编年史和评论中，而且出现在民谣、歌曲、传说、谚语、谜语和谜题中。教会礼仪承载了历史的一个版本——神圣的历史；民间习俗则承载了另一个。当代的历史宝库对于广告商进行的记忆工作（虽然是无意识的）以及旅游业的影响需要保持同样的警惕……作为一种自觉的艺术，历史始于纪念碑和铭文，而建筑环境的记录表明，墙上的文字对于改变当今历史意识发挥了重要的影响力。在试图解释为什么穿越和时光旅行的想法已成为与过去进行思想互动的一种正常方式上，视频游戏和科幻作品的影响同样重要。[93]

一些最受欢迎的文化研究主题——如展览会和博物馆、电影和摄影、杂志和流行小说——是探索塞缪尔所描述的学术史与关于过去更广泛知识之间模糊界限的理想渠道。这也是我们重新思考历史与记忆之间关系的地方。相对较新的期刊《历史与记忆》（*History and Memory*）是业内此类研究的主要标杆，恰好展示了这种影响力。电影既是过去的视觉记录，也是在自身范围内制造历史的一种形式，它正吸引着越来越多的关注。对于各种精神分析理论的兼具批判性

---

[93] Raphael Samuel，*Theatres of Memory*，vol. 1，*Past and Present in Contemporary Culture* (London：Verso，1994)，443—44. 雷蒙德·威廉姆斯（Raymond Williams）是一位学科上的非历史学者，他再次预见对历史作为一种有机知识形式的这种理解。

和包容性的运用发挥了关键作用，而历史学家才刚刚开始缓慢探索其潜力。摄影同样为历史研究提供了丰富的机会，特别是对于研究家庭和个人生活的社会史和文化史而言。

最后，在所有这些领域中，女权主义理论和政治的影响是巨大的，它们为新提议扫清了路障，并直接激发了许多最富有创意的想法的产生。女权主义的挑战使得主体性研究合法化，最终迫使历史学家着手处理这些问题。对自传的分析性使用以及对文化理论、精神分析和历史的各种综合，都一直格外令人激动。

远离社会：历史的新边境

成为 21 世纪初的历史学家，意味着要接触各种各样的事物。

在之前提到的所有方式中（也包括其他方式），历史的边界一直在缩小。因此，与四十年前甚至二十年前相比，现在的历史边境相对于其他学科或知识的防御性要小得多。交往是双向的：相比以前，历史学家更容易理解一个事物的其他方面，也更能接受其他事物，这些事物可以来自其他学科和知识领域，亦可来自日常生活、大众文化或公共领域的某些部分。历史的视野双重扩大，一方面向学院的其他部分扩展，另一方面向塞缪尔所讨论的更广泛历史思维的社会文化语境扩展。这使得人们站在新起点上探索通过社会的公共世界和私人世界传播的关于过去的图像。

这种新历史的可能多样性和学科内部与外部界限的"渗透性"是社会史学家们所经历危机的一个重要组成部分。正如本章前文所述，20 世纪 80 年代的社会分析和社会史出现了新的谨慎态度，让许多人放弃了他们较早时期的宏图伟志以及给予他们信心支持的唯物主义。同时，因为女权主义带来了最深远而持久的鼓舞力量，人们对主观性和个人生活的各个方面都产生了更大的兴趣。这两个发展都与我们通常所谓的"语言学转向"或"文化转向"相联系，即在 20 世纪 90 年代初爆发的争论，该争论围绕人文科学的既定理论、方法和认识论观点展开，各个争论点相互关联。

　　书写那段纷繁复杂的思想巨变——书写方式能够与其跌宕起伏、绚丽多姿以及能够部分解释思想史背后更广泛的文化、社会和政治力量相称——至今仍让众多评论者望而却步。人们愈发清楚地认识到他们所喜爱的速记描述，例如"文化转向""语言学转向""后现代主义"，诞生于相对短暂但极为两极分化的激烈争论中，它们所掩盖的和澄清的一样多，而且混淆了多种变化。1989 年出版的一本论文集以这种方式模糊了区别（强调某些持久力较差的方法，而忽视或忽略了其他方法），"新文化史"成为另一种防止踩雷的描述。20 世纪 90 年代，"新文化史"有利于一些不同的新方法和新主题的提出，使得激进分子、创新者和局外人在其旗帜下会合。但回想起来，它也回避了很多问题。[94]

　　转向"文化"是各种不满的一个相当模糊的共同点。通过提供一个便利的标签来描述对"社会"研究出现的怀疑，它表达了对现

右侧页码：156

---

[94]　特别参见琳恩·亨特（Lynn Hunt）编辑的《新文化史》（*The New Cultural History*. Berkeley：University of California Press，1989）和后来维多利亚·邦内尔（Victoria E. Bonnell）与琳恩·亨特共同编辑的《超越文化转向：社会与文化研究的新方向》（*Beyond the Cultural Turn：New Directions in the Study of Society and Culture*. Berkeley：University of California Press，1999）。如果说第一部作品似乎更像是一部回顾伯克利当地关注点的著作，后一部就为中间的探讨打开了一扇较为片面的窗户。

有范式日益增长的不安。它彰显了小规模环境日益增长的吸引力，远离了整个社会的大规模结构性历史。在早期的社会史潮流中，想要把社会作为一个整体来考虑（这一考虑有时通过"整体历史"这个概念表达），通常意味着从社会科学中获得更大的发展理论比较框架。这些框架强调了"大结构、大过程和巨大比较"，其追求充斥着当时社会科学史学家的元话语。⑨但到了20世纪80年代，各国都开始对这些雄心壮志产生幻灭感。

对"微观史学"的兴趣是这种幻灭感的一个实例。以《历史手册》（Quaderni Storici）杂志为阵地，一群意大利历史学家提出了"微观史学"这一项目。这一学派的灵感更多地来自人类学，来自怪癖异常、离经叛道的现象，而非来自社会学，也不是来自可预测的、具代表性的统计学上的规范准则，他们研究的方法更具"推测性"而非"科学性"。由于社会科学史强加了大规模和长时段为标准，并且始终坚持定量方法，所以"微观史学"研究者对于社会科学史并不满意。他们希望史学研究落实到具体个人的日常生活、生活经验，认为这才是处理一些同样的宏观问题的最好方式。⑩

---

⑨　参见 Charles Tilly, *Big Structures, Large Processes, Huge Comparisons* (New York: Russell Sage, 1984)。

⑩　这一小组最有名的代表是卡洛·金兹堡（Carlo Ginzburg）：参见 *The Cheese and the Worms: The Cosmos of a Sixteenth-Century Miller* (Baltimore: Johns Hopkins University Press, 1980; orig. pub., in Italian, 1976); *The Night Battles: Witchcraft and Agrarian Cults in the Sixteenth and Seventeenth Centuries* (London: Routledge and Kegan Paul, 1983; orig. pub., in Italian, 1966); *Clues, Myth, and the Historical Method* (Baltimore: Johns Hopkins University Press, 1989; orig. pub., in Italian, 1986); *Ecstacies: Deciphering the Witches' Sabbath* (New York: Pantheon, 1991; orig. pub., in Italian, 1989); *The Judge and the Historian: Marginal Notes on a Late Twentieth-Century Miscarriage of Justice* (London: Verso, 1999). Other representatives include Eduardo Grendi, Carlo Poni, and Giovanni Levi. See Giovanni Levi, "On Micro-History," in Peter Burke, ed., *New Perspectives on Historical Writing* (University Park: Pennsylvania State University Press, 1992), 93—113; Edward Muir and Guido Ruggiero, eds., *Microhistory and the Lost Peoples of Europe* (Baltimore: Johns Hopkins University Press, 1991)。

对于以社会学或马克思主义形式为主导的社会史所表现出来的雄心壮志，这批意大利史学家并不是唯一持有怀疑态度的群体。另一个相似运动发生在 20 世纪 70 年代后期的西德。它采用了一些与意大利史学家相同的观点，同时又拥有自己的旗帜，即日常生活史（*Alltagsgeschichte*）。⑰20 世纪 60 年代以后，娜塔莉·泽蒙·戴维斯（Natalie Zemon Davis）撰写了一系列开创性的文章，奠定了自己在法国史方面的相似地位。戴维斯于 1983 年出版的《马丁·盖尔归来》（*The Return of Martin Guerre*）则在整个学界掀起了更大的波澜，大约同一时期由罗伯特·达恩顿（Robert Darnton）撰写的《屠猫记：法国文化史钩沉》（*The Great Cat Massacre and Other Episodes in French Cultural History*）加剧了这一波澜。⑱在英吉利海峡对面的英国，社会科学史处在其更坚固伪装和教条的保护下，所以社会史学家们受到的冲击较小。E. P. 汤普森（还有其他一些历史学家）的热情批评在这方面起到了强大的反向激励。⑲

---

⑰ 这类作品的一个绝佳案例，参见 Alf Lüdtke, ed., *The History of Everyday Life：Reconstructing Historical Experiences and Ways of Life*（Princeton：Princeton University Press，1995）；有关我自己的评论，参见 Geoff Eley, "Labor History, Social History, *Alltagsgeschichte*：Experience, Culture, and the Politics of the Everyday；A New Direction for German Social History?" *Journal of Modern History* 61，no. 2（June 1989），297—343。

⑱ 参见 Natalie Zemon Davis, *Society and Culture in Early Modern France*（Stanford：Stanford University Press，1975）；*The Return of Martin Guerre*（Cambridge：Harvard University Press，1983）；*Fiction in the Archives：Pardon Tales and Their Tellers in Sixteenth-Century France*（Stanford：Stanford University Press，1987）. See also Robert Darnton, *The Great Cat Massacre and Other Episodes in French Cultural History*（New York：Basic Books，1984）。

⑲ 以《英国工人阶级的形成》（*The Making of the English Working Class*. London：Gollancz，1963；paperback ed., Harmondsworth：Penguin，1968）为开端，E. P. 汤普森与各种类型的历史社会学进行了持续的辩论，同时还与各种非历史性的社会学进行了激烈的争论。一个很好的例子参见 Edward P. Thompson, "On History, Sociology, and Historical Relevance," *British Journal of Sociology* 27（1976），387—402。

20 世纪 80 年代，在"新文化史"的口号下，最大的新思潮之一就是女权主义所倡导的性别史。对于这一思潮而言，最有影响力的——也可能是最有争议的——介绍新研究方法的作品，就是琼·斯科特的文章《性别：历史分析中的一个有效范畴》（Gender：A Useful Category of Historical Analysis）。当历史学家想要了解语言学转向将什么置于危险之中时，可以将这篇文章作为基准文本。折中的后结构主义将之定义为宣传作品，斯科特的文章认为，性别是性差异中可变且有争议的一部分，而性差异是"表征权力关系的基本方法"。[100] 因此，它需要一般的历史学家而非仅是那些恰好研究性别关系本身的人的关注。

借用哲学家兼文学理论家雅克·德里达（Jacques Derrida）的"解构"方法，还有以米歇尔·福柯思想为基础的权力理论，斯科特认为，审视、分解已经被接受的研究范畴并从中抽身应该是历史学家的首要目标之一。这样可以阐明偶然或建构的历史中，貌似自然或稳定的区别术语，比如说，性和性别，当然也包括种族、阶层、民族以及其他与能动性和归属感有关的现代术语，包括主体和自我的观念。这不仅是对历史学家单纯的方法论挑战，也经常被赋予强烈的政治意义。如果这些"自然化"的意义系统被证明在过去经过了协商和争论，那么它们在现在和未来也可能同样易受质疑。

---

[100]　Joan W. Scott, "Gender：A Useful Category of Historical Analysis," *American Historical Review* 91（1986），1053—75. 这篇文章还收录在作者影响力巨大的文集《性别与历史的政治》（*Gender and the Politics of History*，28—50）中。文中引用出自 *Gender and the Politics of History*，42。

　　斯科特的提议具有争议性，其思路我们这里无法加以讨论。[101]但是这些提议在 20 世纪 80 年代晚期以及 90 年代早期所谓的"文化战争"中成为一个中心议题，这些"战争"影响了历史学科。那时，愤怒和紧张在对立阵营间造成了分歧。有一段时间，后结构主义的反对者和支持者都希望展现自己对认识论的影响，因而两种互斥的选择使得思考真正有难度的问题也变得困难。因此，对于当时研究性别的女权主义历史学家而言，将讨论限定在关于语言和文本性的理论，似乎迫使他们在"文化"和"社会"方法之间二选一，由此再产生的争论是斯科特本意拒绝的限制性二元对立。但在这样激流涌荡的对立之下，更多样化的作品会应运而生。

　　当语言学转向的拥护者和社会史的捍卫者都希望获得更多支持时，一群年轻的历史学家则在耐心地探求如何将两种方法结合。两种方法的结合，无论是出于大度的本意，还是出自实验性对话目的，都是一种充满挑战的尝试。90 年代是争辩最激烈的时代，无人能够置身事外。与这些问题搏斗意味着耗费大量的时间和精力，要花时

　　⑩　例如，围绕琼·斯科特（Joan W. Scott）《论语言、性别和工人阶层的历史》（"On Language, Gender, and Working-Class History," *International Labor and Working-Class History* 31 ［spring 1987］, 1—13）展开争论，回应者有布莱恩·帕尔默（Bryan D. Palmer）（14—23 页）、克里斯丁·斯坦塞尔（Christine Stansell）（24—29 页）还有安森·拉宾巴赫（Anson Rabinbach）（30—36 页）。另参见斯科特的回应："Reply to Criticism"（32 ［1987］, 39—45）。可惜的是，斯科特在讨论开始态度尖锐，从她和劳拉·李·唐斯的争论可以看出，参见 Laura Lee Downs, "If 'Woman' Is Just an Empty Category, Then Why Am I Afraid to Walk Alone at Night? Identity Politics Meets the Postmodern Subject," *Comparative Study in Society and History* 35（1993）, 414—37；Joan W. Scott, "The Tip of the Volcano," 438—43；Downs, "Reply to Joan Scott," 444—51。另参见 Bryan D. Palmer, *Descent into Discourse: The Reification of Language and the Writing of Social History*（Philadelphia: Temple University Press, 1990）, 172—86。有关关键的建设性回应，参见 Kathleen Canning, "Gender and the Politics of Class Formation: Rethinking German Labor History," *American Historical Review* 97（1992）, 736—68, 以及 "Feminist History after the Linguistic Turn: Historicizing Discourse and Experience," *Signs* 19（1994）, 368—404。

间进行阅读、争论、写作和思考。无论是剑拔弩张的争辩还是扎实的历史学研究产出，都需要时间和其他形式的距离。[102]

但如果说极端化的论战因其分裂性而令人不安，那么它也扩展了边界，澄清了分歧。如果一个公开拒绝选择上的匮乏的空间尚需时日才能打开，那么将一些可能性进行合并似乎更为简单实际。在语言学转向的表面喧嚣背后，来自劳工史研究、福利国家分析、医学史、法律史和其他职业的历史，还有研究学校教育和教学法、大众文化读物、性研究以及研究帝国史、殖民主义史、民族史等的历史学家，从广泛的时期和各式各样的主题中，创造性地运用旧有研究方法的精华以应对新方法带来的挑战。

这种发酵过程并非发生于与外界毫无接触的学科内部。首先，跨学科意识的传播促生了研究的活力与激情，从而诞生 80 年代晚期和 90 年代中期的特许机构。90 年代末期这些机构促进了主要观点的融合，主要方式是期刊、会议、辩论和重要出版物，以及在特定的几个大学借由研讨会、课程计划、设立机构、募集资金、创建新的部门和项目的途径。在许多大学，包括我的母校，许多学术的、教学的、一般知识的交流都开始跨越学科界限，不断地与不同学科融

---

[102]　在此期间，一项出人意料的重要研究是朱迪思·瓦尔科维茨（Judith R. Walkowitz）的《可怕的喜悦：维多利亚晚期伦敦性危险的叙述》（*City of Dreadful Delight：Narratives of Sexual Danger in Late-Victorian London*. Chicago：University of Chicago Press，1992），该研究认真处理文化主义的挑战，是以她更早的社会史研究著作《卖淫与维多利亚社会：妇女、阶级与国家》（*Prostitution and Victorian Society：Women，Class，and the State*. New York：Cambridge University Press，1980）为基础。另参见她的早期文章，这些文章表明了文化转向的可能性，同时又没有否定社会史："Male Vice and Feminist Virtue：Feminism and the Politics of Prostitution in Nineteenth-Century Britain," *History Workshop Journal* 13（spring 1982），79—93，with Jane Caplan's Introduction，"The Politics of Prostitution," 77—78；以及 "Science，Feminism and Romance：The Men and Women's Club 1885—1889," *History Workshop Journal* 21（spring 1986），37—59。

合。对于历史工作者而言，影响力诸如琼·斯科特 1986 年文章的这类文本，或在学科中更广泛流传的理念因素，总是产生于他处，要么是其他学科（比如人类学、心理分析、文学理论等），要么是典型的"无学科"学者身上，如斯图亚特·霍尔、南希·弗雷泽（Nancy Fraser）或者米歇尔·福柯。迄今为止，创新性的作品必定是历史工作者与其他学科进行对话所得。对话可以是合作性的研究、教学过程、参会经历，或者是仅通过阅读与引用发生。

这正是学术历史和世界其他部分的关系难以分割的地方。正如之前的反思所表明的，一个社会关于过去的理解不仅存在于学术领域的活动，还需要学者和这个社会更广泛的过去的形象和观念进行互动，无论是有意的还是相对无意的，所以这个社会的过去所包含的远不止学术活动。作为一个意义领域，历史经常被双重理解困扰：一方面，历史作为过去的时间，包含一系列独特的主题以及历史学家寻求处理这些主题的全部方式；另一方面，历史又是存于当下、为当下而存的一种标志，一个蕴含当代意义的容器，在表征领域产生了所有的复杂性，使得虚假的过去的"曾经"和清晰的主动的"现在"有序地一再重复。[103]历史研究者的窘境如此有趣，准确而言，就是源于两种理解之间的紧张互动。虽然这种关系并不新鲜，但历史学家愿意看到这一点可能是新鲜的。

160

<hr />

[103] 另参见 Eley, "Finding the People's War," 818. 尽管这两者之间有明确的相似性，但这并不等同于另一种区分，后者经常被归于"后现代主义者"，实际上却是多年来具有自我意识的历史书写的公理，它将"作为过去的历史"与"作为历史学家赋予过去意义的过程的历史"区分开来。前者包括了所有发生过的事情，是一个永远无法触及的宝库；后者则涵盖了赋予其形状所需的规则和方法、叙事和阐释、理论和直觉。我要说的是，专业的历史学家绝不是唯一一从事这项工作的人。

观点改变——如何变？

毫无疑问，斯科特在 20 世纪 80 年代中期的文章是所有此类作品中最受瞩目的。但是在各个领域、各个国家都有更大规模的争论发生。就性别史本身而言，作为一名在英国接受教育、研究德国并于 1979 年移民到美国的马克思主义历史学家，我最了解的一手叙述始于 20 世纪 70 年代中期：在马克思主义的影响下，研究资本主义对妇女的压迫，随后很快发展到对现有马克思主义所能够提供的东西进行批判。为了理解妇女是如何在压迫之下生存的，女权主义者很快转向了意识形态和主观性理论。因此，心理分析貌似取代马克思主义成为主要方向之前的时间并不久。在法国女权主义理论家茱莉亚·克里斯蒂娃（Julia Kristeva）、露西·伊利格瑞（Luce Iriga-ray）、埃莱娜·西克苏（Hélène Cixous）以及接受度更广的福柯、德里达、雅克·拉康（Jacques Lacan）等人共同影响下的文学理论和其他语言理论，与文化研究不断扩展的领域中对电影、流行阅读体裁以及其他流行文化领域的兴趣相结合。[104]随之而来的理论辩论往往会造成分歧，但历史学家的持久成果却体现在这些显而易见、有时

161

---

[104]　在英国，对这一女权主义思想史最好的简短描述是特里·洛弗尔（Lovell）的《英国女权主义思想》（*British Feminist Thought*）的导论，尤其是其中的第 21—22 页。另参见米歇尔·巴雷特（Michele Barrett）为自己《今日女性压迫：马克思主义女权主义分析中的问题》（*Women's Oppression Today：Problems in Marxist Feminist Analysis*. London，1980）的 1988 年修订版所写的新导论，该书的题目随后修改为《马克思主义与女权主义相遇》（The Marxist/Feminist Encounter）。同时也凸显了 20 世纪 80 年代与 70 年代截然不同的政治背景，尤其是"种族"、种族主义和种族划分等现在不可避免的重要问题。与此同时，讨论中特有的英国坐标也变得更加清晰。参见 Imelda Whelehan，*Modern Feminist Thought：From the Second Wave to "Post-Feminism"*（New York：New York University Press，1995）。

甚至是哗众取宠的争论背后，因为更为集中和具体的历史项目也在逐渐成形。无论理论上的争论多么有建设性——事实上也是不可避免的——最终的回报还是体现在这些理论所促成的实际的历史研究中。

当然也要考虑到意外收获。20 世纪 80 年代产出的某些作品之所以让人感到惊艳，不是因为读者有意将它们看作先锋作品，而是因为这些作品汇集了不同的需求和不满，解答了亟待提出的问题，满足了求变的初期需求。当然，这类文本中的每一种都有一段自己的历史机缘：特定的作者、制度背景、资源和支持，还有历史研究者曾经探索的特定场景（包括知识、社会、文化、政治等方面）。文思敏捷的历史学家运用恰当的语境化工具和策略，将这些知识模式凸显出来，成为呼应连贯的谠言嘉论。回顾历史，当任何一种激进的知识变革谱系被令人信服地以此种方式历史化时，相关的文本、思想和运动之间的相互联系就可以确立，早期的渊源也可以被识别出来。然而，对于那些当时正经历某场知识变革的人来说，出乎意料的相关影响似乎更能给人带来深刻印象。

我要强调一下，这些作品的作者从人们通常认可的意义来说，并非典型意义上的历史学研究者。他们来自行业的边缘，他们的写作超出了通常的专题性或类似学术研究的惯例，他们甚至可能是其他学科中的历史研究者。每个人心里都有符合上述条件的人。我的答案反映的是我的观点，他们的作品常常是读者最广的。他们为历史研究提供了新的思考方式，思考上也不落俗套。

我首先以影响力降序列举几部作品，这些作品极具想象力的方法论、激进的认识论、主题创新性以及整体的奇特性，使得它们与各自领域内的主流社会史惯例相悖。卡洛·金兹堡（Carlo Ginzburg）在

《奶酪与蛆虫》（*The Cheese and the Worms*）里研究的就是 16 世纪生活在弗留利的一个名为麦诺奇奥（Menocchio）的磨坊主的异端宇宙观。

162　　　雅克·朗西埃（Jacques Rancière）的《劳工之夜：19 世纪法国工人之梦》（*The Nights of Labor：The Worker's Dream in Nineteenth-Century France*）质疑了社会史学家最近围绕激进工匠形象构建的关于无产阶级真实性的设想。沃尔夫冈·施韦尔布希（Wolfgang Schivel-busch）对"铁路旅行"的文化意义进行了深入反思，探讨了它如何影响了 19 世纪对工业化世界中新技术现性的理解。[105]准确来说，这些作品并不是在同一时间产生影响的。金兹堡的书 1976 年于意大利出版，四年以后得以翻译并广为传播。朗西埃作品的 1981 年法文版引起了英语社会学家的广泛探讨，而在 1989 年，作品才得以翻译为英文。《铁路旅行》（*The Railway Journey*）1977 年创作于德国，两年以后在伦敦流传，在以极慢的速度被社会史学家关注之前，这部作品的影响一直是鲜为人知的。[106]这些作品以同样的方式挑战了社会史学家的预设，鼓励对证据、主题的不同解读，同时为历史学家提供了一种有趣的写作策略。

---

[105]　Ginzburg，*The Cheese and the Worms*；Jacques Rancière，*The Nights of Labor：The Workers' Dream in Nineteenth-Century France*（Philadelphia：Temple University Press，1989）；Wolfgang Schivelbusch，*The Railway Journey：Trains and Travel in the Nineteenth Century*（New York：Urizen Books，1979）.

[106]　金兹堡很快在《历史工作坊杂志》（*History Workshop Journal*）任职。参见 Carlo Ginzburg，"Morelli，Freud，and Sherlock Holmes：Clues and Scientific Method，" *History Workshop Journal* 9（spring 1980），5—36；Keith Luria，"The Paradoxical Carlo Ginzburg" and（with Romulo Gandolfo）"Carlo Ginzburg：An Interview，" *Radical History Review* 35（1986），80—111。我记得，我的朋友也是我的合著者大卫·布莱克本（David Blackbourn）在 20 世纪 80 年代早期对沃尔夫冈·施韦尔布希（Schivelbusch）非常感兴趣，参见 David Blackbourn and Geoff Eley，*The Peculiarities of German History：Bourgeois Society and Politics in Nineteenth-Century Germany*（Oxford：Oxford University Press，1984），186，214。关于朗西埃（Rancière），参见 Reid，"The Night of the Proletarians"。

这些历史研究者标新立异、不随主流，他们的背景和所受教育各异，拥有的知识也深浅不同，涉及语言学、艺术批评、戏剧文学理论、哲学和一般文化分析。下面的一些作品则强调了同样的联系，但是在后现代主义的整体框架内加入了更多心理学、人类学还有英国文学研究的观点。本尼迪克特·安德森（Benedict Anderson）的《想象的共同体》（*Imagined Communities*，1983）对于"民族主义的起源和传播"进行了非常有影响力的思考；口述史学家罗纳德·弗雷泽（Ronald Fraser）的《追寻过往》（*In Search of a Past*，1984）回忆了自己 20 世纪 30 年代和 40 年代在英国庄园的童年生活经历；帕特里克·赖特（Patrick Wright）的《生活在一个古老的国度》（*On Living in an Old Country*，1985）则探寻了 20 世纪 80 年代英国对民族过去的重新塑造及其对日常生活的影响；彼得·斯塔利布拉斯（Peter Stallybrass）和阿龙·怀特（Alon White）的《越轨的诗学和政治学》（*The Poetics and Politics of Transgression*，1986）运用米哈伊尔·巴赫金（Mikhail Bakhtin）的"狂欢化"理论，从解读"高雅和低俗"的角度讨论了 17 世纪至 20 世纪资产阶级情感的形成；卡罗琳·斯蒂德曼的《一个好女人的风景》（1986）通过自传和自己母亲的经历质疑了某些英国社会史的主要传统；丹尼斯·赖利（Denise Riley）在《我是叫这个名字吗?》（*Am I That Name?*，1988）中对"女性"（women）这一范畴的历史不确定性进行了深入反思。⑩

163

⑩　Benedict Anderson，*Imagined Communities*：*Refections on the Origin and Spread of Nationalism*（London：Verso，1983）；Ronald Fraser，*In Search of a Past*：*The Manor House*，*Amnersfield*，*1933—1945*（London：Verso，1984）；Patrick Wright，*On Living in an Old Country*：*The National Past in Contemporary Britain*（London：Verso，1985）；Stallybrass and White，*The Politics and Poetics of Transgression*；Carolyn Steedman，*Landscape for a Good Woman*：*A Story of Two Lives*（London：Virago，1986）；Denise Riley，*"Am I That Name?" Feminism and the Category of "Women" in History*（Minneapolis：University of Minnesota Press，1988）.

这些作品都不是出自专业的历史学家之手，一般在高校的历史系从事教学、研究和写作的人才能被称为是获得认可的专业人员。只有一位作者卡罗琳·斯蒂德曼曾接受过专业训练，但她最初从事的是一份中小学教师的工作，最后才在华威大学的艺术教育系任职。而其他声名鹊起的历史学家则有着政治科学（安德森）、文学（弗雷泽、斯塔利布拉斯和怀特）、文化研究（赖特）、哲学（赖利）的学习背景。那些具有全职或者永久学术职位的人有些在政治系任教（安德森），有些执教文化与社区研究（斯塔利布拉斯），有些教授欧洲史（怀特），还有教授艺术教育（斯蒂德曼）。其余的人虽然在不同时期于大学任教，但是主要时间或者说大多数时间都不是在从事学术工作，无论是作为作家和小说家（弗雷泽）、记者（赖特），还是哲学家和诗人（赖利）。他们都是经历丰富的英国人，安德森勉强算是英国人。弗雷泽生于 1930 年，安德森生于 1936 年，他们二人更为年长，但与其余研究者相比，他们的经历有一个共同特点：他们都生于 20 世纪 40 年代末至 50 年代初，受战后福利国家的文化的影响，20 世纪 60 年代至 70 年代的激进主义和随后而来的失望也塑造了他们。

这些作品的框架极其清楚，使得这一时代富有活力的政治与逐渐显现的新的历史学观点紧密相连。20 世纪 70 年代和 80 年代知识政治的所有关键要素绝不会被这一群特定的人和作品完全掌握。他们以欧洲为中心，显然无法跟上同时期发生在关于民族、种族、殖民主义和帝国这类问题思考上的巨大变化（本章前面所述）。一份不同的清单可以很容易地从爱德华·萨义德 1978 年的作品《东方主

义》和 1981 年的最早的多卷庶民研究著作开始。随后是伯明翰当代
文化研究中心 1982 年的集体作品《帝国反击战》，保罗·吉尔罗伊
1987 年的《英国的国旗下没有黑人》(*There Ain't No Black in the
Union Jack*)，佳亚特里·查克拉沃蒂·斯皮瓦克 (Gayatri C. Spiv-
ak)、霍米·巴巴和斯图亚特·霍尔的文章，以及詹姆斯·斯科特
1985 年的《弱者的武器》(*Weapons of the Weak*)。萨义德 1993 年
的《文化与帝国主义》则是巅峰之作。[108]但是我已经强调过，这些不
同尝试的影响力直到后来（20 世纪 90 年代而非 80 年代）才在可比
较的历史作品中开始具体化。另外，其中的论点和我个人喜爱的那
些书相比，历史基础并不深厚。[109]对于主要研究英国和西欧的历史研
究者而言，它们的影响需要假以时日才能成熟。

　　我喜爱的这些作品，除了都属于边缘作品，还有什么其他的共
同点吗？其一，它们都不符合历史学家传统的写作方式，如学术研
究专著或总体概述。它们都在方法和形式上进行了实验。有些作品
是随笔性质，讲述顺序或粗略重叠（如安德森、赖利、斯塔利布拉

---

[108]　Said，*Orientalism*；Guha，*Subaltern Studies I*；Center for Contemporary Cultural Studies，*The Empire Strikes Back*；Paul Gilroy，*"There Ain't No Black in the Union Jack"*：*The Cultural Politics of Race and Nation*（London：Hutchinson，1987）；Spivak，"Can the Subaltern Speak?"；Homi Bhabha，"The Other Question：The Sterotype and Colonial Discourse，" *Screen* 24（1983），18—36；Hall，"Race，Articulation，and Societies，" "Whites of Their Eyes," and "Gramsci's Relevance"；James C. Scott，*Weapons of the Weak*：*Everyday Forms of Peasant Resistance*（New Haven：Yale University Press，1985）and *Domination and the Arts of Resistance*：*Hidden Transcripts*（New Haven：Yale University Press，1990）；Said，*Culture and Imperialism*.

[109]　有关早期更为翔实可靠的历史记载，特别参见 Stoler，*Carnal Knowledge* and *Race and the Education of Desire*；Catherine Hall，*White*，*Male*，*and Middle-Class*：*Explorations in Feminism and History*（Cambridge：Polity Press，1992）；Anne McClintock，*Imperial Leather*：*Race*，*Gender*，*and Sexuality in the Colonial Conquest*（New York：Routledge，1995）。重要的是，从学科意义上来说，以上三位都不是历史学家：斯托勒是人类学家，麦克林托克是文学学者，霍尔在 1998 年以前是文化研究和社会学领域的历史学家。

斯和怀特），或以相互关联的小品文集呈现（如赖特）。其他人——
特别是弗雷泽和斯蒂德曼——在写作策略和文学方式上的激进尝试，
对我们的期望来说是极大的挑战。他们在解释历史作品的构架中加
入了心理学分析，用斯蒂德曼的话说，就是在"解释"中加入了
"故事"。[110]它们都背离了我们所熟悉的证据规则。这些作品也不依赖
专业史学家通常强调的严格意义上的档案；当专业史学家在他们的
职业生涯早期写论文，还有处于学科成就和威望的等级中时，做一名
"档案学者"是必要的入场券。杰弗里·埃尔顿（Geoffrey Elton）在
《历史学的实践》（*The Practice of History*）中坚持传统和狭隘的档案研
究的首要地位。[111]显然，以上这些作品都没有符合他这本书的要求。

　　这些作者对档案型学术没有任何鄙视的意思。斯蒂德曼曾经字
字珠玑地表达过对于依据档案写作的看法，认为实际在布满灰尘的
档案中进行研究不仅具有挑战性而且令人愉悦。[112]这些作品不是要求
专业历史研究人员放弃档案使命或相沿成习的档案研究的规程，而

---

　　[110]　严格来说，斯蒂德曼的书可以分为三个部分："故事"是单独的一章，显示了总
体方法；"放逐"是案例研究所用的，关于作者父母的两章传记类材料（或者说故事）；
"解释"包含了五项历史思考（"生活在法律之外"、"拒绝和再造"、"童年"、"放逐"和
"历史"）。

　　[111]　奇怪的是，埃尔顿相信，那些有抱负的历史学家在档案中可以毫无掩饰。参见
Geoffrey R. Elton，*The Practice of History*（London：Fontana，1967）；另参见他后来对语
言学的猛烈抨击，*Return to Essentials：Some Refections on the Present State of Historical
Study*（Cambridge：Cambridge University Press，1991）。确认历史学家的学徒身份完全是
另外一回事。参见 Carolyn Steedman，"History and Autobiography，" in *Past Tenses：
Essays on Writing，Autobiography，and History*（London：Rivers Oram Press，1992），
45—46："作为一个历史学家，我从事的教育和社会化让我坚信，如果没有花费3年的时
间进行研究（至少3年），没有踏上一列列历史列车，打开一卷卷档案卷记录，在破旧小旅
馆沉思过，那就无权声称过去发生了什么事情。这就是我深爱的历史学实践的匠艺浪漫。"
我同意她的说法。

　　[112]　参见 Carolyn Steedman，*Dust：The Archive and Cultural History*（New Bruns-
wick，N. J.：Rutgers University Press，2002），特别是第4章，"The Space of Memory：In
an Archive"（66—88）。

是要以想象力拓宽这些规程的可能性。这在一定程度上涉及认识到
传统档案所不包含的东西。实际上，现存档案并不完全是保存传统
意义上的"客观"立场所认为的将过去全部记录的中立储存库，它
既无法保存整个历史，也无法提供从一个消逝的时代传来的直接信
息。相反，档案是极其片面和偶然的事物。无论是在国家级的官方
档案保管处（比如国家档案馆、公共档案局），还是机构记录的保管
处，甚至是私人的收藏，档案都是按习惯或者选择的项目整理的，
特定类型的文件得到优先整理，其他类型的文件则被舍弃或改变。
通过档案，过去被破坏和损毁的程度不亚于被保存的程度。

> 档案由甄选的历史文件组成，也包含了一些不完整的、意
> 外保存的资料碎片……档案有的被编入索引、分类，有的则没
> 有，有的在这一过程遗失。但是，作为材料，它只是静静地躺
> 在那里，直到被阅读、使用和叙述。[113]

所以，传统的档案是不全面的、有选择性的，同时也是静态的、
有惰性的。这种双重洞见颠覆了传统主义者关于档案在古典客观主
义意义上的主权的假设。在 20 世纪 80 年代至 90 年代早期，这给专
业历史学研究者想象中的知识图景的组织原则和常规规则带来了无
尽烦恼。一方面，档案的文献内容，也就是过去的客观记录，如果
没有历史学家去研究的话，就一文不值。文献如果没有人去使用，
不为人所知，也就无法充当某种假设性理解的保卫者，成为已建立

[165]

---

[113] Steedman，*Dust*，68.

的历史叙述的隐秘见证。另一方面，档案也有自己的故事，这些故事发生于它们被创造、整理和制作的过程中。档案工作者既是档案的作者，也是档案的保存者。文件如何编入档案——由谁选择，如何组织，怎样保管，如何使用——是一个同样复杂的问题，其所需的解构技巧不亚于著书写作。需要运用所有的后结构主义规定，包括文本的不稳定性、作者身份的复杂性、文本呈现的偶然性等。

166　　　此论点的下一步也十分重要，因为我们现在不仅可以在具体的独立机构空间找到"档案"。以前这些空间有个建筑物的名字，可以找到大量文件。在福柯的观点被接纳以后，档案也发挥隐喻的作用。在最抽象的层面上，它无限指代可知世界的证据性基础。此外，它指引我们获得认识世界的过程和技巧所需的所有材料，使其变得可把握或可简化。就福柯而言，这一方法始于对监狱、避难所、医院和普通"事物秩序"的研究，进而发展到关于"治理性"（governmentality）的重要命题。"治理性"是各国为治理人民而发展出的一系列实践方式。

　　　如果我们不再把档案看作存放文件的地方，而是从更广阔的过程去看，把它看作识别并产生各类文件的过程——包括制度、政治、社会、文化甚至认识论的过程，我们会发现一些更有趣的可能性。在由此产生的监控技术中，统计知识和分类过程变得尤其重要，跟19世纪晚期出现的学科融合趋势一样重要。这一论点可以运用到警务、学校教育和社会管理等制度领域，也可以进一步发展到专业和公共领域的中间空间；进而扩展到公共社会的基础。文学、艺术、大众文化的想象领域也可能包含在内。现代意义上的"社会的"（the social）或

"社会"（society）就是在所有由此产生的历史中发明出来的。

如果我们把档案看作是为对一个可理解和可控制的世界的渴望所留下的痕迹（或者甚至是一个国家"将世界及其知识有序化为一个统一领域"的追求所留下的痕迹），[114]那么某一特定主题和问题的档案形式就具有更加广阔的可能性。即使是从实用角度把它简单看作存放文件的地方，它在形式上也有很大差异性。可能包含"影音图书馆，或者集邮处，抑或存放口述史访谈记录的橱柜"，还有老式保存登记的方式。[115]但是，我们对于可以算作重要或合法的资料的定义要更为宽泛。

不久之前，专业人士保存口述史的方式还陷于泥潭，因为口述证词不符合传统理解的档案完整性的证据标准。但与此同时，定义了我之前所说的档案主权的认识论界限已被决定性地打破。这一过程始于《奶酪与蛆虫》，通过《马丁·盖尔归来》以及娜塔莉·戴维斯（Natalie Davis）后来的《档案中的虚构》（*Fiction in the Archives*）继续发展，最终很快发展为如今方法论上的自由时代。[116]

对于传统档案客观性的质疑以及对合格资料来源的拓展是20世纪80年代以来历史学家获得的两大决定性成果。两者紧密相连：能够确认官方保存记录的创造性和选择性或者是其必要任意性，使得从其他地方寻找研究的档案基础变得更加容易。拉斐尔·塞缪尔的《记忆的剧场》（本章前文曾提及）曾关注过这种潜在素材来源扩大的现象。历史学家的研究方向扩大，研究各类主题的障碍也会被扫

167

---

[114] Thomas Richards, *The Imperial Archive*: *Knowledge and the Fantasy of Empire* (London: Verso, 1993), 11.

[115] Steedman, *Dust*, 81.

[116] 进一步了解，参见 Natalie Zemon Davis, *Women on the Margins*: *Three Seventeenth-Century Lives* (Cambridge: Harvard University Press, 1995); *Slaves on Screen*: *Film and Historical Vision* (Cambridge: Harvard University Press, 2000)。

清，那么在资料搜集时就需要大量的创造性资料。同时在解读材料时也需要一种巧妙而富有创新性的方法。

因此，历史学家现在可研究的主题林林总总：时尚、购物以及所有关于风格、品位和消费的方方面面；艺术摄影、图像研究和视觉艺术；建筑、风景和环境；饮品、食物和烟类；音乐、舞蹈和大众娱乐；社会性别史，且越来越关注男性气质或男性视角；性史的各方面；旅游与旅游业；服饰、家具、玩具和其他实用或娱乐的商品；收藏和博物馆；爱好与热情；神秘学；心理学、心理病学和其他各类医学实践；身体史；情感史。大多数这些主题都与其他学科有联系。反过来，在过去二十多年，人类学、文学、艺术史、电影研究以及文学研究的学者大量转向历史研究。当然，他们的研究是将自己的视角历史化，他们构建自己档案的方式不一定获得历史学家的认同。

168
主观要素

我所列的关键作品几乎没有以详细或扎实的方式包括当今的多样化主题，但它们向我们提出了挑战，让我们从不同的角度思考历史。它们会让我们已构建的关于社会、政治还有知识的历史研究被打破并重构。它们使去中心化成为可能。这些书籍同样也涉及大量共同利益。本尼迪克特·安德森和彼得·赖特就将关注中心放到了民族文化的复杂性上，其他作者也是如此，只是更为间接。现代政治认同的术语组成了相似的共同线索，但是只有部分作者明确地处理了现代性本身这一范畴。然而，最重要的是，这六部作品都共同致力于意义的历史（a history of meaning），聚焦于政治主体性问题。这在很多方面标志着从社会史向文化史的过渡。

首先，最明显的是，这种朝向主体性的转向带来了传记研究的复苏。个人传记的写作是 20 世纪 60 年代至 70 年代社会史兴起过程中的最早牺牲品之一。社会史学家拒绝将传记研究方法当作该学科中一切需要现代化的典型，他们有诸多理由将传记看作旧式蒙昧政治史家的传统主义，或者是外行无足轻重的零碎记录。相比之下，对各种结构化或者广泛语境化的唯物主义分析的追求，成为衡量学术严谨性的一个重要指标。但是 20 世纪 80 年代的时候，以女权主义学者为首的一些历史学家开始重新审视自己的立场，不再把传记视为简化的生平叙述，而是认可了其复杂性。个人生活被重新看待，其中包含了可以激发社会史学家兴趣的复杂文本，需要大量不同的理论和技术。通过追踪特定的生活，可以发现复杂而多样化的影响力量的交汇点，从而可以通过个人性和特殊性来聚焦于普遍性和抽象性。由此产生的史学形式可能是全面的传记，也可能是传记占有一席之地的更加广泛的分析。个人生活成为微观史可以探索的方面。[117]

169

---

[117]　与其将这个新研究领域称为传统意义上的"传记"，不如把重点放在将人物生活视为复杂而片段化的文本，这些文本的解读需要放置在丰富多样的背景中。关于这种观点的精彩反思，请参见 Kali Israel，*Names and Stories*：*Emilia Dilke and Victorian Culture* (New York：Oxford University Press，1999)。三个"非传记"的代表作则是莫朗茨-桑切斯（Morantz-Sanchez）的《一个妇女不得体的行为：世纪之交发生在布鲁克林的药物试验》（*Conduct Unbecoming a Woman*：*Medicine on Trial in Turn-of-the-Century Brooklyn*. New York：Oxford University Press，1999)、卡罗琳·斯蒂德曼（Carolyn Steedman）的《童年、文化和英国的阶级：玛格丽特·麦克米伦，1860—1931》（*Child-hood*，*Culture*，*and Class in Britain*：*Margaret McMillan*，1860—1931. London：Virago，1990)、伊斯雷尔（Israel）的《名字和故事》（*Names and Stories*)。更多的反思，参见 Carolyn Steedman，"Forms of History，Histories of Form，" in *Past Tenses*，159—70；Steedman，*Dust*，149—50；Luisa Passerini，"Transforming Biography：From the Claim of Objectivity to Intersubjective Plurality，" *Rethinking History* 4 (2000)，413—16.

其次，20 世纪 80 年代开始的文化主义耗尽了现有的意识形态理论。我的个人观点是从 20 世纪 70 年代的马克思主义辩论开始的。当时历史学家面对长期的理论批判，长期使用的"基础和上层建筑"隐喻崩塌。批判始于路易·阿尔都塞的观点，很快转向对安东尼奥·葛兰西思想的深入研究，并且开始直面女权主义的挑战。为摆脱 20 世纪 70 年代末的僵局，英国马克思主义者纷纷转向福柯、精神分析理论和文化研究，而许多女权主义者则努力研究性与性别主体性方面的理论。[⑱]直到那时，大多数的社会史学家倾向于通过强制与同意或统治与反抗的矛盾来研究意识形态，从阶级分析的角度探讨民众的遵从与反抗。但是，在新的辩论的冲击之下，一向被认可的关于阶级经验和阶级意识的唯物主义范式开始土崩瓦解。到 20 世纪 80 年代中期，关于压迫和剥削转化成集体行动的可能性，社会史学家也不再笃信。相反，他们开始强调阶级生活的矛盾意义。无论是探索个体的矛盾性，还是理解"依附、父权制和顺从等模式如何在更广泛的社会其他背景下再现的"，关于阶级关系和阶级意识的经典马克思主义因果关系都不再适用。[⑲]其他探索主体性的方式也应运而生。

第三，转向主体性是伴随着 20 世纪 60 年代末和 70 年代初的"个人即政治"（the personal is political）这一原初女权主义格言而发生的。在某种程度上，这反映了女性历史研究最新阶段所关注的一个最基础的问题，即家庭、家庭生活、个人生活和政治的公共世

---

　　⑱　参见我具体的评论，见于 Geoff Eley, "Is All the World a Text? From Social History to the History of Society Two Decades Later," in Terrence J. McDonald, ed., *The Historic Turn in the Human Sciences* (Ann Arbor: University of Michigan Press, 1996), 193—243。

　　⑲　引自 Olivia Harris, "Of All His Exploring," *History Workshop Journal* 20 (autumn 1985), 176 (a review of Ronald Fraser's *In Search of a Past*)。

界之间的关系。如果说，女性被边缘化于政治权力之外使得女性历史学家想在其他方面发现女性声音，比如家庭、子女教育、宗教、消费娱乐、日常生活的细节等，那么个人和政治的联系是这些作品现在的出发点。个人主体性是如何与更大范围内的政治认同和忠诚，譬如民族和阶级，联系起来的呢？这是一个双向可能性的方式，个人可能由此会受到约束和禁锢，但也可能获得能力或得到自由。我们也许可以从自己的生活经历创造身份，也可以通过与不平等和差异等具体的社会现实的亲密接触来塑造主体能动性。但是，我们只能通过体验和适应其他地方编写的"剧本"带来的结果，才能做到这一点。

第四，精神分析对这些问题的理论化产生了至关重要的影响。20 世纪 80 年代时，在讨论初期，蒂莫西·阿什普朗特（Timothy Ashplant）就总结过讨论的出发点："有两点尤为突出：精神分析研究下的内在精神领域和历史研究下的外部世界之间的关系，还有就是语言在调节这两个研究焦点时的作用。"[120]当然，虽然精神分析对语言的肯定和批判得到了支持，但在解构之下，语言分析本身仍然因面临"解释危机"（crisis of interpretation）而问题重重。[121]尽管出现了越来越复杂的情况，精神分析还是有望为解决社会史中的持久问题提供策略。它弥补了个人主体性理论的缺失，这是马克思主义理论或者其他唯物主义社会学无法解决的问题。它认识到社会和政治运动背后的情感驱动力和阻力。最重要的是，它认识到原始事件

---

[120]　Timothy G. Ashplant，"Fantasy，Narrative，Event：Psychoanalysis and History，" *History Workshop Journal* 23（spring 1987），168.

[121]　这点由杰奎琳·罗斯（Jacqueline Rose）提出，见于 "A Comment，" *History Workshop Journal* 28（autumn 1989），152。

和由此产生的环境或者说假定结果之间的关系是复杂的和不透明的。强调"不确定性"以及记忆与遗忘的相关辩证法削弱了社会史学家关于因果关系的假设。这一点在弗雷泽、斯蒂德曼和赖利的书中表现得尤为明显。⑫

第五，承认原始事件关系的复杂性，这扩大了历史学家自身问题所起到的刺激作用，以及其立场在提问时的相关性。这使得历史学家进入自己的文本并强调自己当下的观点。

171　　　　在开始建构历史之前，作者要做两件事，以时间为顺序，做两次移动。首先，我们需要从当下开始往过去探索，为的是可以评价过去的事物，找寻其中的意义。当过去的事件和实体都以这种方式赋予意义时，我们就可以沿着之前探索的路径，往后探索，然后书写历史。⑬

这称不上更早的、20 世纪 60 年代直接政治化意义上的"现在主义"（presentism），当时的宣传标语是"可用的过去"，将在道德方面寻求"相关性"作为想要站在左翼立场的历史学家的伦理前提。

---

⑫　要了解对精神分析理论的新兴趣，以及它作为新文化史的一个载体，同时与 30 年前社会史浪潮高峰时期所能提出的问题形成鲜明对比，可以参见撒乌·耳博（Saul Dubow）和杰奎琳·罗斯合著的《沃尔夫萨驰的黑色哈姆雷特》的最新版本（Wulf Sachs's *Black Hamlet*. Baltimore：Johns Hopkins University Press，1996；orig. pub. 1937）。这本书是 1933—35 年间，来自南非的犹太裔心理学家萨驰（Wulf Sachs）遇到了 1927 年到达约翰内斯堡的占卜医师查瓦法比拉的记录。两人交流了不同的药物经历，而且还预测了力量和位置造成的差异。萨驰的话可以作为社会文化文本。在书的序言中，耳博和罗斯描述了一种"社会认同构造之中的现代读者身份，知识和力量之间的关系，精神分析、文学、历史思考之间的互动"（x—xi）。这种读者身份直到最近才被提出。这是 20 世纪 80 年代以后时代的艺术品。

⑬　Steedman，*Landscape*，21.

当然，当遇到原始且未经调和的历史时，它引发了一定程度的自我反思，包括诚实开放地面对自己的立场，承认问题出现的基础是暂时的和不断变化的。这种视角主义并非史无前例，在史学评论经典著作里就有预示。但是自20世纪80年代以来，与之前任何时间相比，越来越多的历史学家愈发意识到其力量，也难免遇到它带来的实践和理论困境。在一些历史系，它甚至如空气一般重要。

最后，在所有这些变革中，女权主义十分重要。主要的社会史学家还没有注意到70年代女性史的开创性，他们正忙于倡导反映他们主张和危机的经典宣言。但是，80年代的女权主义史学家不可避免地站在文化转向的前沿。这是全新的事情。在此之前，女性史一直是边缘化的一个领域，被称为"隔离区"（separate spheres），而且附属于家庭史研究，即使是像路易斯·蒂利和琼·斯科特的《妇女，工作和家庭》这样公开的女权主义综合著作也没有打破局限。对于研究劳工史、家庭史或特定类型的社会改革的人而言，女权主义批判是很难忽视的；除此以外还有女性史（无论是集体的，还是个人的）。但是，一旦女权主义者坚持把性别当作人类交互活动中可以被安全地搁置一隅的一个维度，情况就会发生决定性的改变。人们开始意识到，如果性差异以可变和偶然的方式存在，以可争议以及稳定和正常化的方式呈现，总是涉及权力差异，且与社会、文化和政治生活的各个方面都有相关性，那么女权主义的挑战就不再那么容易被遏制了。

172

卡罗琳·斯蒂德曼

从很多方面看，卡罗琳·斯蒂德曼（生于1947年）都可以作为我所谈论过的 20 世纪 60 年代至今的种种变化的代表人物。她的学术生涯起步于 20 世纪 60 年代后期的后汤普森式社会史研究，1965—1968 年，她在苏萨克斯大学本科学习，随后在剑桥大学获得博士学位，博士论文是《1856—1880 年英国地方警察力量的形成》（The Formation of English Provincial Police Forces，1856—1880），1984 年出版时改名为《维多利亚时期社区治安》（Policing the Victorian Community）。⑭ 随着《一个好女人的风景》和其他作品的面世，她逐渐成为文化史学的领军人物。⑮ 我提过，她的史学研究是在史学界之外进行的。虽然她在 1984 年加入了《历史工作坊杂志》的编辑团队，并逐渐接触女性史学家、女权主义教育者和历史工作坊成员的圈子，但她与大学历史系并无联系。1974—1981 年，斯蒂德曼的工作是小学老师，她在伦敦教育学院在一个双语早教研究项

---

⑭　Carolyn Steedman, *Policing the Victorian Community：The Formation of English Provincial Police Forces，1856—80*（London：Routledge，1984）.

⑮　《风景》出版于 1986 年，在此之前的《干净的屋子：小女孩写作》（*The Tidy House：Little Girls Writing*. London：Virago，1982）获得了 1983 年福西特协会书奖（Fawcett Society Book Prize）；由卡罗琳·斯蒂德曼（Carolyn Steedman）、凯茜·厄温（Cathy Urwin）、瓦莱丽·沃克丁（Valerie Walkerdine）编辑的《语言、性别和童年》（*Language，Gender，and Childhood*. London：Routledge and Kegan Paul，1985），这部作品源于第十四届历史研讨会的"语言和学习"班，该次语言班主题为"语言和历史"，1980 年在布赖顿举行。在此之后的作品有《来自激进的士兵的故事：约翰·皮尔曼，1819—1908》（*The Radical Soldier's Tale：John Pearman，1819—1908*. London：Routledge，1988）；《童年，文化和阶级》（Childhood，Culture，and Class）；《过去时》（Past Tenses）。《语言、性别和童年》（The Language，Gender，and Childhood）文集对于本章的影响体现在两方面。一方面，第十四届历史研讨会举办的初衷很大程度上是调和之前一次研讨会的分歧（之前一次在 1979 年 11 月于牛津举办）。正如三位编者所说：与研讨会相比，后者"更像是一个分水岭"。他们解释说："传统的人和工人的写作与来自欧洲社会主义新的素材在这里相遇，在沃尔顿街不常用的教堂中，冲突爆发。左派的大人物以专横的男性气势挑起战争，而当时的女性只能挺身而出说，除了参与辩论的形式和修辞，其余时候她们只能保持沉默。"（第 7 页）（关于第十三届历史研讨会，参见上文注 12）。另一方面，八位投稿者的加入再一次证明，20 世纪 80 年代创新性的历史作品都是来自非历史专业人士：其中一人来自历史学科，一人来自英语专业，一人来自儿童互利和成长，两人来自教育，三人来自文化研究。同时，现在有三人已经获得了历史学教授的职称。

目上花了两年时间；1984 年，她在华威大学担任艺术教育的教职。有十年的时间，她一直以历史学家的身份从事研究和著述，获得了广泛的国际关注，然而与自己任教的大学内的历史系却没有任何联系。直到 1994 年，她才获得了历史系的个人教席。换言之，她并不像英国这一代的女权主义史学家，她完全是在历史学科这一制度化和专业化的领域之外，发展成为一名杰出的历史学家的。⑫

《一个好女人的风景》一书奠定了卡罗琳·斯蒂德曼作为历史学家的重要地位。迄今为止，此书已经广为引用和评述，参与讨论的不仅仅有历史学家，还有研究文学、人类学、女性研究和性别研究的学者们，几乎覆盖了文化研究的整个范围。这本书吸引了众多对如下主题感兴趣的读者：自传历史和写作形式；阶级和童年的历史；女性（或男性）生活的文化书写；1945 年后社会福利和改善的历史；老左派的历史想象；未被书写的关于欲望、嫉妒和渴望的历史；或是 18 世纪以来关于自我和主体性方面历史书写的巨大复杂性。同时，《一个好女人的风景》还是一部高度个性化并颇具特点的著作。对于作者卡罗琳·斯蒂德曼来说，创作这本书是一个特殊的学习过程，在此过程中，许多重大问题得到了解决，不过更多是认识论层面而非我们可能认为的治疗意义上。总之，斯蒂德曼感兴趣的是，阐明历史和我们讲述的其他类型故事间的区别。

本书前两章讲述了 E. P. 汤普森和蒂姆·梅森的事迹，相较而言，我更关注卡罗琳·斯蒂德曼的一点是，她的书是自传体。阅读

---

　　⑫　1992 年秋，她在密歇根大学历史系任教。1993 年，她获得了华威大学社会史研究中心的准教授职位，该中心由爱德华·汤普森于 1965 年创立，但在 1998 年关闭。

她的书在我经历我所描述的知识转变过程时起了关键作用。其实如果是我讲述故事，与她的故事也会具有相似性。例如，我和斯蒂德曼一样，都属于受到汤普森《英国工人阶级的形成》影响的一代人。也许，我也同样会描绘相似的旅程，穿越战后表面上风平浪静但实际上令人沮丧的社会和文化的景象，展现其中迁移与边缘性、认可与拒斥的谱系。不仅如此，我也是福利国家的孩子。从一定程度上来说，这本书对于英国童年的描述正反映了我的童年生活。当然，有些方面我们又是截然不同。最明显的一点是，我不是个女孩子。也正是通过这一特殊的差异，斯蒂德曼提出一系列独特而深入的论点，探讨了阶级劣势和向上追求的性别化叙事。在这之中，她塑造了一种关于受损的大众民主的"反—反向叙事"，旨在故意反驳汤普森关于男性劳工运动的反对性反向叙事——汤姆森在《英国工人阶级的形成》中曾掷地有声地提出这一点。正是因为斯蒂德曼最终选择推翻它，而不仅仅是撼动后者的稳定性或只是引用后者，她的批判才会产生如此意义深远的影响。并且，我选择斯蒂德曼的书恰恰是因为它的性别立场：20 世纪 80 年代，女权主义者们的挑战，对社会史中既有的唯物主义观点最具冲击性，至今也仍是如此。

斯蒂德曼的书通过讲述母亲和自己的故事，对我们关于现代英国史的一些主要设想提出了挑战。她在反对一些历史书写的主要方式——不仅包括特定主题的历史演示（如童年、母性或阶级），也包括传统上将历史叙述堆积在一起的过程。从形式结构的角度看，她的书违背了所有规则。它游离在 19 世纪和 20 世纪的不同时间段，在史书与小说、历史与精神分析、个人与政治、个人主体性和文化中占主导地位的叙事之间不断切换，其中的文化叙事可以涉及历史学或政治，宏大理论或文化信仰，精神分析或女权主义。我在这里不想过多叙述书中许多特定论点，但还是想强调四个具体特征。

首先，这本书极大地解放了个体的声音。这是由于它采取的自由形式对线性叙事予以否定；它在斯蒂德曼个人的历史、撰写这一历史所需要的渊博的知识储备，以及可能会轻易将其意义固定下来的宏大理论和历史决定论之间来回游移。在方法上，斯蒂德曼汇集了一个案例史，给我们呈现了她称之为"构成心理自我的零碎片段"。[127]在历史学家中，她对个人声音的运用是很独特的。对于左派来说，它尤其引起了共鸣。这本书给了人们时间和空间去反思我曾经历过的一个时代，这个时代充斥着大量的不确定性和失望透顶的情绪，这一失望所针对的既是我们用来解释这个世界的社会史模式，又与我们改变这个世界所采取的政治手段紧密相关。正如我在这本书中所论说的，这两种乐观主义一直是相伴相随的。

其次，令人失望的是宏大叙事的崩溃，或者说是现存的宏大叙事的无能为力，它们无法捕捉当代社会变迁的方向或过去历史经验的多样性。在这方面，斯蒂德曼提供了一个与我们已知的叙述截然不同且令人不安的历史。她讲述了一个工人阶级生活的故事，这个故事与社会主义、战后的机会民主和工人阶级文化的团结等"剧本"格格不入，并且不易与我们熟悉的社会史与文化研究框架相协调。175斯蒂德曼的故事讲述的是，一个不想当母亲的母亲，一个没有父亲的父权制以及各种形式的渴望、欲望、嫉妒和排斥，这些是超出了

---

[127]　Steedman，*Landscape*，7.

阶级和性别意识可以接受程度的。更重要的是，它是关于历史学家的无能和不情愿——为处理个人渴望而开发一门新的语言。它是有关她所说的"边缘生活……文化的核心解释手段对其并不完全适用"。[128]

第三，这本书在聚焦于一个修辞上"个人化"的自我的同时，也不断改变涉及"大图景"（big picture）的术语。在对案例史的价值作出论证时——也许是微观史的一个版本——她仍然致力于最大型的有关社会持久性和变革的宏大观念，致力于关于现代主体性的一些抽象概念，致力于资本主义及其社会关系的最大总体框架。她拒绝只专注于个人经验和生活的经验细节，而选择人类历史更大规模的问题（这本书开始的时候，讨论了 E. P. 汤普森和蒂姆·梅森）。一方面，斯蒂德曼专注于那些历史和文化与主体性的相遇之处，以探索这种遭遇如何转化成自我意识。另一方面，她展示了既定社会和文化环境将某种类型的自我归于边缘的能力。通过向我们展示"经验和自我具有的碎片化与矛盾的本质"，斯蒂德曼的案例研究暴露了"当理论和阶级意识没有融入个体的需求——尤其是女性的需求时，理论和阶级意识的不稳定性"。[129]

第四，《一个好女人的风景》包含了一种学科意义上的关于"历史"的沉思，历史是一种思想实践，一种带有材料的和规则的探究方式，一种认知过程，一种写作体裁。这一定程度上是我已经讨论过的"档案"问题，涉及历史通过"诉诸证据"赋予"讲故事的人""巨大的权威"。正如斯蒂曼德所说，"乐趣在于塑造情节，依据的是

---

[128]　Steedman，*Landscape*，5.

[129]　Mary Chamberlain，"Days of Future Past，"*New Socialist*，April 1986，43.

文献禁止或授权的内容，但文献本身并未包含情节。"⑬不过，斯蒂德曼也质疑了是什么将历史与其他文学或叙事形式的写作类型（包括信件和日记、小说、自传和弗洛伊德式案例研究）区别开来。它到底允许什么，阻碍或否定什么？她的回答将历史解释为建立在时间性基础之上的认知模式，历史叙事是按照"时间和因果联系"来安排。它依靠"基本的历史性"（basic historicity），其中包含着"年代学和时间的知识"。⑬

176

这个主张还有两个额外的论点。一个是有关"真实情况"的无限和令人难以企及的丰富性，或过去在理论上包含的一切的抽象普遍性，这种整体性是历史学家永远无法完全恢复的。

> 看来，如果没有作者和读者的假设，历史就不可能完成认知或叙述的任务……即有个伟大的故事，包含存在过或正在存在的一切——"回家、心脏跳动、初吻，电子从一个轨道跳跃到另一个轨道"以及荒无人烟的战场、遭到毁灭的乡村——你眼前的更小的故事都是从这个伟大的故事提取出来的。⑬

由这种相同的不确定性，产生了历史书写的开放性和不稳定性的争论。与那些声称完整的故事（例如，自传或小说）不一样，历史书写基于"对暂时性和无常性的认知"。历史探询是"围绕在这样一个理解进行构建的，即事情还未结束，故事不会结束：没有结

---

⑬ Steedman，"History and Autobiography," 47.
⑬ Steedman，"History and Autobiography," 50.
⑬ Steedman，introduction to *Past Tenses*，10.

尾"。人们尽管渴望详尽无遗和最终定论，也总是能找到新的证据和论点，总是能有新的解释或描述。因此，历史允许变化。事实上，历史内在便蕴含着变化的**观念**："讲述生命故事是对站在那里讲故事的那个自我的**确认**。而另一方面，历史可能提供了否定它的机会。"⑬

在《一个好女人的风景》出版后的二十年中，斯蒂德曼继续探索着这些主题，特别是在她一贯关注的现代童年观念史上，或者更确切地说，在关注这一观念所发挥的认识论功能上。这项工作与关于历史的观念联系紧密。斯蒂德曼表示，在 19 世纪，将一个人的童年看作"埋葬起来的过去，存在于我们的心中，但是再也不会拥有"的时期，这与公认的现代观念一致，即历史可以通过汇编成档案的文件来书写。这种同源性甚至在历史学科日益形成其自身独特机制177 的情况下仍旧不曾改变："这种对个体人类主体的理解在 19 世纪通过各种形式的写作形式得到审视和表达，从科学论著到低俗小说，但正是所谓'生长研究'（本世纪中期某种被普及化了的生理学知识）将对人类内在性（拥有内在的空间，即内在性）的新的表述纳入文化议程之中的。"这种对自身的理解——对人类主体性及其内在的构成方式、发展坐标和被经验所掩盖的理解——都需要考古学形式的复兴——在现代童年观念与思考社会和政治身份之间构建一个

---

⑬ Steedman，"History and Autobiography，"48—49. 参见 Carolyn Steedman，"Culture，Cultural Studies，and the Historians，"in Grossberg，Nelson，and Treichler，*Cultural Studies*，614："这就是说，历史是最不具有持久性的书写形式：它的叙述只能持续一段时间。历史工作的实践，揭露新事实，使历史学家对过去事件的无数细节进行无休止的重新编排，日复一日地执行这种不稳定的叙述行为。当然，这个书写的历史当然可以达到叙述性的休止——出于出版商和论文的原因；但这只是形式上的休止。书写的历史不久就重新加入——不得不重新加入——一种没有终点的认知形式的持续不懈的重复节拍"；"书写的历史不仅仅是关于时间，不仅仅是描绘时间，将时间作为它的背景；相反，它将时间嵌入其叙事结构。"

相关联的领域。它提供了一个"富有想象力的结构"，允许个体探索他们自我的来源，同时将所形成的描述和见解与更大的社会世界相连接，从而应用到公共事务的世界。[134]

这种理解童年的方式，即"对自我而言类比和意义的映射"，将实际的儿童同时放置到社会世界的象征性景观中，这不仅为反思个体当前所嵌入的过去性（常识和日常意义上的"历史"）提供了一个模板，还更普遍地代表了19世纪关于自我之起源的不断演变的观念。[135]整个过程中，正如反复出现的关于"卖田芥的小女孩"的隐喻所展现的那样，斯蒂德曼对于儿童的现实世界并不太感兴趣，更关注的是儿童在资本主义西方的社会思想、道德哲学和政治理论中的地位。[136]从卢梭到弗洛伊德，儿童的形象成为努力想象美好社会的象征，也成为我们如何思考塑造或改变社会世界的可能性的核心组织隐喻，因而也是我们如何思考社会运动的一个核心组织隐喻。关于这个由童年观念所结晶的复杂意义领域，不管是从类比、诠释学还是认识论的角度，都没有任何人比斯蒂德曼写得更精彩。

当考虑她的另一个主题——即现代写作形式与自我塑造及内在性相关概念的关系——时，这一关注点有助于准确地解决与政治主体性相关的那些问题，而那些问题一直困扰着社会史早期的乐观主

---

[134] Steedman, introduction to *Past Tenses*, 11. 其他地方，斯蒂德曼描述了"与人类主体的发展观和发展理念有关的自我的大规模文化转变与时代的新关系"。根据斯蒂德曼的说法，"孩子"（即，真正的孩子和小孩）——体现了在20世纪之交的各种公共形式概念化的理解。斯蒂德曼也认为，"童年状态就是这样，理解为自我的延伸：时间的延伸、未来的延伸、以及个人内在的深度和空间的延伸——描述个人灵魂深处的空间的一种方式；总是一个失落的地方，但同时，总是在那里。"参见 Carolyn Steedman, "*La Théorie qui n'en est pas une*; or, Why Clio Doesn't Care," in Ann-Louise Shapiro, ed., *Feminists Revision History* (New Brunswick, N. J.: Rutgers University Press, 1994), 86, 88。

[135] Steedman, *Childhood, Culture, and Class*, 259.

[136] See Carolyn Steedman, "The Watercress Seller," in *Past Tenses*, 193—202.

义。的确，在过去的三十年中，斯蒂德曼一直回归到现代主体性的
历史，尤其关注各类写作和公共表演形式为自我塑造提供的可能
性。[137]后者不仅包括特定的体裁，如小说、日记、书信、私人抄本、
行为指南类书籍、政治小册子、社会报道、公共平台的讲话、故事、
教育小说、传记、教师指南等，而且还包括一些记录斯蒂德曼巧遇
的特别文本，从约翰·皮尔曼（John Pearman）的自传，《整洁的房
子》（*The Tidy House*）的故事，到一位九岁的旁遮普女孩对故事书
的吟唱。[138]一些由此产生的叙事对于较广大的公共话语而言是卓有成
效的，并且不论好坏，都融入了 20 世纪的左派进步政治纲领之中。[139]
另一些叙事，例如"激进士兵的故事"或"阿玛吉特之歌"，要么未
被主流支配性话语采纳，要么被直接忽视，要么被默默地挪用——
这实际上是一种剽窃之举。

　　正如斯蒂德曼所观察到的那样，这一充满不确定性的、对叙事

---

[137]　她的一篇短文的开篇为她这方面工作提供了简要的介绍："因此，这篇文章涉及
对文学形式的讨论，讨论文学形式在特定历史背景下允许什么，禁止什么。"参见
"Women's Biography and Autobiography：Forms of History，Histories of Form"（in Helen
Carr，ed.，*From My Guy to Sci-Fi*：*Genre and Women's Writing in the Postmodern World*
[London：Pandora，1989]，99）。

[138]　旁遮普女孩，名叫阿马里特（Amarjit），是一名英国出生的九岁女孩。她的家人
最初来自农村旁遮普邦。20 世纪 70 年代后期，斯蒂德曼通过一个特别小组教她阅读和写
作。在前一天，阿马里特带了一本特别的书回家，从文本汲取灵感作了一首曲子。斯蒂德
曼记录了这首歌曲。关于斯蒂德曼对学校的反应以及这个故事更广泛的文学、历史和理论
意义的反思，重要的文章参见" 'Listen，How the Caged Bird Sings'：Amarjit's Song，" in
Steedman，Urwin，and Walkerdine，Language，Gender，and Childhood，137—63，reprin-
ted，in a shortened version，in Steedman，*Past Tenses*，90—108。另参见斯蒂德曼对约
翰·皮尔曼（John Pearman）《回忆录》（*Memoir*）的评论，见于 *The Radical Soldier's
Tale*，1—106。斯蒂德曼在《整洁的房子》（*The Tidy House*）中的故事叙述了 1976 年三
名八岁的工人阶级女孩期望自己过上的生活。除了对孩子的奇思妙想、性别和阶级复杂性
的敏锐解读，这本书还包含了对认知与写作之间关系精彩而深入的反思。

[139]　这是斯蒂德曼的《童年、文化和阶级》（*Childhood，Culture，and Class*）的主题
之一。想要深入研究，参见 Carolyn Steedman，"Fictions of Engagement：Eleanor Marx，
Biographical Space，" in John Stokes，ed.，*Eleanor Marx*（1855—1898）：*Life—Work—
Contacts*（Aldershot：Ashgate，2000），especially 35—39。

进行吸收借鉴的过程同样也适用于历史著作，甚至（或者可能尤其是）包括像汤普森的《英国工人阶级的形成》这样伟大的社会史史诗——斯蒂德曼围绕这部作品提出了一种原创且持异见的典型解读。汤普森的叙述的偏颇之处不仅仅在于女性的缺席或男权主义的阶级观念。斯蒂德曼认为，汤普森更严重的疏忽之处在于，特定的包含感性、性关系和苦难的女性化故事，对于他想要描述的阶级形成过程中的社会关系和政治理论所具有的重要的构成性意义。这个故事——典型的，脚本化的，渗透到感性中，作为意识形态进行话语阐述——是被想象为公民的工人阶级的集体能动性的前提条件。对于这种说法，斯蒂尔曼不仅利用自己对主体性历史的观点以及主体性历史与 18 世纪不断发展的内在性的联系，而且还借鉴更广泛的历史学研究，关注大众的"戏剧化视野"（melodramatic vision）的力量及其对"受苦自我"的共情。

与汤普森想讲述的《英国工人阶级的形成》的故事一样，斯蒂德曼断言："人们通过了解他们所遭受的苦难和剥削的意义，在群体和集体中拥有新的政治主体性。"[140]汤普森的故事采取了一个公然的英雄形式，旨在激励大众，并且也确实做到了这点。但是，我们该如何对待那些工人——不管这些人是男性还是女性——他们从来不会在这样的故事版本之中找到自己。或者说，我们该如何对待省去未说的那部分生活呢？《英国工人阶级的形成》诚然是一部史诗般的故事，但它也是一个"其中扮演英雄角色的男性的大部分经历实际

[140]　参见 Carolyn Steedman，"A Weekend with Elektra，"*Literature and History*，3rd ser.，6（1997），25。

上并不与之符合（或不总是符合）"的故事。⑭汤普森的叙述核心仍然是一个惊人的空白：在这一时期，"汤普森描述的情感结构，社会和自我认知通过戏剧化机制促进政治觉醒与女性紧密相连，几乎完全由一个女人及其故事来体现。"⑭在某种程度上，汤普森知道这一点。然而，受限于当时的坐标体系，即唯物主义的感性、重要性和认知的等级，政治方面的学得的习语以及社会史的可用语言，他并没能说出那个故事。⑭

几年前，正如斯蒂德曼在 1990 年的厄巴纳-香槟文化研究大会（Urbana-Champaign Cultural Studies Conference）上所言，汤普森的书代表着书面历史已经开始进入"过渡阶段"，当时它不再仅仅因"其直接的主题内容"而被使用，而是开始获得自身的文献地位。它开始逐渐融入它所部分促成的当代知识、社会和政治历史的复杂序列的存储库，成为承载希望和失望的"重写抄本"——"一部史诗般的历史叙述，我们怀着既好奇又同情的心情去阅读它，它现在与我们有关，也与我们的未来有关。"当然，这本书保留了大量早期的实质性价值——作为"重要的信息来源，告诉我们阶级是如何形成

---

⑭　Steedman，"Weekend with Elektra，" 18.

⑭　Steedman，"Weekend with Elektra，" 26. See Steedman's related discussions in "Culture，Cultural Studies，and the Historians" and "The Price of Experience：Women and the Making of the English Working Class，" *Radical History Review* 59（spring 1994），109—19.

⑭　正如斯蒂德曼所说，这个"在别的地方发生的、发表在汤普森《英国工人阶级的形成》两年后的作品问世了"。短命的新左派杂志《观点》（*Views*）（1963—1966）1965年刊登了一篇名为《正义成本的上升》（The Rising Cost of Righteousness）的短篇小说，汤普森"确实使用了女人所遭受的自我痛苦来表现社会和政治关系。"在当代约克郡，故事关注一个年轻女子争取自由独立、与中下阶层人士无爱的婚姻，以及婚内强奸的惨剧。斯蒂德曼对此文本的阅读使她能够"更加确定地将汤普森归入 18 世纪初开创的激进传统，这一派别讲述政治权力和政治关系的故事，还涉及了性统治和剥削。"参见 Steedman，"Weekend with Elektra，" 26，28。

的，真实的个体是如何在夜幕的掩盖下于哈德斯菲尔德郊外六公里的荒野上展开会面的，以及在意识到自己正在创造一种新的政治世界时所使用的语言。"但同时，《英国工人阶级的形成》的暂时性如今也不可避免地显现出来。

> 发生的事情太多了，无法将其作为简单的历史来源；也有太多新的信息——关于那时在哈德斯菲尔德与女性有关的事情，关于未参与自己阶级形成的所有男性，以及所有那些并不"特别期待它发生的"人们，关于东欧最近发生的事件，还有关于我们所失去的社会主义的一切。⑭

斯蒂德曼的作品——从《整洁的房子》《一个好女人的风景》，到她关于约翰·皮尔曼和玛格丽特·麦克米伦（Margaret McMillan）的著作，再到《奇异的错位》（*Strange Dislocations*）《尘埃》（*Dust*）——一直在与汤普森的遗产以及与之相关的更广泛的进步主义思想进行斗争。⑮她的作品通过寻求恢复曾被忽略或否认的主体性，来挑战人们的既有认知。她利用其他人的故事，例如她母亲或约翰·皮尔曼的故事（当然也包括她自己的），来颠覆旧的叙事。更进一步地，她

180

---

⑭　Steedman，"Culture，Cultural Studies，and the Historians，"613—14. 引文中的引文来自 W. H. 奥登（W. H. Auden）的诗歌《美术馆》（Musée Des Beaux Arts），斯图亚特·霍尔（Stuart Hall）在拉斐尔·塞缪尔（Raphael Samuel）的葬礼上朗读了这首诗。参见 W. H. Auden，*Collected Shorter Poems*，1927—1957（London：Faber and Faber，1966），123；"Raphael Samuel，1938—1996，"*History Workshop Journal* 43（spring 1997），vi—vii。

⑮　斯蒂德曼承认，"我的一生都在叙述我曾屈服过的阶级的形成，不是因为这个阶级排斥女性，而是因为它是一个英雄故事，大多数经历都不合适（甚至大多数在史诗中有名有姓的人的经历都不适合）。"（"Price of Experience，"108）

重建了整体的"感觉结构"（借用雷蒙德·威廉姆斯的术语），正是通过"感觉结构"，特定的内在性理想，与女性气质、童年相关的观念，以及关于家庭、性和个人生活的一系列假设，如此种种都能够成为自 18 世纪中叶以来主导的文化和政治思维方式的基础。与此同时，她仍然不断注意可以使个体改变自我认知的过程，特别达到能够看穿"预设脚本"（prefigurative script）的力量，以便更好地编写自己的人生叙事。[146]她问道：我们如何在风景中发现自我？我们如何用历史的方式把自身放在自己的故事里面？

那么，这是否能够让卡罗琳·斯蒂德曼成为一名"新文化史学家"呢？如果这个称号是由于对意义、语言和主体性问题的兴趣而得的，那么答案显而易见：她的确是的。但斯蒂德曼的书没有一本真正离开过社会史领域，更多的是要再次强调社会史的意义。它们中大多数都把解释方法同社会史学家的语境化分析和档案具体结合了起来。斯蒂德曼的文章《英格兰性、服装和小玩意儿》《一块破地毯意味着什么》是文化史、社会史、文学史、思想史的表述，还是根本就是别的什么东西呢？[147] 这个问题似乎并不重要。此外，为了回应自己对汤普森的批评，斯蒂德曼如今在研究汤普森书中所涵盖时期与服务、奴役和仆人有关的问题。从最基本的社会史角度看——无论以何种标准，家庭仆人都是 18 世纪后期的重要工作类别之一——这个主题显然对工人阶级形成的历史和对政治经济学的新

---

[146]　Joseph Bristow，"Life Stories：Carolyn Steedman's History Writing，"*New Formations* 13（1991），114.

[147]　Carolyn Steedman，"Englishness，Clothes，and Little Things，" in Christopher Breward，Becky Conekin，and Caroline Cox，eds.，*The Englishness of English Dress*（Oxford：Berg，2002），29—44；"What a Rag Rug Means，" in *Dust*，112—41.

话语来说都是至关重要的。[148]那么，这算是"文化史"还是"社会史"呢？这种区别的意义又是什么呢？

对斯蒂德曼更好的描述是：她是一位了解历史工作的理论和哲学意义的历史学家。她将历史学家的职责界限扩大，但是她成功地将社会史和文化史结合了起来，并且没有将结果转化为一些零风险和令人欣慰的中庸之道。她解决了社会史以阶级为中心的方法带来的缺陷和排外主义，但她并没有完全放弃"阶级"的立场。她实现了"文化转向"，并且没有与"社会"挥手告别。她抵制宏大叙事的暴政，而没有屈服于过度解构的身份认同。最终，通过承认所有主体性的历史性，她首先揭露了"社会"与"文化"二分法的虚伪之处。这就是我们应该从阅读斯蒂德曼的作品中学到的东西：在社会史与文化史之间，真的没必要二选一。

181

---

[148]　参见 Carolyn Steedman，"Lord Mansfield's Women，"*Past and Present* 176（August 2002），105—43；"The Servant's Labour：The Business of Life，England，1760—1820，"*Social History* 29（2004），1—29。

第五章　反抗：历史现在时

我们从哪里出发

从 20 世纪 60 年代以来积累的大量社会史资料中，我们可以发现两种不同的冲动或方向（尽管这不是讲述故事的唯一方式）。冲动之一是试图单独地通过分析塑造单个国家的经验的各种力量，又或是国际性地通过讨论全球性或比较性变化来掌握整个社会的发展。社会结构史——无论是通过阶级形成还是通过研究社会地位、社会不平等、社会流动性和社会趋势来实现——都仅仅是这种研究的一个背景，它们有着相似点，即均强调就业、住房、休闲、犯罪、家庭和亲属关系，等等。发现社会组织和社会行为的长期模式和规律，是社会史学家早期热衷的主题。从这类主题向现代早期和现代政治变革的重大问题的转变，为许多社会史的基础辩论提供了灵感。

第二个冲动就是一直研究特定的地区。在英国历史学家研究宗教改革时期和后宗教改革时期的宗教史的重大问题史，17 世纪内战的起源和进程，以及关于贫穷与犯罪的历史时，对村或郡以独立城镇的研究成为他们熟悉的组成部分。我们在法国、德国以及其他社会的史学情况也可以发现类似的轨迹。对于现代来说，城市社区研究则成为研究阶级形成的主要实践媒介。E. P. 汤普森的《英国工人阶级的形成》的影响的确鼓励了此类研究中强烈的"文化"转向，但是，对早期唯物主义关注的与工资、劳动力市场、学徒制度、车间制度、机械化和去技能化相关的研究以及与罢工相关的定量研究仍在进行。城市社区研究还强调了社会和地域流动的问题。这类研究集中于工人阶级社区的稳定性和凝聚力，以及它们维持特定类型政治的能力。

随着时间的推移，这两种冲动之间的紧密性和互惠性——对整个社会中捕捉变革方向的宏观历史兴趣，以及关注特定地区的微观历史——逐渐分离。这两个目标开始脱节了。社会史学家并不一定会放弃对"大"问题的兴趣，但他们会越来越多地退回到对有限案例的深入研究，针对可以代表"整体社会"观点的特定的社区、工人类型或事件。这样的研究可能会运用到社会史学家的全部方法和技术，但避免了从社会整体层面上对可能发生的事进行描述。事实上，社区研究的逻辑倾向于地方叙述的特殊性，通过例证而不是汇总来概括其与更大的社会过程的关系。

例如，在我从事的德国史研究领域之中，这些相反的冲动——宏观社会史和微观史——产生了一个特别强烈的论战对峙。这是由于从 20 世纪 70 年代末起，学术史上少数创新学者所倡导的日常生活史得到极大普及，在大众和半专业语境中引起了更广泛的共鸣，包括口述历史、学校项目、地方汇编、记忆工作、博物馆、展览等。

如果西德社会史在 60 年代就已经以"历史社会科学"为模型而起步，那么新的日常生活史现在就在挑战这种对非人格的力量和客观进程的关注，呼吁重视大众经验史，关注地方的、普通人的边缘人的经验。①

185　面对这一挑战，老一代和最近才有建树的新一代都在积极捍卫自己系统性和"批判性"的社会科学项目，或者用他们的话来说，就是"社会史"（Gesellschaftsgeschichte）。他们坚持结构和大规模进程的至高无上，将此作为唯一一个可以克服地方案例细碎和孤立状态的层次。他们坚持使用量化和其他社会科学方法，重申对普遍化和可被称为客观的社会科学的承诺。与他们相反，日常生活史学家（大致与 20 世纪 80 年代美国的"新文化史学家"相对应）则强调"历史缩影"和小规模历史研究背景的重要性。与社会科学史学家的说法恰恰相反，他们坚持认为，正是这些背景形成了普通经验的全部复杂性，需要一种解释性和民族学的方法。由此而起的辩论在 20 世纪 80 年代尤其激烈，尽管已经有了一定的妥协，但是战线并未放弃。②

德国的这场辩论充分说明了不同领域的从业者之间的差距。到

---

①　参见 Alf Lüdtke，*The History of Everyday Life：Reconstructing Historical Experiences and Ways of Life*（Princeton：Princeton University Press，1995）；Geoff Eley，"Labor History，Social History，*Alltagsgeschichte*：Experience，Culture，and the Politics of the Everyday；A New Direction for German Social History？"*Journal of Modern History* 61，no. 2（June 1989），297—343。

②　有关更大范围的多元主义的证据，参见 Winfried Schulze，ed.，*Sozialgeschichte*，*Alltagsgeschichte*，*Mikro-Historie*. *Eine Diskussion*（Göttingen：Vandenhoeck und Ruprecht，1994）。关于最近的一本选集，它在构建文化史的德国谱系时基本上省略了 20 世纪 80 年代的争论，并且忽略了日常生活史学的开创性贡献，参见 Ute Daniel，*Kompendium Kulturgeschichte：Theorien*，*Praxis*，*Schlüsselwörter*（Frankfurt am Main：Suhrkamp，2001），这本书也忽略了雷蒙德·威廉斯以及英美文化研究的脉络。我撰文回顾了这些偏见，见于 Geoff Eley，"Problems with Culture：German History after the Linguistic Turn，"*Central European History* 31（1998），197—227。

20 世纪 80 年代中期，创新的前沿已经从社会史转向所谓的新文化史，并且形式多样。一方面，社会史学家对一些新的主题展开了探索，如性别史、艺术史、美学史、大众文化史以及"奇怪"和异国信仰史等。另一方面，不同的跨学科借用更为普遍——不再来自"硬"的社会科学，而是来自诗学、文学理论和语言学。最重要的是，社会解释和社会因果关系正在失去其对想象力的控制。历史学家能够为社会分析提供的答案似乎令人更加怀疑。主要依靠经济和社会结构的"唯物主义"的解释现在似乎过分简化了人类行为的复杂性。从前有吸引力的结构主义现在在逻辑和影响上似乎是"还原论的"或"有简单化倾向的"。

相反，重要的是注重意义和人们创造、展现的感知形式。首先，语言和阅读的复杂性值得注意，因为在试图理解过去的行为时，历史学家只能通过非常有限的文献记录来理解。只有片面和武断的描述留存下来，形成了现在和过去之间的一系列表征。那些幸存的记录是真正需要解释的"文本"。换句话说，历史学家不应该是一个社会科学家，专门收集、计算和衡量数据，再将它们放在社会环境中来解释它，而应该成为一个人类学家或民族志学者、文学评论家、语言分析者……在这种焦点转移之下的所谓语言学或文化转向，已经证明其与二十年前社会史转向的影响一样巨大。在进入此专业的研究生身上，这一点体现得尤为明显——体现在他们感兴趣的主题和方法以及想要写的论文类型。20 世纪 90 年代，激烈的争论席卷了各个领域，在学术期刊、会议以及招聘决策和历史系的发展方向等方面展开。

186

在讲述我自己版本的这个故事的时候，即 20 世纪 60 年代迄今历史学家兴趣转变的复杂思想史，我试图避免重复 20 世纪 80 年代后期到 20 世纪 90 年代中期冲击史学公共领域的争论细节。这些争论——学科内部"文化战争"的变种——在妇女史和劳工史领域内达到了顶峰，并从一个国家蔓延到另一个国家。一些人和某些书籍及文章往往成为争论的焦点。琼·斯科特 1986 年的文章《性别：历史分析中一个有效范畴》可能吸引了比其他任何单一干预都要多的讨论。劳伦斯·斯通一篇相当无知的短文在《过去与现在》上引发了一系列交锋，而更广泛的分歧则见于《社会史》。③大多数期刊在某种程度上引发了新的分歧。诸如美国历史协会或伯克希尔妇女史会议等全国性会议，都举行了重要的辩论，不同地区和子学科会议也不例外，而且还有按领域分的许多小型会议，以及无数次地方研讨会和其他活动。如果说"后现代主义"（postmodernism）一词最初被语言学转向的反对者们当成通用的贬义词的话，后殖民主义在 20 世纪 90 年代初则正开始取代其地位。

这些争论总是受政治影响。从里根和撒切尔执政晚期到 20 世纪

---

③ 参见 Joan Wallach Scott，"Gender：A Useful Category of Historical Analysis，" *American Historical Review* 91（1986），1053—75，reprinted in *Gender and the Politics of History*（New York：Columbia University Press，1988），28—50；Lawrence Stone，"History and Post-Modernism，"*Past and Present* 131（May 1991），217—18，with later responses by Patrick Joyce and Catriona Kelly（133［November 1991］，204—9，209—13），Stone and Gabrielle M. Spiegel（135［May 1992］，189—94，194—208）；David Mayfield and Susan Thorne，"Social History and Its Discontents：Gareth Stedman Jones and the Politics of Language，"*Social History* 17（1992），165—88，with responses from Jon Lawrence and Miles Taylor（18［1993］，1—15），Patrick Joyce（18［1993］，81—85；20［1995］，73—91；21［1996］，96—98），Mayfield and Thorne（18［1993］，219—33），Anthony Easthope（18［1993］，235—49），James Vernon and Neville Kirk（19［1994］，81—97，221—40），Kelly Boyd and Rohan McWilliam（19［1994］，93—100），Geoff Eley and Keith Nield（19［1994］，355—64），and Marc W. Steinberg（19［1994］，193—214）。

90 年代的巨大分歧，它们与我们所谓"文化战争"的更广泛敌意交织在一起。它们的语气和用词在其他学科中也是非常重要的，其附带结果频繁蔓延到更广泛的公共领域。④1990 年布莱恩·帕尔默（Bryan Palmer）的《落入话语之中》（*Descent into Discourse*）问世，历史学家们的争论达到了高潮。尽管书中有细致入微的阐释，但最终却将文化转向刻画成了失去方向的左翼知识分子的自负妄想。帕尔默认为，自助式的合理化是为了证明自己处于象牙塔隔离之中，同时寻求一种逝去的唯物主义信仰的替代品，这些"语言学转向者"根本就没有应对新的艰难时期的持续力量。他的书重申了历史唯物主义和社会史——20 世纪 70 年代兴起的社会史中以工人阶级集体能动性为中心的阶级分析版本——在反对新的以主体性、身份认同和话语为优先时具备的充分性。他指责说，在否认旧的主范畴和经典的宏大叙事的同时，新的文化史学家们也否定了对资本主义进行批判性分析的必要性，放弃了社会史本身的基础。他们的替代方案实则是一种放弃，"享乐主义地陷入话语的多元化中，在混乱中否认对任何有形的权力结构和意义理解的认知，使世界失去了中心。"⑤

---

① 想要了解更多的背景信息，可参见保罗·伯曼（Paul Berman）编辑的《辩论体育：大学校园中关于政治正确性的争论》（*Debating P. C.: The Controversy over Political Correctness on College Campuses*. New York: Laurel, 1992），此书收集了一些基本评论。也可参见萨拉·杜楠特（Sarah Dunant）编辑的《文字之战：政治正确性辩论》（*The War of the Words: The Political Correctness Debate*. London: Virago, 1994），此书收集了英国当时的状况。另参见 Christopher Newfield and Ronald Strickland, eds., *After Political Correctness: The Humanities and Society in the 1990s* (Boulder: Westview Press, 1995); Cary Nelson and Dilip Parameshwar Gaonkar, eds., *Disciplinarity and Dissent in Cultural Studies* (New York: Routledge, 1996); Amitava Kumar, ed., *Class Issues: Pedagogy, Cultural Studies, and the Public Sphere* (New York: New York University Press, 1997); Michael Berubé, *Public Access: Literary Theory and American Cultural Politics* (London: Verso, 1994). 有趣的是，除了琼·斯科特之外，历史学家们几乎未涉足更广的争论。

⑤ Bryan D. Palmer, *Descent into Discourse: The Reification of Language and the Writing of Social History* (Philadelphia: Temple University Press, 1990), 188.

帕尔默在一件事情上是正确的，因为在 20 世纪 80 年代，左翼传统的阶级政治乐观主义显然已经消耗殆尽。⑥本书中我自己的观点，是试图将过去四十年的政治变迁作为历史学家不断变化的兴趣的重要对应物。政治目的不断向对这些兴趣的考量施加压力。这些目的有时会推动或者干扰，有时会震撼或是启发，但总是可以构建我们所提出的问题——实际上，这些问题是我们首先想到的。在这方面，20 世纪 70 年代末的政治经历令人沮丧，这与以阶级为中心的社会主义传统危机相关，并受资本主义重组、去工业化、阶级重组和右翼政治攻击的影响，这些经历深刻地塑造了我对自己所从事的史学研究的思考方式。对我来说，文化转向是有吸引力的，因为它的涵义跨越了这些不同的领域——不仅包括教学和写作，还有我的政治知识和社会理解，也包括个人生活的日常环境。例如，如果

188　E. P. 汤普森和蒂姆·梅森的在早期显得具有启发性，那么卡罗琳·斯蒂德曼和其他人就帮助我思考了一系列紧迫的新需求。

在这些方面，"政治"和"历史"仍然紧密联系在一起——有时相辅相成，有时是互相争论——在 20 世纪 80 年代和 90 年代也是如此。在世纪末（fin de siècle），与文化转向相关的思想视角与政治有着密切的关系，这与社会史学家早期的热情完全一致。在我看来，对于找到一种与即将到来的新世纪重构后的资本主义的主流社会关

---

⑥　在我看来，那种"阶级政治理解"的危机就是实际发生的、具有真正时代性的社会政治转型。换句话说，连同政治和理论的重新思考，代表了应对当代问题的必要斗争，忠实地重申古典唯物主义立场几乎没有什么帮助。进一步的讨论，参见 Geoff Eley and Keith Nield，"Farewell to the Working Class?" *International Labor and Working-Class History* 57（spring 2000），1—30；Geoff Eley，*Forging Democracy：The History of the Left in Europe，1850—2000*（New York：Oxford University Press，2002），especially 341—504。基思·尼尔德（Keith Nield）和我将在即将出版的关于该主题的书中讨论阶级概念在史学、理论和政治中的当前地位（Ann Arbor：University of Michigan Press）。

系更加匹配的政治，这些视角是至关重要的。此外，在国家社会主义显而易见的各种废墟之中，对于任何寻求左翼复兴可行基础的人来说，这些视角的吸引力必须基于了解过去三十年里所有社会政治变革给关于阶级政治能动性的旧的假设所造成的损害。作为在世界范围内理解和行动的主要且有效的基础，20世纪60年代和70年代的那些早期观点不再令人信服，至少其现有的形式不能让人信服。当然，这也成为当代地方主义政治和身份政治的大量变体容易落脚的空间。

与旧有的资本主义批判的社会主义元叙事不同，许多新的激进主义思想突出了碎片化、差异性、多样性和多元主义的首要性。无论是对当代社会内部和社会之间政治危机的特征，还是对新形式的左翼政治斗争——尚未展开的，抑或是断断续续已有发展的——都没有机会在这里进行广泛思索。我只是想指出，社会主义传统的政治形式以及雄心勃勃的社会史分析所占据的空间现在仍是空白。在长达十多年的时间里，针对全球化影响的新兴抵制形式一直在学习如何凝聚在一起。从1980年代末开始，关注于后福特主义、后现代性、全球资本主义经济的跨国重构等新情势的结构化分析层出不穷。尽管如此，这些林林总总的分析，无论是"地方性"的还是"全球性"的，在今天都很少能够像早期的阶级分析方法那么有效。迈克尔·哈特（Michael Hardt）和托尼·奈格里（Toni Negri）的《帝国》是近来能够做到这一点的屈指可数的理论尝试之一，其在微观层面上否定了某种具体的、被重新组织的社会史的可能性。[7]

----

[7] Michael Hardt and Antonio Negri, *Empire* (Cambridge：Harvard University Press，2001). 相关批评性回应，另参见 Gopal Balakrishnan, ed., *Debating Empire* (London：Verso，2003)。反全球化运动带来了自我分析文学的蓬勃发展，最具启发意义的一本是乔尔·沙利特（Joel Schalit）编辑的《反资本主义读者：想象一个对立的地理》(*The Anti-Capitalism Reader：Imagining a Geography of Opposition*. New York：Akashic Books，2002)。

189 　　然而，将我们的认识拉回（出于唯物主义信仰的某种行为）到关于社会的一种旧有观念上，并由此化解本书旨在提出的复杂难题，这无疑有悖常理。⑧ "社会史"不再适用了，无论是在其最连贯且最具自我意识的诸多唯物主义版本（马克思主义、年鉴学派、社会科学）中，还是在其 20 世纪 70 年代较无定形但仍在壮大的形式中。在最原始项目的形式中，"社会史"也不复存在。它的连贯性来源于自信的唯物主义的社会总体范式（基于阶级的优先性）中社会决定物的首要地位。但从 80 年代初开始，这一框架的每一部分都承受着无情而有力的批判。在此过程中，它天然蕴含更激进、具创新和试验精神的声望已然消失，尤其是对于刚刚进入这一行业的年轻人而言。"新文化史"取代了它的位置。

什么样的历史？

　　我成为一名历史学家的时候，坚信世界能够变得更好。不过，我也从未想过变得更好就意味着走向社会主义。但是外部世界的一些偶发事件（例如，萨尔瓦多·阿连德［Salvador Allende］的选举，葡萄牙革命和葡萄牙殖民地的解放），让这一想法变得迫切起来。这些事件有时就发生在周围，它们加深了这一想法，譬如 1971 年克莱德河畔造船厂的占领事件，1974 年希斯政府的落败以及意大利共产党的欧洲共产主义战略的前景。而我个人的政治诉求其实更

---

　　⑧　布莱恩·帕尔默（Bryan Palmer）自己对此的后续认知，参见他的《文化黑暗：历史禁忌的黑夜中的旅程》（*Culture of Darkness：Night Travels in the Histories of Transgression*. New York：Monthly Review Press，2000），此书是一段兼具说服力和想象力的史学推理之旅，利用新文化史视角和发现，在中世纪和当下令人眼花缭乱的背景中穿梭。

加平和：我相信存在更好的契机，相信民主所取得的成就，相信边
界可以不断地加以扩展。我的父辈及祖辈那一代人的生活和我自己
的童年生活，决定了我对未来的展望，塑造了我的信念，我相信未来
集体供应会扩大，公共产品会增多，这是一个平淡且可被实现的未来。
从这个意义上讲，政治就是想象一个适度扩展的可能性结构——找寻
出路，建立联盟，提升视野。当然，"六八年"也是其中的一个重要部
分，总体而言，六八年的运动产生了历史所需的知识，这场运动是
向前的，事实上也是突然的、危险的和激动人心的。我自身的政治
教育充满了平淡无奇且乌托邦式的希望，充满了对社会能变得更好
的想象。而现在，我并不期待这样的耶路撒冷能够建成。

　　将我早先的观点归为年轻人的乐观和天真，并视为错位理想主
义，是一种自我贬低的行为。这种知情且自满的回顾，毫无疑问忽
视了自 20 世纪 70 年代以来切实发生在世界范围内的重大变革，尤
其是 1989 年到 1991 年间的变革，这些变化使早先的乐观主义变得
毫无意义。以我自身为例，在本书中，我曾尝试去探索"历史"与
"政治"之间某些不均等的互惠关系，正是这些互惠关系将我们从
"那里"带到了"这里"，"不均等"是因为历史学家可能会想去明白
和理清事件在政治世界中的意义，希望通过解读这些事件来采取更
好的行动，而这些反思对政治却几无直接影响。不过，历史至少为
我们提供了思考的基础，也能帮助我们理清政治问题。

　　我之所以要成为历史学家，是因为我认为历史能改变世界。研
究历史本身就能成为一项变革行为，这一想法从不是幼稚的。但是
如何恢复过去确实影响到现在如何被感知。在本书中，我讨论了一

190

些历史学家的见解，他们在这种意义上实践了一种积极的历史教学法——包括 E. P. 汤普森和埃里克·霍布斯鲍姆、希莉亚·罗博瑟姆和蒂姆·梅森、琼·斯科特和卡罗琳·斯蒂德曼，以及像汉斯-乌尔里希·韦勒和查尔斯·蒂利这样的社会科学历史学家。他们的研究成果促进了社会史和文化史的发展。这些有力的证据可以证明，过往斗争的经验和知识，无论是集体的还是个人的，都可以为当下的抵抗提供借鉴。依据历史故事的讲述方式，过去为现在提供了抵抗的可能性。过去的经验表明：事情并不一定会像这样发展下去，在未来，事态也许会变得有所不同。

对于"什么样的历史？"这一问题，我的第一个回答是：这是一种参与性的历史。第二个回答，对于我个人而言，是写一部参与性的历史远比历史本身重要。对于那些在 20 世纪 60 年代晚期参与了社会和政治的历史学家来说，投身历史之中，通常意味着转向研究社会科学，这就是我所说的历史的跨学科性的第一阶段。而这又意味着马克思主义。我对此没有疑虑：能够接触马克思主义——也就是说接触到马克思主义复兴所产生的丰富多样的思想，这些思想以不同的语言和激励形式呈现出来——都使我成为一名更好的历史学家。过去默认的唯物主义论和根深蒂固的社会决定论备受评论和批评，而 20 世纪 60 年代末 70 年代初的马克思主义后来居上，经受了批判的考验，促成了更持久的承诺。它是关于事物之间的连通性，它给了我解决重大问题的自信。更重要的是，它提供了运用理论分析重大问题的方式。马克思主义提供各种方式，将小的问题与大而重要的问题联系起来。它本质具有跨学科性。马克思主义引导并激励人们追求跨学科性的抱负，让他们相信所有的知识都是有用并且必要的，所有的知识都能发挥作用。马克思主义的实用性是无限的。

正如我在书中讨论的这个时期所表明的，史学的革新力量，或者说其新的影响、新的方法或者是最激动人心的作品，总是来自外部世界。那种力量来自更广阔的知识创新（理论发酵、哲学干预、时尚变迁、话语转向），它们跨越了学科的边界，随意穿梭在公共领域之中。它部分来自其他学科：来自 20 世纪 60 年代和 70 年代的社会科学，以及之后年月里的文学理论、人类学和文化研究。它还来自其他专业。在英国，最具创造力的历史学家往往在大学的围墙之外工作，无论是在成人教育机构，还是后来在工艺专科学校，或完全在高等教育和继续教育之外（除了以最松散的非正式和兼职的方式）。多年之后，妇女史的女权主义先驱才在大学的历史系找到了立足之地，如果真有的话。尽管成为历史学家需要接受正规的训练，但是在诸如文化研究、社会学、文学等其他领域以及各种交叉学科内部，我们也同样能够发现新文化史学家的身影。

如果我们诚实地书写这一学科的思想史——不仅仅是最近四十年的，而是覆盖更为广泛的时间段，我们便会发现新的推动力来自外部。虽然历史学有其核心机制、专业特性以及一整套方法论和认识论体系，但它的定义则是在从 19 世纪晚期到 20 世纪晚期的这一百年间才逐步得以形成的。将历史学与其他学科、业余者的爱好以及公共领域的广泛影响区分开来的界限，远比守旧的历史完整性捍卫者们所允许的要宽泛。不管怎样，这种无知的排斥主义是无法阻

192

止"理论"入侵的，无论是来自 20 世纪 60 年代的"马克思主义"或"社会学"，还是来自 20 世纪 90 年代的"后现代主义"和"后殖民主义"。正如我在此书中所提到的，如果我们真的想要历史保持生机和活力，我们就应该欢迎这种跨学科的交流，而不是一味地去阻止它。我们应该拆除史学的防御，而不是以"捍卫历史"的名义固守边境。⑨

　　那么，为什么要成为一名历史学家呢？是什么促使我成为一名历史学家而不是从事其他职业呢？从某种程度而言，这一问题是学术的（是学术本身的，也是关于学术的）。实际上，学科和科系会一直存在，不会消失，特别是以雇佣和终身教职为目的——我自己所在的大学也是这样，跨学科项目和跨部门任命变得十分常见。支持跨学科研究的机构很快就提出了有关学科"核心"的问题，不过这些问题很大程度上可能是实用主义的问题。此外，与其他人——人类学家和文学评论家、社会学家和政治学家，当然还有哲学家和经济学家——交往时，我们清楚地知道自己是历史学家。我们的独特思考体现在过去，历史学家所关注的一切与时间和时间性有关，与认知和叙事性的模式有关，与卡罗琳·斯蒂德曼所说的"基本历史性"有关。这包括了斯蒂德曼所说的历史的"无常"、开放性和可变性。对尘封档案的认识也都可以包括在内，还包括翻阅这些文件时弄脏双手的经历。随之而来的就是探寻与追求、收集与掌握的乐趣。最后，对历史语境的理解呈指数增长，这就是汤普森所指的"历史

---

　　⑨　我这里暗指的是理查德·埃文斯（Richard J. Evans）的《捍卫历史》（*In Defence of History*. New York：Norton，2000）。

语境的学科"。⑩这样说来，我还是愿意做一名历史学家的。不过，我在知道自己是一个历史学家和自己不仅是一个历史学家之间，在安全和风险之间，在安家和冒险之间仍摇摆不定。

最后，社会史学家和文化史学家、"后现代主义者"和"唯物主义者"之间的冲突将我们引向何处？他们又想要什么样的历史？虽然 20 世纪 90 年代初期最激烈的斗争已趋于平静，但是一个更重要的分歧却日益显现，即在优先考虑大规模的社会发展和变迁过程（如查尔斯·蒂利的"大结构、大过程、大比较"）与在新兴的对更为温和和个性化的社会和文化研究点的偏好之间的分歧。⑪正如我们所见，后者需要一种截然不同的分析模式，该模式是文化层面的，而不是社会层面的。我认为，由此产生的转变既来自专业领域内集体实践的累积逻辑，也来自有意识的选择；它来自大学里当代智识生活中更为复杂的趋势，而不是刻意地歧视或系统化地偏爱某种类型的研究；它来自更广大社会的政治发展和话语变迁。不管这一过程如何，20 世纪 80 年代在许多社会史学家和文化史学家间出现了一种日益增长的趋势——例如，《社会史》和《历史工作坊杂志》的支持者（与《跨学科史学期刊》或《社会科学史》的支持者相对）——越来越倾向于抛弃许多更具社会科学性质的方法。

过去二十年的史学发展则加剧了这一转变，与辉煌的 20 世纪 60 年代和 20 世纪 70 年代的社会史相去甚远——埃里克·霍布斯鲍姆

193

---

⑩　Edward P. Thompson，"Anthropology and the Discipline of Historical Context，" *Midland History* 1（1972），41—55.

⑪　Charles Tilly，*Big Structures，Large Processes，Huge Comparisons*（New York：Russell Sage，1984）. For a good insight into one field of contemporary debate，see Keith Jenkins，ed.，*The Postmodern History Reader*（London：Routledge，1997）.

著名联句的后半部分称之为"社会的历史"。⑫我们目睹了社会史的总体化抱负的破碎，这一抱负坚持认为人类生活的方方面面都与社会决定因素有关，无论是政治、思想及观念交流、性和亲密关系、文化意义、机构内部动态、经济发展还是国际关系，等等。不过有趣的是，新形式的文化史并不缺乏自己的总体化逻辑，但也存在被过度夸大的可能。这也许在后殖民研究的广泛领域中是最为明显的，在20世纪90年代，社会史学家和文化史学家之间发生了一些最愤怒和激烈的争论。

从文化史到社会的历史？

新的总体化愿望呈现为各种各样的形式。首先，在将殖民时代的"西方"立场加以相对化和历史化的过程中——通过废除其自封的优越性，重新考虑全球比较的基础，瓦解欧洲中心主义，或将欧洲地方化（Provincializing Europe）——后萨义德时代的历史学家们有时会对西方及其内部历史持有某种过度抽象化及同质化的认识。⑬因此，我

194

⑫　Eric J. Hobsbawm, "From Social History to the History of Society," *Daedalus* 100（1971），20—45.

⑬　查卡拉巴提（Chakrabarty）、普拉卡什（Prakash）以及其他庶民研究小组的历史学家们的杰出研究，也能免于受这种趋势的影响。同样，哈鲁图尼恩对塑造日本和欧洲现代性观念的历史理解的精深分析中，一些对西方显著简化的隐喻也起到了作用。但我的意思既不是要去贬低这些作品的重要性，也不是要去质疑对西方进行抽象理论化的需求。参见 Gyan Prakash, *Another Reason: Science and the Imagination of Modern India*（Princeton: Princeton University Press, 1999）；Dipesh Chakrabarty, *Provincializing Europe: Postcolonial Thought and Historical Difference*（Princeton: Princeton University Press, 2000）；Harry Harootunian, *History's Disquiet: Modernity, Cultural Practice, and the Question of Everyday Life*（New York: Columbia University Press, 2000）。对于这些问题冷静而细致的思考，参见 Nicholas B. Dirks, *Castes of Mind: Colonialism and the Making of Modern India*（Princeton: Princeton University Press, 2001），303—15；"Postcolonialism and Its Discontents: History, Anthropology, and Postcolonial Critique," in Joan W. Scott and Debra Keates, eds., *Schools of Thought: Twenty-Five Years of Interpretive Social Science*（Princeton: Princeton University Press, 2001），227—51。

们想必会同意迪佩什·查卡拉巴提（Dipesh Chakrabarty）的观点，即在流行的历史学术讨论中，"'欧洲'仍然是主宰，是所有历史的理论主体，包括我们所说的'印度史'、'中国史'和'肯尼亚史'，等等。"我们还可以看到查卡拉巴提所说的"神话的"或"超现实的欧洲"在一套占主导地位的社会和政治想象里所起的作用，它是关于国家、公民身份与政府治理的思想和实践的理想化起源，无论对于殖民地还是大都市而言都是如此。⑭不过同时，这种见解难以消除欧洲社会内部仍然需要书写的极其复杂的历史。这种尤其抽象的概念（"欧洲"）对比较现代性的作用，相较于二十年前早期的抽象"社会"概念对于社会史学家的作用，没有什么太大的不同。每种情况下都会提出某些重大问题，但潜在的代价是其他问题可能未被谈及。对这种"欧洲"概念进行必要的批判仍然不能揭示欧洲的其他含义，包括特定欧洲社会的内在联系。⑮

第二，"文化"本身就容易获得过度总体化解释的重要性。在汤普森的影响下，社会史学家一直倾向于将文化理解为经典人类学意义上的"文化"，视之为与一个社会整体气质和各种凝聚力形式相关的充满象征和仪式意义的领域，或者借用雷蒙德·威廉斯的说法，与"整体生活方式"相关。这一意义上的文化，被文化研究进一步扩展到"特定社会中整个复杂的意指实践和象征性过程"，或者是威廉斯所说的文化的"平凡性"里，与美学和艺术之类的高等

---

⑭　Dipesh Chakrabarty，"Postcoloniality and the Artifice of History，"in *Provincializing Europe*，27.

⑮　关于欧洲含义的讨论层出不穷，其中最有用的参见 Anthony Pagden，ed.，*The Idea of Europe from Antiquity to the European Union*（Cambridge：Cambridge University Press，2002）。

文化领域相对。⑯一种围绕着"意义的产生与构建"的极简主义的共识成为人们思考文化与社会生活关系的最佳方式。⑰然而，新文化史的实践让某些人不安地思索文化不是什么。据卡罗琳·斯蒂德曼观察，许多历史学家都依赖"将'文化'这个概念作为一个基准线，作为真正的历史实在"。"文化"虽被视为对将社会科学史学家过度客观化的唯物主义的回应，它仍然可以保持自己的整体逻辑。就像斯蒂德曼说的（引用多米尼克·拉卡普拉［Dominick La Capra］）：

195　　　　　恍惚地依赖文化的概念……，其中所有的事物相互关联，而"文化"是最原始的实在，所有历史演员在其中获得自己的存在，做着自己的事，分享话语、世界观和"语言"，每个人都是一个"精神病病例"（我重复了这个玩笑，是因为我真的很喜欢这个玩笑）；要写出例外是不可能的：不可能写出与其他一切毫无关联的事物、事件、关系和实体。⑱

---

⑯　引自 Terry Eagleton，*Ideology：An Introduction*（London：Verso，1991），28。另参见 Raymond Williams，"Culture is Ordinary，"in *Resources of Hope：Culture，Democracy，Socialism*（London：Verso，1989），3—18。这还只是"文化"一词的各种定义和用法的冰山一角。因此，社会科学史学家往往倾向于将文化视为一个可分离的研究领域（如系统理论的形式，包括哈贝马斯的"生活世界"概念），或者通过消费者偏好、理性行为者模型、新制度主义方法等将其作为"价值观"来单独研究。例如，参见 Joseph Melling and Jonathan Barry，eds.，*Culture in History：Production，Consumption，and Values in Historical Perspective*（Exeter：Exeter University Press，1992）。

⑰　Carolyn Steedman，"Culture，Cultural Studies，and the Historians，"in Lawrence Grossberg，Cary Nelson，and Paula A. Treichler，eds.，*Cultural Studies*（New York：Routledge，1992），617.

⑱　Steedman，"Culture，Cultural Studies，and the Historians，"616—17. For the source of the joke（at Robert Darnton's expense），see Dominick LaCapra，"Is Everyone a *Mentalité* Case？ Transference and the 'Culture' Concept，"in *History and Criticism*（Ithaca：Cornell University Press，1985），71—94. See also LaCapra，"Chartier，Darnton，and the Great Symbol Massacre，"in *Soundings in Critical Theory*（Ithaca：Cornell University Press，1989），67—89. 有一篇重要的文章处理了这里所表达的不安，参见 Richard Biernacki，"Method and Metaphor after the New Cultural History，"in Victoria E. Bonnell and Lynn Hunt，eds.，*Beyond the Cultural Turn：New Directions in the Study of Society and Culture*（Berkeley：University of California Press，1999），62—92。

第三，"帝国"概念也在分析上（也可以说是认识论上）获得了与旧的"社会"范畴的等同地位。该概念在当前的盛行，表明它与一些历史学的参照物有关联。第一个可能是后东方主义和后殖民主义的影响，以庶民研究项目为典型例证（在第四章中所讨论的）；第二个可能是西欧和南美历史学家思想中对"种族"的新认知；第三个可能是当代全球化的影响，在 20 世纪 90 年代期间，全球化不断涌入历史学家的视野——直到 2001 年布什当政，标志着一种由美国所推动、更具引导力和单边主义的形式的到来。所以，至少从 20 世纪 90 年代早期，就开始了关于帝国主义重要性的一系列激烈争论——既包括对殖民地的获取，也包括西方以非正式形式对世界其他地区强制性的、剥削性的影响——慢慢改变了英国历史学家研究民族历史时提出的问题；并且，类似的挑战最近也出现在法国、德国和其他国家的史学研究中。[19]对美国而言尤其如此。自 20 世纪 90

⑲　最具影响力的早期文本是弗龙·韦尔（Vron Ware）的《苍白背后：白人女性、种族主义与历史》（*Beyond the Pale：White Women，Racism，and History*. London：Verso，1992），以及收录于安·劳拉·斯托勒（Ann Laura Stoler）的《性欲知识与帝国权力：殖民统治下的种族与亲密关系》（*Carnal Knowledge and Imperial Power：Race and the Intimate in Colonial Rule*. Berkeley：University of California Press，2002）中的文章。近期的重要选集，参见 Antoinette Burton，ed.，*After the Imperial Turn：Thinking with and through the Nation*（Durham：Duke University Press，2003）。有关英国史，开拓性的文章参见 Catherine Hall，*White，Male and Middle Class：Explorations in Feminism and History*（New York：Routledge，1992），205—95。另参见 Susan Thorne，*Congregational Missions and the Making of an Imperial Culture in Nineteenth-Century England*（Stanford：Stanford University Press，1999）；Clare Midgley，ed.，*Gender and Imperialism*（Manchester：Manchester University Press，1998）；Bill Schwarz，*Memories of Empire in Twentieth-Century England*（forthcoming）；Antoinette Burton，"Who Needs the Nation？Interrogating 'British' History，"in Catherine Hall，ed.，*Cultures of Empire：Colonizers in Britain and the Empire in the Nineteenth and Twentieth Centuries. A Reader*（New York：Routledge，2000），138—39，and "Thinking Beyond the Boundaries：Empire，Feminism，and the Domains of History，"*Social History* 26（2001），6—71；Simon Gikandi，*Maps of Englishness：Writing Identity in the Culture of Colonialism*（New York：Columbia University Press，1996）；Raphael Samuel，"Empire Stories：The Imperial and the Domestic，"（转下页）

年代中叶以来，美国研究和美国文化研究的项目满是对帝国重要性的认可。⑳

可以预见，通过帝国视角审视民族历史，会遭到许多来自不同政治立场的反对，无论是来自老派帝国史学家还是来自那些在国内

(接上页) in *Theatres of Memory*, vol. 2, *Island Stories*: *Unravelling Britain* (London: Verso, 1998); Kathleen Wilson, *The Sense of the People*: *Politics*, *Culture*, *and Imperialism in England*, *1715—1785* (Cambridge: Cambridge University Press, 1995); Catherine Hall, "The Nation Within and Without," in Catherine Hall, Keith McClelland, and Jane Rendall, *Defining the Victorian Nation*: *Class*, *Race*, *Gender*, *and the Reform Act of 1867* (Cambridge: Cambridge University Press, 2000), 179—233; Catherine Hall, *Civilizing Subjects*: *Colony and Metropole in the English Imagination*, *1830—1867* (Chicago: University of Chicago Press, 2002)。关于法国，参见 Gary Wilder, "Unthinking French History: Colonial Studies beyond National Identity," in Burton, *After the Imperial Turn*, 125—43; Sue Peabody and Tyler Stovall, eds., *The Color of Liberty*: *Histories of Race in France* (Durham: Duke University Press, 2003)。关于德国，参见 Lora Wildenthal, "Notes on a History of 'Imperial Turns' in Modern Germany," in Burton, *After the Imperial Turn*, 144—56; H. Glenn Penny and Matti Bunzl, eds., *Wordly Provincialism*: *German Anthropology in the Age of Empire* (Ann Arbor: University of Michigan Press, 2003); H. Glenn Penny, *Objects of Culture*: *Ethnology and Ethnographic Museums in Imperial Germany* (Chapel Hill: University of North Carolina Press, 2002)。

⑳　奠基性的研究成果是由艾米·卡普兰（Amy Kaplan）和唐纳德·皮斯（Donald Pease）编著的《美国帝国主义的文化》（*Cultures of United States Imperialism*. Durham: Duke University Press, 1993）。有关西方和内部殖民主义的新史学研究的重要著作包括：例如，Patricia Nelson Limerick, *The Legacy of Conquest*: *The Unbroken Past of the American West* (New York: Norton, 1988); Tomas Almaguer, *Racial Fault Lines*: *The Historical Origins of White Supremacy in California* (Berkeley: University of California, 1994)。另参见 Robert R. Rydell, *All the World's a Fair*: *Visions of Empire at American International Expositions*, *1876—1916* (Chicago: University of Chicago Press, 1984)。近期的重要专著，参见 Louise Michelle Newman, *White Women's Rights*: *The Racial Origins of Feminism in the United States* (New York: Oxford University Press, 1999); Laura Wexler, *Tender Violence*: *Domestic Visions in an Age of U.S. Imperialism* (Chapel Hill: University of North Carolina Press, 2000); Mary A. Renda, *Taking Haiti*: *Military Occupation and the Culture of U.S. Imperialism*, *1915—1940* (Chapel Hill: University of North Carolina Press, 2001); Laura Briggs, *Reproducing Empire*: *Race*, *Sex*, *Science*, *and U.S. Imperialism in Puerto Rico* (Berkeley: University of California Press, 2002); Maria E. Montoya, *Translating Property*: *The Maxwell Land Grant and the Conflict over Land in the American West*, *1840—1900* (Berkeley: University of California Press, 2002); Susan Bernadin et al., *Trading Gazes*: *Euro-American Women Photographers and Native North Americans*, *1880—1940* (New Brunswick, N. J.: Rutgers University Press, 2003)。

从事社会、文化和政治研究的人。㉑我们不必分享这种消极的反应，但确实需要担心一些关于帝国的观点在其抽象的框架中冒险吸收了太多复杂性。正确界定"帝国"的解释范围也变得十分重要；不然我们就会轻易地重蹈先前对"社会"这一唯物主义范畴过度投入所带来的综合征的覆辙，而文化转向本身就是一种逃避。如何正确认识帝国主义与母国的社会关系、大众文化和礼仪思维之间的普遍联系，对当前的史学来说无疑是一个重要挑战，涉及种族历史的时候尤是如此。但是，在我们接受帝国的后果以关键的方式构成西方母国国家归属感的主要话语之前，我们不需要把所有的东西都吸收到这种统一的框架之下。㉒

　　这些新鲜的总体化逻辑值得我们去反思。20 世纪 60 年代和 70 年代雄心勃勃的社会史所存在的问题是其倾向于掩盖特定类型的困难。虽然这些社会史在某些方面显得极其复杂艰深，而在另一

196

㉑　在很大程度上，这些研究都试图重新阐述帝国的影响，以遏制并削弱其重要性。无论是大卫·坎纳丁（David Cannadine）简化的研究《装饰主义：英国人如何看待他们的帝国》（*Ornamentalism*：*How the British Saw Their Empire*. London：Macmillan，2001）和琳达·科利（Linda Colley）更为精深的著作《俘虏：英国、帝国和世界，1600—1850》（*Captives*：*Britain*，*Empire*，*and the World*，*1600 – 1850*. New York：Random House，2002）都以不同方式体现了这一点。另参见 Peter Mandler，"The Problem with Cultural History," *Cultural and Social History* 1（2004），94—117；Mandler's study purports to acknowledge the importance of the cultural turn in this respect，while proceeding to dismiss any effective contribution.

㉒　在近期关于帝国的浩瀚而多样的文献中，以下两本著作在各自方面堪称典范：Stephen Howe，*Empire*：*A Very Short Introduction*（Oxford：Oxford University Press，2002）；*Ireland and Empire*：*Colonial Legacies in Irish History and Culture*（Oxford：Oxford University，2000）。另参见 Anthony Pagden，*Peoples and Empires*：*A Short History of European Exploration*，*Migration*，*and Conquest from Greece to the Present*（New York：Modern Library，2001）；Jürgen Osterhammel，*Colonialism*：*A Theoretical Overview*（Princeton：M. Wiener，1997）；Anthony G. Hopkins，*Globalization in World History*（New York：Norton，2002）；Robert J. C. Young，*Postcolonialism*：*An Historical Introduction*（Oxford：Blackwell，2001）。

些方面，它们却显得过于简单化了。除了对唯物主义分析及其社会决定论模式的深层批判外，那些可用的阶级分析形式在 20 世纪末显然不具备处理阶级重组的能力，无论是在大都市的去工业化后福特主义经济中，还是在跨国资本主义的全球舞台上，都出现了越来越多的产业工人阶级。同样，社会史学家试图将政治和国家的历史整合起来的愿望，其实现程度也是千差万别。就像我所说的那样，社会史尤其难以处理意识形态、意识和主体性方面的问题。

"文化史"（在第四章探讨的各个层面中）提供了一条走出这种多重困境的途径。从这一基本意义和我尝试进行探索的许多特定方面来看，文化转向具有极大的推动作用。最初的辩论和挑战令人不安；将自己从熟悉且有价值的知识立场抽离出来有时会异常痛苦；而将新的批评转换为可行的项目也并不容易。但是基于我试图要说明的理由，与社会史脱离既是有必要的也是有效的。自 20 世纪 80 年代以来，随着"社会"和"社会性"对分析性想象力的控制放松，以及社会结构及其因果关系的决定性力量削弱，其他类型分析的想象和认识空间也得以提升。

197　　但这也是有代价的。三十年前达到高潮的大范围争论——涵盖了国家构建和比较政治发展，专制主义的社会基础，封建主义向资本主义的转变，资本主义和工业革命的起源，对革命的比较研究，以及集体行为的逻辑，等等——不再以同样的方式影响历史学家。早期的动力持续到了 20 世纪 70 年代，比如，"布伦纳论争"（the Brenner debate）或者是佩里·安德森和伊曼纽尔·沃勒斯坦

（Immanuel Wallerstein）的宏伟设计。㉓现代化理论与新布罗代尔主义视角的融合，激发了查尔斯·蒂利和基思·托马斯（Keith Thomas）等作者尝试捕捉向现代世界的结构性转型。㉔此外，大量的历史社会学也一直在关注这些疑难问题，而且似乎已经将这一领域作为其独特的研究范畴。这种工作表明了其围绕经典类型进行宏大叙事的理论雄心，在某些情况下甚至想要通过撰写世界史来重建社会理论。㉕

一些历史学家仍然致力于普遍性研究，并在尽可能大的范围解决跨社会比较中最突出的问题。彭慕兰（Ken Pomeranz）对中国和欧洲自 18 世纪后期以来不同经济发展道路的研究，是一个极其丰富的案例；维克托·利伯曼（Victor Lieberman）对东南亚的商业和

㉓ 参见 Trevor H. Aston and C. H. E. Philpin, eds., *The Brenner Debates*: *Agrarian Class Structure and Economic Development in Pre-Industrial Europe* （Cambridge: Cambridge University Press, 1985）; Perry Anderson, *Passages from Antiquity to Feudalism* （London: NLB, 1974） and *Lineages of the Absolutist State* （London: NLB, 1974）; Immanuel Wallerstein, *The Modern World-System*, 3 vols. （New York: Academic Press, 1974—89）。

㉔ 参见 Charles Tilly, ed., *The Formation of National States in Western Europe* （Princeton: Princeton University Press, 1975）, *Coercion*, *Capital*, *and European States*, *AD 990—1990* （Oxford: Blackwell, 1990）, and *European Revolutions*, *1492—1992* （Oxford: Blackwell, 1993）; Keith Thomas, *Religion and the Decline of Magic*: *Studies in Popular Beliefs in Sixteenth and Seventeenth-Century England* （London: Weidenfeld and Nicolson, 1971） and *Man and the Natural World*: *Changing Attitudes in England*, *1500—1800* （London: Allen Lane, 1983）。

㉕ 特别参见 Michael Mann, *The Sources of Social Power*, vol. 1, *A History of Power from the Beginning to A.D. 1760*, and vol. 2, *The Rise of Classes and Nation States*, *1760—1914* （Cambridge: Cambridge University Press, 1986—93）; *States*, *War*, *and Capitalism*: *Studies in Political Sociology* （Oxford: Blackwell, 1988）. See also Anthony Giddens, *A Contemporary Critique of Historical Materialism*, vol. 2, *The Nation-State and Violence* （Cambridge: Polity Press, 1985）; John A. Hall, *Powers and Liberties*: *The Causes and Consequences of the Rise of the West* （Oxford: Blackwell, 1985）; Evelyne Huber Stephens, John D. Stephens, and Dietrich Rueschemeyer, *Capitalist Development and Democracy* （Chicago: University of Chicago Press, 1992）; Theda Skocpol, ed., *Democracy*, *Revolution*, *and History* （Ithaca: Cornell University Press, 1998）。相关启发性的评论, 参见 Perry Anderson, *English Questions* （London: Verso, 1992）, 205—38。

国家形成的比较分析是另一个；克里斯·贝利（Chris Bayley）对现代世界之全球起源的综合性叙述可以算作第三个例子。[26] 这些作品，每一部都采用了欧洲之外的视角，这绝非偶然。除了少数像埃里克·霍布斯鲍姆这样的例外，欧洲的历史学家很少参与到这样的讨论中。在欧洲的核心地区，对整个社会随时间变迁的大规模或比较研究（在这种意义上的"社会史"）——曾经为 20 世纪 60 年代的社会史提供了原初灵感——已经失去了想象力的依托。

为什么"采纳文化转向"需要忽略问题的不同顺序，现在还不是很明晰。不过这样做的影响十分严重。不仅是社会科学围绕这些关切点——包括国家形成、国家建设、革命，整体社会发展，市场与民主的关系，以及"现代化"和"发展"的方方面面——产生大量的历史作品，而且在全球化的后共产主义时代，这些作品集仍一如既往地与政策制定紧密联系着。[27]

198　　　此外，除非批判历史学家可以找到这场论辩的参与途径，提供

---

[26]　Kenneth Pomeranz, *The Great Divergence: China, Europe, and the Making of the Modern World Economy* (Princeton: Princeton University Press, 2000) and "Beyond the East-West Binary: Resituating Development Paths in the Eighteenth-Century World," *Journal of Asian Studies* 61 (2002), 539—90; Victor B. Lieberman, *Strange Parallels: Southeast Asia in Global Context, c.800—1830*, vol. 1, *Integration on the Mainland* (Cambridge: Cambridge University Press, 2003); Lieberman, ed., *Beyond Binary Histories: Reimagining Eurasia to c.1830* (Ann Arbor: University of Michigan Press, 1999); Christopher A. Bayley, *The Birth of the Modern World, 1780—1914: Global Connections and Comparisons* (Oxford: Blackwell, 2004).

[27]　有关社会科学与政治和政策制定之间联系的特别有力的例子——一个是反动派，另一个是自由派——参见 Samuel P. Huntington, *The Clash of Civilizations and the Remaking of World Order* (New York: Simon and Schuster, 1996), *Who Are We? The Challenges to America's National Identity* (New York: Simon and Schuster, 2004), 以及 *The Third Wave: Democratization in the Late Twentieth Century* (Norman: University of Oklahoma Press, 1991); Robert D. Putnam, *Bowling Alone: The Collapse and Revival of American Community* (New York: Simon and Schuster, 2000), 以及 Putnam, ed., *Democracies in Flux: The Evolution of Social Capital in Contemporary Society* (Oxford: Oxford University Press, 2002)。

理解当代国际冲突和社会变革动因的可信框架，否则，最新一组粗鲁且夸大其词的宏大叙事将继续主导大众想象力，塑造政治常识，并在全球范围内广为流传。

这些重新包装的宏大叙事以简单易懂的方式，要么直接成为实现政治目的工具，要么被用于为更加复杂的社会和政治结构提供合法性。但是它们同样包含了一些不太自觉的信仰和认同模式。凭借我们新一代"后文化主义者"老于世故的优势，我们能够更好地对这种话语结构进行有效批判。但是，新自由主义在公共文化中依赖于强有力的简化和宏大概括，持续赢得了令人不安的上升态势，将"政治"和"社会"、"价值"和"利益"、"民主"和"市场"混为一谈——缩小了资本主义市场秩序的基本合法性与剩余的多元化分歧空间之间的差距。除非统治思想能在其有效性方面受到挑战和质疑，否则左翼历史学家就会陷入进退维谷的境地而无法公开发声，要么站在一边可怜巴巴地看着，要么充满恐惧地紧抓着本雅明所谓"历史的天使"的翅膀不放。质疑这些新的宏大叙事并不意味着离开文化转向的基础或者回到现在已不可行的"社会"概念中来。为了进行多样的智识、教学和政治谈话，我们为什么不能以不同的方式进行思考和交流呢？

举个例子，有时候即使是最狂热的语言学转向的倡导者，在茶余饭后大谈日益扩大的社会不平等时，他们也会试着分析收入差距、劳动市场重组，甚至是新信息和服务业产生的劳动过程之独特形式。他们也可能会概括社会范围的影响。在课堂上开展类似的案例研究时，他们也许会看到在较长时期内（比如自 20 世纪 50 年代以来，199

或是 20 世纪早期甚至是 19 世纪后期以来）对"社会"整体发展轨迹进行可疑的结构性论证的"战略"优势或其他优势。而我们对这些论点的理解更好——更细致、更深入、更全面，因为我们所学东西都来自文化转向及其后。当然，在这种假设性论辩中，我们想要讨论的是其所涉及的论述策略，并解构它们包含的意义，尤其从性别和种族化的维度。就此而言，我们的装备要好得多。但是我们仍想谈一谈阶级，谈一谈资本主义，谈一谈不平等的结构性分布，谈一谈不同社会阶层根据他们资源获取情况而拥有的不同政治能力，等等。

换句话说，对于我的问题"什么样的历史？"的进一步解答是，这一切都取决于正在发生的各种论辩和目的。从我对时代紧迫性的经验来看，与语言学转向有关的那些政治在质询着它、围绕着它，语言与转向也促成和维护这些政治，而这些政治是不可避免的，也是大有裨益的。它们总是与伴随着的新形式的文化史交织在一起。通过对学科已有主题进行去中心化，通过提出个人、地方和日常生活中被忽略的语境，通过允许历史学家更好地面对政治主体性问题，历史的优先事项得以重新聚焦。但是，为什么社会史学家早期的关注点会被人遗忘，而不是重新投入其中进行研究呢？为什么拥抱微观历史的可能性需要将宏观历史完全抛下？在学术领域之外，其他形式和层次的分析是不可避免的：它们是茶余饭后的谈资，在课堂以及公共讨论（专栏文章、电视演播室乃至其他场合），在公共政策的制定、通俗历史的写作中，人们都会遇到。不管新文化史学家是否关心这些问题，其他历史学家也一定会活跃在讨论的最前线。

当然，一些历史学家试图将社会史和文化史与整体语境意义下的"社会"以概括抽象的形式结合起来。研究表明，这是可行的，其中包括卡罗琳·斯蒂德曼当前关于在汤普森《英国工人阶级的形成》的时代里仆人和服务的研究，凯瑟琳·霍尔关于民族和帝国的辩证关系对 19 世纪公民身份的影响的研究，以及蕾奥拉·奥斯兰德（Leora Auslander）通过研究法国家具和装饰将国家形成史与日常生活史相融合的研究。㉘此外，在实践中，"新文化史"产生了更多的实用主义和相对更丰富的折衷主义，这远远超过其最激进的"敌人"或行业内的笼统抱怨所愿意容许的。这远远超过了反对者所担心的极端主义主张，更不用说对历史学证据规则和实践不负责任的抛弃，或者说对历史学家使命的不道德的屈服以及学科"核心"的瓦解（正如最差的反文化主义者所宣称的那样），许多人都在寻找创造性的方法，将文化史的新刺激和社会史来之不易的已有成果结合起来。特别是在年轻一代的研究中，他们正在出版自己的作品，并撰写论文——社会史和文化史之间的差异与其说是一种对立，不如说是一种机遇。

总　结

我在本书结尾的第一个观点是，现在迫切需要基本的多元主义。

㉘　Carolyn Steedman, "Lord Mansfield's Women," *Past and Present* 176（August 2002），105—43，and "The Servant's Labour: The Business of Life, England, 1760—1820," *Social History* 29（2004），1—29；Catherine Hall, *Civilizing Subjects: Metropole and Colony in the English Imagination, 1830—1867*（Chicago: University of Chicago Press, 2002）；Hall, McClelland, and Rendall, *Defining the Victorian Nation*；Leora Auslander, *Taste and Power: Furnishing Modern France*（Berkeley: University of California Press, 1996）.

我刻意避免了详细阐述围绕从社会史向文化史的巨大转变（这是本书的主题）而展开的各种争论。自 20 世纪 80 年代中期开始，这些论战持续了近十年，经常采取激烈而对立的辩论形式。通过这些争论，"后现代主义"成为一个包罗万象的统称，混杂了多种文化主义影响，从福柯、后结构主义、文学解构到文化研究、后殖民主义和女权主义理论的各种形式等。许多社会史学家指责后现代主义者背离了社会史的使命及其隐含的政治。而自称是后现代主义者的人反驳说，他们的批评者仍在坚持过时的观念和方法，尤其是关于阶级的唯物主义观念。㉙有一段时间，历史学科似乎要分裂成两个敌对的阵营，坚定的唯物主义者和结构主义者，与文化主义者和"语言学转向者"，在不断加剧的二元对立中对峙。类似的理论和认识论上的极端化也在其他学科中反反复复地出现，与更广泛的政治辩论相互关联。

　　到了 20 世纪 90 年代晚期，热情开始退却。对理论纯粹性或者某种最终解决方案的渴望——通过强调后结构主义影响的优势与已建立的结构历史模式的对立，或是现代化理论与后现代主义对宏大叙事批判的对立，或是韦伯与福柯的对立——都没能让我们走得更远。在 20 世纪 70 年代，社会史在学科领域内无限膨胀的领导欲望，

　　㉙　很多早期论战受盖瑞斯·斯特德曼·琼斯（Gareth Stedman Jones）和琼·斯科特（Joan Wallach Scott）的独特身份推动。每个论战在政治和史学上与社会史的早期突破相关联，包括大力强调社会解释的公理的优先性，这对斯特德曼·琼斯来说就是自觉的马克思主义。在 20 世纪 80 年代初至中期，通过倡导语言分析形式和话语的首要性，他们似乎放弃了以前的唯物主义及其所包含的一切。到了 20 世纪 90 年代初，最自称为"后现代主义者"的是英国历史学家帕特里克·乔伊斯，他在社会史之外走出了类似的轨迹。参见 Joyce，"The End of Social History?" *Social History* 20（1995），73—91；"The Return of History：Postmodernism and the Politics of Academic History in Britain," *Past and Present* 158（February 1998），207—35。

事实上为一套更加折中的方法和主题所取代，新文化史已成为被人们广泛接受的描述。并且，不同类型历史之间的界限变得越来越模糊。许多社会史学家还像以前一样，在方法论和主题上重新创作出别具一格的作品。但是其他许多人慢慢自由地跨越社会、文化、政治和知识等之间的旧有界限，促成了新的杂糅形式的出现。

在我看来，早期过热的论战反映了特定几代人的痛苦斗争，包括了在 20 世纪 60 年代和 70 年代早期受过教育和培训，并在 1968 年的影响下形成政治观的人。相比之下，除了一些 20 世纪 80 年代直接与某些校长接触过的学生外，年轻一代似乎越来越不热衷于这些论战。在 20 世纪 90 年代受过培训的学生对以具体而富有想象力地找到将社会史和文化史相结合的方式更感兴趣，而对以一种权威理论反对另一种理论的纲领性主张兴趣不大。正如我所提到的，确实有更多有资历的人在思考类似的问题，比如卡罗琳·斯蒂德曼和凯瑟琳·霍尔。不过，最近出版的作者书籍中首部展现这种混合性的例子就不胜枚举了。㉚这些新的研究明确抛弃了在社会和文化间的两极分化，以文化分析的方式串联起社会和政治的话题，回应了文化理论的刺激，并尽可能地让自身基于富有想象力的来源和解释语境。在这实际的证据之下，社会和文化的划分是一个错误的区别范畴。就像我在第四章末尾所阐述的那样，没有必要非要做出选择。

㉚　随机挑选出的一流例证，请参见 Becky E. Conekin, "*The Autobiography of a Nation*"：*The 1951 Festival of Britain*（Manchester：Manchester University Press，2003）；Matthew Hilton, *Smoking in British Popular Culture*，*1800—2000*（Manchester：Manchester University Press，2000）；Jennifer Jenkins, *Provincial Modernity*：*Local Culture and Liberal Politics in Fin-de-Siècle Hamburg*（Ithaca：Cornell University Press，2003）；H. Glenn Penny, *Objects of Culture*：*Ethnology and Ethnographic Museums in Imperial Germany*（Chapel Hill：University of North Carolina Press，2002）。

　　我的第二点结论是，我们需要在把握社会整体、对其凝聚力和不稳定性基础进行的理论化，以及分析其运动形式的可能性等方面重新树立信心。20 世纪 70 年代末，社会和政治理论术语的不稳定性——特别是用于将国家、政治和同意识形态经济和社会形态之间关系理论化的术语——可能导致历史学家们的此类思考被边缘化。但这并没有阻止社会学家和政治学家继续这样工作，他们经常提出激烈的历史主张。此外，无论是对宏大叙事说服力的怀疑，还是对启蒙思想的批判，都未要求放弃社会整体分析或社会史方面的课题。就我而言，我一直在思考着资本主义、阶级、国家和社会形态……但是我对这些宏大的理论概念究竟能让我讨论和解释些什么更加谨慎且不确定。我对国家、阶级、社会和社会性等术语都有了更清楚的了解，这些术语承载着语境和历史的意义，历史学家们需要去发现、说明和定位。也许更重要的是，语言学转向让这些现代的社会认知范畴得以历史化，所以像阶级和社会这类术语成为历史地进行定位，也是受历史条件限制的。

　　我的第三个结论是，事物总是在变化的。我这一生见证过两次巨大的历史研究的重新定向，我已经试着在书中进行描述。这两次改变皆是由跨学科研究所推动。社会史的流行，最初是被社会科学或行为科学的知识霸权推动的，但在后来的 20 世纪 70 年代，逐渐为具有独立思维的马克思主义或具有马克思主义倾向的激进主义所影响。然后，在 20 世纪 80 年代，"新文化史"和文化研究成为创新的发源地。我认为，"文化转向"完全没有理由成为故事的终结或是成为不断进步的历史编纂学之辉格式浪漫叙事的终章。我相信，还有一些其他事物仍在等待着。此外，就像对"社会的历史"的早先承诺可以被恢复一样，新文化史的某些特征在 20 世纪 90 年代中期"卷土重来"，对社会史产生了奠基性的影响。很大程度上适用于爱德华·汤普森（尤其体现在他更具"文化主义"色彩的 18 世纪论文中），但最主要适用于雷蒙德·威廉斯。无论是通过萨义德，庶民研究的历史学家和其他后殖民思想家，或者是通过斯蒂德曼的持续批判和反思，威廉斯的基本主题仍然保持着积极的重要性。[31]

我的第四个结论是，政治很重要，这具有双重意义。一方面，我人生经历的两次创新的冲击，即社会史的浪潮和新文化史，其动力来自更宽广的政治发展，远超过学术本身。再者，我认为没有理由觉得这样的政治动力不会再次出现，尤其是当我们进入一个非常重要且危险的政治时期。另一方面，我在第二章、第三章和第四章末尾讨论的杰出历史学家——E. P. 汤普森、蒂姆·梅森和卡罗琳·斯蒂德曼，他们的职业生涯大部分都在大学之外，参与这样或那样的公共活动。在"边界"产生了政治与智识投入的协同作用，总归会激发最好的历史作品诞生。

如果说乐观、失望和反思是 20 世纪 60 年代和 90 年代激进历史学家们的主要情感态度，那么或许反抗才是我们对这一崭新当下所作的适当回应。十多年来，我们一直被鼓励，设想自身处在"历史的终结"，只能用新自由主义所重新组织的"现代性"语言，并透过市场原则那冷酷无情的总体化操控以及一套评判善恶的新的妖魔化修辞来描述这个世界。但是宏大叙事的有效性不能够单单通过怀疑

---

[31] 特别参见 Steedman，"Culture，Cultural Studies，and the Historians，" 613—22。

和不信来质疑，尤其是当新的或翻新的宏大叙事正强有力地重塑全球秩序之时。不能通过假装宏大叙事不存在来质疑它们。这也就是为何我们需要新的"社会史"。在其所处的时代，社会史和新文化史都是知识的叛逆形式，而未来历史研究的相关性也必然需要重新保持反叛精神。

索 引

注意：索引中的页码均为原书的页码，即本书的边码。

图书在版编目(CIP)数据

从文化史到社会史:战后历史学家的思想轨迹/(英)杰弗·埃雷著;
刘超,刘星妙,王霞译.—上海:上海三联书店,2025.5
ISBN 978-7-5426-8448-6

Ⅰ.①从…　Ⅱ.①杰…　②刘…　③刘…　④王…　Ⅲ.①史学-研究-西方国家
Ⅳ.①K091

中国国家版本馆 CIP 数据核字(2024)第 073668 号

著作权合同登记号:09-2023-1178

从文化史到社会史:战后历史学家的思想轨迹

著　　者 / [英]杰弗·埃雷
译　　者 / 刘　超　刘星妙　王　霞

责任编辑 / 李天伟　殷亚平
装帧设计 / 吴　昉
监　　制 / 姚　军
责任校对 / 王凌霄

出版发行 / 上海三联书店
　　　　　 (200041)中国上海市静安区威海路 755 号 30 楼
邮　　箱 / sdxsanlian@sina.com
联系电话 / 编辑部:021-22895517
　　　　　 发行部:021-22895559
印　　刷 / 上海雅昌艺术印刷有限公司

版　　次 / 2025 年 5 月第 1 版
印　　次 / 2025 年 5 月第 1 次印刷
开　　本 / 655 mm×960 mm　1/16
字　　数 / 240 千字
印　　张 / 22.5
书　　号 / ISBN 978-7-5426-8448-6/K·774
定　　价 / 98.00 元

敬启读者,如发现本书有印装质量问题,请与印刷厂联系 021-68798999